중학교
교과별
추천도서로
만든

# 독서토론 가이드북

(사)전국독서새물결모임 www.readingkorea.org

# 학교 독서교육의 바람직한 정착을 꿈꾸며

폭넓은 사고력과 창의성이 요구되는 지식정보화 사회인 지금, 독서의 중요성은 더욱 강조되고 있습니다. 지식기반 사회에서 필요한 새로운 지식과 정보를 창출하는 데에는 독서교육이 가장 효율적인 교육수단이기 때문입니다. 이에 정보화 시대의 사회 환경 변화에 따라 독서진흥 정책이 선진국을 중심으로 세계 각국에서 더욱 강화되고 있습니다.

우리나라도 교육과학기술부에서 '학교 도서관 활성화 종합 방안'을 마련하여 매년 도서관 신축 및 리모델링 사업 등을 통해 학교 현장의 독서교육을 위해 노력해 오고 있습니다. 문화체육관광부에서도 관련 기관을 통해 다양한 형태의 독서운동을 펼치고 있습니다. 이러한 하드웨어의 인프라가 구축된 후에는 학생의 발달 단계에 알맞은 좋은 책을 학교 도서관에서 많이 확보해야 하며, 그 책을 어떻게 읽게 할 것인가 하는 구체적인 독서교육 방법이 마련되어야 합니다.

학교 현장에서 독서교육이 정착되기 위해서는 국어과를 포함한 모든 교과에서 교과와 연계한 독서교육이 실시되어야 합니다. 이를 위해서 우선 교과별 단원에 따른 도서목록의 개발이 필요한데, 우리 법인은 교육부 프로젝트의 일환으로 지난 2003년도 3월에 초·중·고 교과별 추천도서목록을 개발하여 전국 1만여 모든 학교에 무료로 배부한 바 있습니다. 각급 학교에서는 교과와 연계한 독서교육의 필요성을 느끼면서도 적절한 도서목록을 정하지 못해 고심하던 차에 우리 법인이 개발한 교과별 목록은 각급 학교의 독서교육과 도서 구입에 큰 영향을 주게 되었습니다. 그런데 1차 교과별 추천도서목록의 발간 이후 각급 학교의 지속적인 출판요청으로 격년 단위로 발간하여 금년에 제4차 개정본을 독서토론 가이드북 형태로 개발하여 발간하게 되었습니다. 이 독서토론 가이드북은 학생들의 자기 주도적 학습 및 개별학습을 효율적으로 지원할 수 있는 정보자료로서, 그리고 학교 도서관의 도서 구입을 위한 활용 자료로서의 역할도 하게 될 것입니다.

이제 학교 독서교육은 단순한 취미와 교양을 위한 소극적인 독서지도가 아니라, 당면 문제의 해결을 위한 적극적인 독서지도를 계획하고 추진해야 합니다. 즉, '교양독서'에서 머물지 말고 '교과독서'로 변화해야 하는 시기라 할 수 있습니다. 학교는 정규 수업 시간을 통하여 독서교육을 실시하여 학생들의 자율적인 지식습득과 창의성 계발을 유도해야 합니다. 교과 내용만을 가르치는 기존의 학습에서 벗어나 배경 지식을 넓혀 사고력과 창의력을 증진할 수 있는 새로운 독서 학습으로, 문제 해결 능력을 기르는 독서교육으로 나아가야 할 것입니다. 이를 위해 모든 교과 수업을 독서와 연계하여 다면적인 사고를 할 수 있도록 이끄는 바람직한 독서교육이 정착되어야 하겠습니다.

이 책이 나오기까지 여러 가지 어려운 여건에도 불구하고 도서목록 수집과 선정에 성심껏 참여해 주신 전국 100여 명의 연구위원과 도서목록의 검토와 선정, 집필, 편집 일체까지 함께 수고해주신 15명의 집필위원 여러분께 깊이 감사드립니다. 끝으로 어려운 출판 현실에도 불구하고 교과별 추천도서목록 개발 사업의 중요성을 인식하고 이 독서토론 가이드북이 나올 수 있도록 도와주신 정인출판사와 관계자 여러분들께도 깊은 감사를 드립니다.

아무쪼록 이 교과별 추천도서 목록집인 독서토론 가이드북이 학교 현장에서 교과와 연계한 독서교육에 동기를 부여하고 학교 독서교육의 바람직한 실천에 도움이 되어 독서한국의 기틀을 다지는 데 기여하게 되기를 간절히 소망합니다.

2009년 7월

저자 대표 **임영규**

## 일러두기

이 책은 2002년 교육인적자원부의 '학교 도서관 활성화 종합 방안' 사업과 연계히여, (사)전국독서새물결모임에서 2003년에 초판을 발간한 후 2009년에 네번째로 개정한 초등학교 교과별 추천도서 목록집이자, 선정된 교과관련 도서를 대상으로 교과연계 독서교육을 위해 독서교육 지도안을 개발한 독서토론 가이드북이다. 이 독서토론 가이드북은 각급 학교 도서관에 양질의 도서 구입을 위한 정보를 제공하고, 학교 현장에서 교과와 연계한 독서교육을 실시할 수 있도록 하기 위해 기획하였다. 이를 위해 먼저 2007 개정 새로운 교육과정을 분석하고 교과 단원 학습에 적절한 도서를 선정하였다. 그 후 교과 단원별 도서일람표를 만들고, 선정된 도서의 독서수업 지도안을 만들어 선생님들의 실제 독서교육을 돕도록 편집하였다. 독서수업 지도안은 〈독서 - 토론 - 논술〉 지도가 가능하도록 만든 자세한 독서수업 지도안과 그 내용을 간단히 압축한 지도안으로 두 종류로 개발하였다. 편집 방향, 도서 선정 범위 및 기준, 제작 과정과 활용 방법 등은 다음과 같다.

### 편집 방향

1. 추천도서는 모든 교과별 단원학습에 알맞은 도서를 선정하고, 교과 활용이 가능하도록 추천서를 집필하여 제시하였다.
2. 편집 체계는 학년 - 교과 - 단원 순서로 하였으며, 교과별 맨 첫 장에 교과별 추천도서목록 일람표를 제시하여 교사의 활용을 돕고자 하였다.
3. 선정된 도서는 〈독서수업 지도안〉을 개발하여 학교의 교과연계 독서교육을 지원하고자 하였으며, 〈자세한 독서수업 지도안〉과 〈간단한 독서수업 지도안〉으로 나누어 개발하였다.
4. 〈자세한 독서수업 지도안〉은 관련 교육과정과 교과 정보를 제시하고, 선정도서를 소개한 뒤에 선정도서의 흥미로운 부분, 독서과정 활동, 독서토론, 독서논술 등의 내용으로 집필하였다.
5. 〈간단한 독서수업 지도안〉은 〈자세한 독서수업 지도안〉의 독서토론과 독서논술 내용을 요약 제시하여 실제 독서 지도시 재구성 및 활용의 기초자료로 쓰이도록 집필하였다.

### 도서 선정 범위

추천도서는 2007 개정 새로운 교육과정을 반영하여 국어, 도덕, 사회, 국사, 과학, 수학, 기술가정, 예능, 환경 등 9개 교과로 구분하여, 교과 및 출판정도의 비율로 약 100여 권의 추천도서를 선정하였다.

### 도서 선정 기준

1. 2007 개정 새로운 교육과정에 따른 교과 학습과 관련된 도서
2. 초등학생들의 자아실현 및 소질 계발에 도움을 주는 도서
3. 꿈과 희망을 주는 삶의 태도나 발달단계별 성장의 이야기가 담긴 도서
4. 다양한 지식 습득 및 정서 함양, 건전한 윤리관 정립에 도움이 되는 도서
5. 교과 수행평가 및 체험학습에 활용될 수 있는 도서
6. 사회와 소통하여 새로운 문화를 창조할 수 있는 도서
7. 토의와 토론 지도가 가능한 도서
8. 문학, 인문, 사회, 과학, 예술, 철학 등 다양한 분야의 책으로, 선정하여 폭 넓고 깊이 있는 사고를 할 수 있는 도서
9. 고대, 중세, 근대 등 선인들의 지혜를 배우고 현대인과 현대 문화에 대한 성찰이 이루어질 수 있도록 시대별로 의미 있는 도서
10. 세계에 대한 인식의 폭을 넓힐 수 있도록 다양한 문화의 특성이 반영되어 있는 도서

**편집 및 제작 과정**

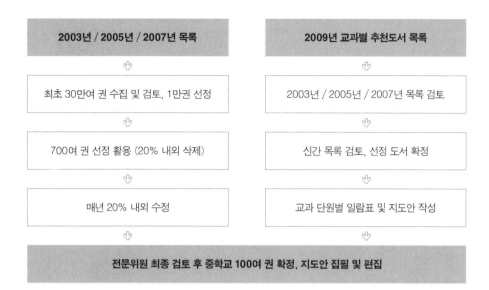

| 2003년 / 2005년 / 2007년 목록 | 2009년 교과별 추천도서 목록 |
|---|---|
| ⇩ | ⇩ |
| 최초 30만여 권 수집 및 검토, 1만권 선정 | 2003년 / 2005년 / 2007년 목록 검토 |
| ⇩ | ⇩ |
| 700여 권 선정 활용 (20% 내외 삭제) | 신간 목록 검토, 선정 도서 확정 |
| ⇩ | ⇩ |
| 매년 20% 내외 수정 | 교과 단원별 일람표 및 지도안 작성 |
| ⇩ | ⇩ |

**전문위원 최종 검토 후 중학교 100여 권 확정, 지도안 집필 및 편집**

**활용 방법 및 기타 참고사항**

1. 모든 도서목록은 각 교과를 바탕으로 교수 · 학습에 도움이 되도록 대단원과 중단원을 중심으로 선정하였다.
   - 도서정보 제시 ┆ 지은이 / 출판사 / 출판년도 / 쪽수 / 가격(원)
   - 교과정보 제시 ┆ 과목 / 교과 대단원 / 중단원

   교과 정보는 한국교육학술정보원(KERIS)에서 제시하는 단원주제를 참고하였다.
   - 관련 교과는 현재의 교육 과정과 새로운 교육 과정을 모두 고려하여 명시하였다.
2. 저자명(역자명)은 번역서일 경우 역자명을 밝혔으며 저자가 다수인 경우는 '○○○ 외'로 표기하였다.
3. 학교 교과 수업과 연계한 지속적인 독서활동이 가능하도록 다양한 학생들의 독서수준을 고려하여 추천도서를 선정하였다.
4. 대중 소설의 경우에는 많은 논란이 있었으나, 초 · 중 · 고교 모두 책읽기의 동기유발이나 심성 계발에 도움이 되는 책은 목록으로 선정하였다.
5. 교과 영역은 9개 교과(국어, 도덕, 사회, 국사, 과학, 수학, 기술가정, 예능, 환경)로 나누어 추천도서를 선정하였다.
6. 출판 연도는 재판, 삼판 등으로 출판 연도가 다른 경우 가장 최근의 출판일을 명기하였다.
7. 쪽수와 가격은 해가 다르게 변동이 클 것으로 예상되나, 학교에서 도서 구입 예산 책정에 도움이 될 수 있도록 본 도서목록의 편집일(2009. 5)을 기준으로 기록하였다. 따라서 현장에서 도서 구입을 위해 목록을 작성하는 경우에 가격 변동을 꼭 확인해 보아야 한다.

8. 전집물은 각각의 목록을 모두 제시하지 않고 묶어서(예ㅣ 태백산맥1-10) 표기하였으며, 술판연도, 쪽수, 가격, 수준은 제1권을 기준으로 작성하였다.

9. 같은 전집이라도 내용이 다른 경우는 각각의 목록을 제시하였다(예ㅣ 한국생활사 박물관 (1) 선사생활관, 한국생활사 박물관 (2) 고조선 생활관).

10. 도서 이해를 위해 표지 이미지를 실었지만 편집 사정으로 실물을 무시하고, 같은 크기로 실었다.

# 중학교 교과별 추천도서로 만든
# 독서토론 가이드북

중학교
교과별
추천도서로
만든

# 국어

# 국어과 추천도서 목록 일람표

| 도서명 | 저자명 | 출판사 | 출판 연도 | 관련 교과 | 대단원 | 중단원 |
|--------|--------|--------|-----------|-----------|--------|--------|
| 선생님의 밥그릇 | 이청준 | 다림 | 2007 | 국어 1-1 | 1. 문학의 즐거움 | (4) 이해의 선물 |
| 아름다운 마무리 | 법정 | 문학의 숲 | 2008 | 국어 1-1 | 2. 읽기와 쓰기 | (2) 어머니의 우산 |
| 작은 기쁨 | 이해인 | 열림원 | 2008 | 국어 1-1 | 3. 문학과 의사 소통 | (3) 호수 |
| 내 영혼이 따뜻했던 날들 | 포리스트 카더 | 아름드리 미디어 | 2007 | 국어 1-1 | 4. 메모하며 읽기 | (3) 가정교육의 어제와 오늘 |
| 씁쓸한 초콜릿 | 미리암 프레슬러 | 낭기열라 | 2006 | 국어 1-1 | 5. 삶과 갈등 | (2) 육체미 소동 |
| 빠꾸와 오라이 | 황대권 | 도솔오두막 | 2007 | 생활국어 1-1 | 6. 언어의 세계 | |
| 안네의 일기 | 안네 프랑크 | 하서출판사 | 2008 | 국어 1-1 | 7. 문학과 사회 | * 보충 심화 |
| 9인 9색 청소년에게 말걸기 | 김용규 외 | 주니어김영사 | 2008 | 국어 1-2 | 1. 능동적으로 읽기 | (2) 먹어서 죽는다 |
| 학 | 황순원 | 문이당 | 2007 | 국어 1-2 | 2. 문학의 아름다움 | (2) 소나기 |
| 시가 내게로 왔다 | 김용택 | 마음산책 | 2008 | 국어 1-2 | 4. 시의 세계 | (3) 어떤 마음 (4) 우리가 눈발이라면 |
| 유진과 유진 | 이금이 | 푸른책들 | 2008 | 국어 1-2 | 6. 문학과 독자 | |
| 건방진 우리말 달인 | 엄민용 | 다산초당 | 2008 | 생활국어 1-2 | 5. 낱말의 의미 | (1) 동음이의어 (2) 다의어 |
| 나무 | 베르나르 베르베르 | 열린책들 | 2008 | 국어 2-1 | 1. 감상하며 읽기 | (1) 문학작품의 감상 (2) 소음공해 |
| 꾀주머니 뱃속에 차고 계수나무에 간 달아놓고 | 장재화 | 나라말 | 2006 | 국어 2-1 | 3. 우리 고전의 맛과 멋 | (3) 토끼전 |
| 그 많던 싱아는 누가 다 먹었을까? | 박완서 | 웅진씽크빅 | 2005 | 국어 2-1 | 4. 삶과 문학 | (2) 기억 속의 들꽃 |
| 입에 익은 우리 익은 말 | 김준영 | 학고재 | 2006 | 국어 2-1 | 5. 글과 사전 | (1) 사전을 찾아가며 읽는 즐거움 |
| 김유정 봄봄 (한국 문학을 다시 읽다) | 김유정 외 | 홍신문화사 | 2003 | 국어 2-1 | 6. 작품 속의 말하는 이 | (2) 사랑손님과 어머니 |
| 상록수 | 심훈 | 문학과지성사 | 2005 | 국어 2-2 | 1. 작가와 작품 | (1) 옥중에서 어머니께 올리는 글월 |

# 국어과 추천도서 목록 일람표

| 도서명 | 저자명 | 출판사 | 출판 연도 | 관련 교과 | 대단원 | 중단원 |
|---|---|---|---|---|---|---|
| 파디샤의 여섯번째 선물 | 아흐멧 위밋 | 푸른숲 | 2005 | 국어 2-2 | 2. 이야기의 구조 | (2) 현명한 아내, 만카 |
| 시의 길을 여는 새벽별 하나 | 김상욱 | 푸른나무 | 2008 | 국어 2-2 | 3. 문학의 표현 | (1) 지각 |
| 치유하는 글쓰기 | 박미라 | 한겨레출판사 | 2008 | 국어 2-2 | 5. 창작의 즐거움 | (1) 딸에게 온 연애편지 |
| 라일락 피면 | 원종찬 엮음 | 창비 | 2007 | 국어 2-2 | 5. 창작의 즐거움 | (2) 비누 인형 |
| 흙 | EBS 흙 제작팀 | 낮은산 | 2008 | 국어 3-1 | 1. 시의 표현 | (2) 배추의 마음 |
| 완득이 | 김려령 | 창비 | 2008 | 국어 3-1 | 3. 독서와 사회 | (1) 독서와 사회문화의 만남 |
| 트레버 | 캐서린 라이언 하이디 | 뜨인돌 | 2008 | 국어 3-1 | 3. 독서와 사회 | (1) 독서와 사회문화의 만남 |
| 아 Q정전 | 루쉰 | 선학사 | 2003 | 국어 3-1 | 4. 읽기와 토의 | (1) 지사의 길 시인의 길 |
| 애들아 말해봐 | 김명희 | 나라말 | 2007 | 생활국어 3-1 | 1. 즐거운 언어생활 | (1) 경험한 일 말하기 (2) 책 읽고 이야기하기 |
| 시간을 달리는 소녀 | 츠츠이 야스타카 | 북스토리 | 2008 | 국어 3-2 | 1. 창조적 문학체험 | (3) 길 잃은 태양마차 |
| 흑설공주 이야기 | 바바라 G. 워커 | 뜨인돌 | 2006 | 국어 3-2 | 2. 비판하며 읽기 | (1) 신문과 진실 |
| 콩나물 시루 | 양명호 | 징검다리 | 2005 | 국어 3-2 | 3. 작가의 개성 | (1) 내 생애 가장 따뜻한 날들 |
| 다산의 아버님께 | 안소영 | 보림 | 2008 | 국어 3-2 | 3. 작가의 개성 | (2) 어리석은 자의 우직함이 세상을 조금씩 바꿔갑니다 |
| 즐거운 불편 | 후쿠오카 켄세이 | 달팽이 | 2004 | 국어 3-2 | 3. 작가의 개성 | (2) 어리석은 자의 우직함이 세상을 조금씩 바꿔갑니다 |
| 스물 일곱 송이 붉은 연꽃 | 이경혜 | 알마 | 2008 | 국어 3-2 | 4.고전문학의 감상 | (1) 한국문학의 개념과 특질 |
| 긍정적인 말의 힘 | 할 어반 | 웅진윙스 | 2008 | 생활국어 3-2 | 1. 좋은 화제로 말하기 4. 적극적으로 말하고 듣기 | |
| 연암에게 글쓰기를 배우다 | 설흔 박현찬 | 예담 | 2007 | 생활국어 3-2 | 3. 글쓰기의 실제 | (2) 글쓰기의 과정 |

# 선생님의 밥그릇

이청준 | 다림 | 2008년 | 176쪽 | 7,000원

| 분류 | 목적(정서 표현) | 분야(인문) | 시대(현대) | 지역(한국) | |
|---|---|---|---|---|---|
| 관련 교과 | 국어 1-1 | 1. 문학의 즐거움 (4) 이해의 선물 | | | |
| | 도덕 1학년 | I. 삶과 도덕 1. 인간다운 삶의 자세 | | | |
| 새 교육과정 | 국어 7학년(문학) | 언어 표현이 뛰어나고 주제 의식이 분명한 작품 | | | |

선생님은 회식 자리에서 왜 밥그릇의 밥을 반이나 덜어내셨을까?
아름답고 큰 사랑의 밥그릇이란 무엇일까?
우리들이 존경하는 선생님은 어떤 모습일까?

### ☆ 어떤 책일까

반창회가 열리는 자리에서 예전 담임선생님을 모시고 37년 전의 보릿고개가 서럽던 때의 기억을 되살리는 이야기이다. 한국전쟁 직후, 가난한 삶 탓으로 도시락을 제대로 싸 가지고 다니지 못해 빈 도시락통으로 벌 청소를 면하는 아이들의 모습을 보고 선생님은 매끼 밥그릇의 절반을 덜어 놓기로 한다. 그런데 세월이 흐른 후에도 선생님의 그 약속은 꾸준히 지켜지고, 이를 지켜보는 제자들의 마음에는 숙연한 감동이 깃들게 된다.

크고도 아름다운 밥그릇을 지닌 〈선생님의 밥그릇〉 이외에 가난하지만 정직으로 가난을 이겨낸 아름답고 환상적인 동화 〈별을 기르는 아이〉, 사랑하는 사람들은 영혼으로도 만날 수 있다는 〈나들이 하는 그림〉 등의 이야기는 작가의 따스한 속마음을 읽는 사람 누구나의 가슴에 옮겨주게 될 것이다.

### ☆ 관련 매체에는 무엇이 있을까

**관련 매체** | 『내 마음의 풍경』 (영화 및 뮤지컬)
**관련 도서** | 『나는 선생님이 좋아요』 (하이타니 겐지로 )

### ☆ 어떻게 읽을까

• 소설 속 등장인물의 입장이 되어 문학 작품을 읽는 즐거움이 무엇인지 직접 느끼면서 읽어 보자.
• 사람과 사람 사이를 이어주는 것은 과연 무엇인지 생각하며 읽어 보자.
• 내가 남에게 베풀 수 있는 일은 무엇인지 생각하며 읽어 보자.

### ☆ 무엇을 토론할까

• 학생들의 실수나 과오를 벌청소로 대신하는 것에 대해 어떻게 생각하는가?
• 일제고사를 거부한 교사에 대해 해직 또는 해임 처분을 내린 것은 정당한가?

### ☆ 무엇을 써 볼까

• 매 끼니마다 밥그릇의 밥을 반씩 덜어낼 때 선생님은 어떤 생각을 하실지 속마음을 상상하여 글로 표현해 보자.
• 우리 시대의 올바른 스승의 상(모습)은 어떠해야 하는지 논술문을 써 보자.

# 아름다운 마무리

법정 | 문학의숲 | 2008년 | 244쪽 | 11,500원

| 분류 | 목적(정서표현) | 분야(인문) | 시대(현대) | 지역(한국) |
|---|---|---|---|---|
| 관련 교과 | 국어 1-1 | 2. 읽기와 쓰기 (1) 마음으로 쓰는 편지 |  |  |
|  | 도덕 1학년 | I. 삶과 도덕  2. 개성 신장과 인격 도야 |  |  |
| 새 교육과정 | 국어 7학년(쓰기) | 생활 체험을 바탕으로 자신의 생각이나 느낌 쓰기 |  |  |

삶의 마무리는 노년기에만 필요한 것일까?
순수 존재에 이르기 위한 내면의 연금술이란 어떤 것일까?
현재의 나의 삶을 바라볼 수 있는 거울을 가져 보자.

### ⇨ 어떤 책일까

'삶은 순간순간이 아름다운 마무리이자 새로운 시작이어야 한다.' 이 글귀는 흰색의 겉표지 바탕에 검정색으로 선명하게 박혀 있어 책을 집어든 사람들이 한번쯤 곱씹어볼 수 있도록 하고 있다. 아름다운 마무리는 인생의 최후의 순간에만 행해지는 것이 아니라 삶의 모퉁이에서 자신을 비우고 다시 채우기 위한 행위이며 끊임없이 자신의 내면을 담금질하는 연금술이다.

늘 저녁노을 앞에서 자신의 삶을 뒤돌아보고 깨어 있는 삶을 살아온 법정 스님의 철학이 담긴 이 책을 읽다보면 '나는 누구인가?' 그리고 '나는 어디로 가고 있는가?'라는 물음을 던지게 될 것이다. 잠시 이러한 물음에 스스로 답하며 맑은 정신으로 자신을 지켜보면서 순간순간 최선을 다한다면 그것이 아름다운 마무리가 아닐까?

### ⇨ 관련 매체에는 무엇이 있을까

**관련 매체** 『11번째 시간』 (다큐멘터리)
**관련 도서** 『연금술사』 (파올로 코엘료)

### ⇨ 어떻게 읽을까

• 법정 스님의 수필을 읽고 글쓴이의 생각과 내 생각을 비교하며 읽어 보자.
• 법정 스님은 주변에서 일어나는 일들에 대해 어떤 생각을 하고 있는지 살피며 읽어 보자.
• 내 주변에서 글을 쓸 만한 소재는 무엇이 있으며, 어떤 글을 써 볼까 생각하며 읽어 보자.

### ⇨ 무엇을 토론할까

• 문명의 이기를 활용하여 많은 생산물을 얻는 것은 바람직할까, 바람직하지 못할까?
• 자신의 처지와 분수 안에서 만족하는 삶과 자신의 능력을 뛰어넘는 도전하는 삶 중에서 더 가치 있는 삶은 무엇이라고 생각하는가?

### ⇨ 무엇을 써 볼까

• 이 책에 담긴 여러 편의 수필 중에서 가장 기억에 남는 것은 무엇이며 그 이야기가 왜 기억에 남는지 간단한 독후감상문을 써 보자.
• 오늘 하루를 맑은 정신으로 돌아보고, 가장 아쉬웠던 점이나 가장 찬사를 보내고 싶었던 점을 차분히 글로 정리하여 마무리해 보자.

# 작은 기쁨

이해인 | 열림원 | 2008년 | 204쪽 | 7,500원

| 분류 | 목적(정서 표현) | 분야(인문) | 시대(현대) | 지역(한국) | | |
|---|---|---|---|---|---|---|
| 관련 교과 | 국어 1-1 | | 1. 문학과 의사 소통 (3) 호수 | | | |
| | 도덕 1학년 | | I. 삶과 도덕 1. 인간다운 삶의 자세 | | | |
| 새 교육과정 | 국어 7학년(쓰기) | | 다른 사람을 격려하거나 위로하는 글 | | | |

우리의 삶 속에서 한 편의 시는 어떤 역할을 할까?
이해인 수녀님은 시를 통해서 우리에게 무엇을 전하려고 할까?
마음의 평정을 찾지 못할 때 소리 내어 읽고 싶은 시를 찾아보자.

### ⇨ 어떤 책일까

수녀라는 수도자의 길을 걸으면서도 시로 꾸준히 대중들과 소통하려고 애쓰는 이해인 수녀님의 따뜻하고 아름다운 시가 담긴 책이다. 짧고 간결하면서도 쉬운 표현으로 자신의 마음을 고스란히 담을 수 있다는 것은 시인으로서의 뛰어난 능력보다는 상처받은 자들을 감싸 안는 성모 마리아의 마음으로 대중들을 사랑해서가 아닐까?

이 책에 담긴 대부분의 시들은 우리들의 지친 마음에 작은 기쁨과 휴식과 위안을 준다. 인간관계가 삐걱거릴 때, 지나친 욕심으로 마음이 혼란스러울 때, 기대했던 만큼 결과가 나오지 않아 상처 받을 때, 마음속이 분노와 미움으로 가득 차오를 때, 이해인 수녀님의 잔잔하고 맑은 목소리를 들으면 마음의 평화를 찾게 될 것이다.

### ⇨ 관련 매체에는 무엇이 있을까

**관련 매체** | 『마음』(KBS 다큐멘터리)
**관련 도서** | 『국어 시간에 시 읽기1, 2』(전국국어교사모임)

### ⇨ 어떻게 읽을까

• 문학 작품을 쓰거나 읽는 것은 작가와 독자 사이의 의사소통 과정이라는 점을 이해하면서 읽어 보자.
• 일상생활 속에서 우리는 어떤 것에 기쁨을 느끼는지 살펴보고, 이것을 시로 표현하려면 어떻게 해야 하는지 생각하면서 읽어 보자.

### ⇨ 무엇을 토론할까

• 휴대폰 통화나 문자 메시지 등으로 나누는 정서적 교감과 편지로 나누는 정서적 교감은 어떤 차이가 있는가?
• '세상은 역시 사람들이 있어 아름다운 걸 다시 느낄 거예요'(135쪽 〈어느 벗에게〉)라고 했는데 이 말에 동의하는가?

### ⇨ 무엇을 써 볼까

• 〈어느 노인의 편지〉(165쪽)를 할아버지가 여러분 또래의 손자에게 보내는 산문 형식의 편지 글로 바꾸어서 할아버지의 간절한 마음이 잘 드러나도록 다시 써 보자.
• 〈소나기〉(79쪽)를 〈눈〉이라는 제목으로 바꾸어 패러디시를 써 보자.

# 내 영혼이 따뜻했던 날들

포리스트 카더 (조경숙) | 아름드리미디어 | 2007년 | 336쪽

| 분류 | 목적(정서표현) | 분야(인문) | 시대(백인들의 아메리카 이주) | 지역(미국) |
| --- | --- | --- | --- | --- |
| 관련 교과 | 국어 1-1 | 4. 메모하며 읽기 (3) 가정 교육의 어제와 오늘 | | |
| | 도덕 1학년 | II. 가정 · 이웃 · 학교 생활 예절 1. 행복한 가정 | | |
| 새 교육과정 | 국어 7학년(문학) | 문화와 전통의 차이가 드러나는 작품 | | |

인디언들은 어떻게 하여 백인들에게 땅을 빼앗겼는가?

백인들은 인디언 땅에서 어떤 일들을 저질렀는가?

체로키 인디언의 생활 철학은 무엇인가?

### ⇨ 어떤 책일까

자연의 모든 것을 형제자매로 삼는 인디언의 삶은 환경문제를 시끄럽게 떠들기만 하는 이 땅의 인간들을 부끄럽게 한다. 소박하고 진실한 인디언의 삶은 위선과 탐욕으로 얼룩진 백인 사회의 모습과 좋은 대비를 이루고 있다.

이 책의 주인공 작은나무는 5살 때 고아가 되어 체로키 인디언의 혈통을 이어받은 할아버지 할머니와 살게 된다. 숲에서 생활하면서 자연의 이치를 배우고 할머니 할아버지께 자연과 하나가 되는 인디언식 삶을 배우게 된다. 우리는 삶을 통해 필요한 것 이외에는 절대로 자연에서 더 가져오지 않는다거나 다른 사람을 이해하지 않고서는 사랑할 수 없다는 체로키 인디언들의 생활 철학을 몸으로 느낄 수 있을 것이다.

### ⇨ 관련 매체에는 무엇이 있을까

**관련 매체** | 『포카 혼타스』 (영화)

『라스트 모히칸』 (영화)

『마지막 전사』 (영화)

**관련 도서** | 『나를 운디드니에 묻어 주오』 (디 브라운)

『나무를 심은 사람』 (장지완)

『인디언의 영혼』 (오히예사)

『오래된미래』 (헬레나 노르베리)

⇨ 흥미로운 부분을 만나 보자

### 자연의 이치

"꿀벌인 티비들만 자기들이 쓸 것보다 더 많은 꿀을 저장해두지…… 그러니 곰한테도 뺏기고 너구리한테도 뺏기고…… 우리 체로키한테 뺏기기도 하지. 그놈들은 언제나 자기가 필요한 것보다 더 많이 쌓아 두고 싶어 하는 사람들하고 똑같아. 뒤룩뒤룩 살찐 사람들 말이야. 그런 사람들은 그러고도 또 남의 걸 빼앗아오고 싶어 하지. 그러니 전쟁이 일어나고…… 그러고 나면 또 길고 긴 협상이 시작되지. 조금이라도 자기 몫을 더 늘리려고 말이다. 그들은 자기가 먼저 깃발을 꽂았기 때문에 그럴 권리가 있다고 하지……그러니 사람들은 그놈의 말과 깃발 때문에 서서히 죽어가는 셈이야…… 하지만 그들도 자연의 이치를 바꿀 수는 없어."(25쪽)

### 윌로 존

한번은 의자에 앉으려고 하다가 내가 앉는 의자 위에 긴 칼이 놓여 있는 것을 발견했다. 할아버지의 칼만큼 긴 그 칼은 술장식이 달린 사슴 가죽 칼집 속에 들어 있었다. 윌로 존이 나에게 선물로 주는 것이라고 할머니가 말해주셨다. 이것이 인디언이 선물을 주는 방법이다. 인디언은 절대 무슨 뜻을 달거나 이유를 붙여서 선물하지 않는다. 선물을 할 때는 그냥 상대방의 눈에 띄는 장소에 놔두고 가버린다. (231쪽)

### 백인 목사의 위선

"너는 악의 씨를 받아서 태어났어. 그러니 애초에 너한테 회개 같은 게 통할 리 없다는 건 알고 있어. 그렇지만 주님의 은총으로 너의 사악함이 다른 기독교도들을 물들이지 못하도록 가르쳐줄 수는 있지. 회개하지는 못하겠지만……울게 만들 수는 있지!"

그는 그 굵다란 막대기로 내 등을 내리쳤다. 처음에는 몹시 아팠지만, 그래도 울지는 않았다. 할머니가 예전에 가르쳐주신 적이 있다. 내가 발톱을 뽑아야 했을 때…… 인디언이 고통을 참는 방법을…… 인디언들은 몸의 마음을 잠재우고, 대신 몸 바깥으로 빠져나간 영혼의 마음으로 고통을 느끼지 않고 고통을 바라본다. 몸의 고통을 느끼는 것은 육체의 마음뿐이고, 영혼의 마음은 영혼의 고통만을 느낀다. 그래서 나는 매를 맞으면서 몸의 마음을 잠재웠다.(297쪽)

⇨ 다음의 방법으로 읽어 보자
- 인디언이 백인들에게 땅을 빼앗기고 이주할 당시의 사회 모습이 어떠한지 메모하면서 읽어 보자.
- 체로키 인디언의 독특한 전통 및 문화에 대해서 살펴보고 이에 대한 내 생각을 정리하면서 읽어 보자.
- 체로키 인디언의 자연을 사랑하는 마음에 공감하면서 읽어 보자.
- 우리의 삶과 체로키 인디언의 삶을 비교하면서 읽어 보자.
- 옛 것의 좋은 점과 새 것의 좋은 점을 아울러 살리는 길을 생각하면서 읽어 보자.

⇨ 함께 토론해 보자
■ 다음의 순서와 내용으로 이야기식 토의/토론을 해 보자
[ 배경 지식을 활용하여 책 맛보기 ]
- 지금 우리가 살아가는 모습은 오래 전 우리 조상들이 만들려고 했던 모습인가? 그렇지 않은가?
- 콜럼버스의 신대륙 발견이 미친 긍정적인 영향과 부정적인 영향에 대해서 발표해 보자.
- 아메리카 땅을 백인들에게 빼앗기지 않았다면 인디언들은 자신들의 고유한 삶의 방식을 그대로 유지하면서 살아가게 될까?

**[ 내용을 점검하며 읽기 ]**
- 작은나무의 가족이 먹을거리를 구하는 방법 및 원칙을 설명해 보자.
- 할아버지와 할머니는 작은나무에게 무엇을 가르치는가?
- 숲에서 살아가는 작은나무가 어떻게 하여 차츰 사회화되어 가는지 주변 인물들을 중심으로 설명해 보자.
- 작은나무는 어떻게 하여 고아원으로 가게 되었으며, 누구의 도움으로 고아원을 나오게 되었는가?
- 위선적인 백인들의 모습이 나타난 부분을 찾아서 정리해 보자.

**[ 인간의 삶이나 사회 문제와 연결하여 생각 넓히기 ]**
- 서구적인 것을 보편적인 원리로 수긍하고 우리의 것은 항상 특수한 것, 우연적인 것으로 규정하는 '식민지적 사고방식'을 갖고 있지는 않는가? 만약 갖고 있다면 어떤 것들이 그러한가?
- '문화사대주의'와는 달리 특정한 사회의 문화를 숭상하여 자기문화를 비롯한 타문화를 비하하는 태도를 '자문화중심주의'라고 한다. 세계 역사 속에서 이러한 사례를 찾아 보자.
- 인디언들이 고유의 정신을 지키면서 다양한 문화의 하나로 남기 위해서는 어떻게 해야 하는가?

**■ 다음 논제로 찬반을 나누어 토론을 해 보자**
- 백인들의 아메리카 진출은 침략인가? 개척인가?
  (논제ㅣ백인들의 아메리카 진출은 침략이다.)
- 자본, 노동, 상품, 기술, 서비스, 정보 등이 나라의 경계를 넘어서 교환 확대되는 현상을 세계화라고 한다면 제3세계 사람들은 세계화의 피해자인가, 수혜자인가?
  (논제ㅣ제 3세계 사람들은 세계화의 피해자이다.)
- 세계화라는 것은 지구상의 모든 국가가 이념과 국경을 초월해서 하나가 되는 세상을 말한다. 여러분은 세계화에 대해 어떻게 생각하는가? (논제ㅣ세계화는 바람직하다.)

**⟿ 나의 생각을 글로 표현해 보자**
- 어느 날 찾아온 정치가들은 할아버지와 할머니가 작은나무를 양육할 자격이 없다며 이에 대한 반론이 없으면 작은나무는 고아원에 수용될 거라고 했다. 물론 작은나무는 할아버지와 할머니의 반론이 없어서 고아원으로 가고 말았다. 작은나무의 할아버지와 할머니 대신 반론을 제기해 보자.
- 인디언들이 자연을 대하는 태도에 대해 살펴본 후 어떻게 살아가는 것이 자연과 인간이 공존하는 삶인지 제시해보자.

# 씁쓸한 초콜릿

미리암 프레슬러(정지현) | 낭기열라 | 2008년 | 208쪽 | 8,500원

| 분류 | 목적(정서 표현) | 분야(인문) | 시대(현대) | 지역(독일) | | |
|---|---|---|---|---|---|---|
| 관련 교과 | 국어 1-1 | 5. 삶과 갈등 (2) 육체미 소동 | | | | |
| | 도덕 1학년 | I. 삶과 도덕 4. 청소년기와 중학생 시절 | | | | |
| 새 교육과정 | 국어 7학년(문학) | 인물의 삶과 현실이 잘 드러나는 작품 | | | | |

날씬한 몸매만이 건강하고 아름다운 것인가?

갈등을 해결하는 열쇠는 어디에서 찾을 수 있을까?

사람들은 누구나 열등감을 갖고 있을까?

### ♦ 어떤 책일까

부모와의 갈등, 학교와 학업에 대한 부담, 친구와의 우정, 이성교제 등 십대 소녀가 흔히 겪는 청소년기의 고민을 섬세하게 다루고 있다. 특히 음식중독과 외모 때문에 생기는 열등감에 관한 묘사는 나이와 성별을 떠나 모두가 공감할 수 있게 한다.  주인공 에바는 자신의 뚱뚱한 외모 때문에 열등감에 빠져 있다. 타인과의 관계에서 자신감이 없고 늘 움츠러들기만 하던 어느 날 에바는 동갑내기 미헬을 만나게 된다. 에바는 미헬과 사귀면서 처음으로 사랑에 빠지게 되고, 그동안 짊어졌던 열등감이라는 무거운 짐을 벗어던지고 마음의 문을 열게 되며 새로운 자아를 찾게 된다.

### ♦ 관련 매체에는 무엇이 있을까

**관련 매체** | 『슈렉』 (애니메이션)

『야수와 미녀』 (영화)

『미녀는 괴로워』 (영화)

**관련 도서** | 『뚱보 내 인생』 (미카엘 올리비에)

## ☞ 흥미로운 부분을 만나 보자

### 씁쓸한 초콜릿

그 여인의 몸짓은 무척이나 대담하고 자유롭지.

내게는 멋진 기억으로 남게 될 거야.

머릿속으로 노랫말의 뜻을 되새겨보았다. 그러자 초콜릿이 쓴맛으로 변했다. 부드럽고도 쓴맛이 아니라 불쾌하게 쓴맛이었다. 떫었다. 아렸다. 에바는 재빨리 초콜릿을 삼켰다.

'초콜릿을 먹으면 안 되는데. 안 그래도 너무 뚱뚱하잖아.' (24쪽)

### 소외감, 그리고…

에바는 춤추는 사람들을 쳐다보았다. 특히 여자애들을, 여자애들의 허리를, 허리의 굵기를, 그리고 좁다란 바지를 유심히 바라보았다. 그러자 심한 소외감이 다시 밀려왔다.    감상적인 유행가가 흘러나왔다. 미헬이 에바를 감싸 안았다. 에바는 곁눈질을 하거나 주변에 신경 쓰지 않고서 허리를 감싼 미헬의 손과 아주 가까이에 있는 미헬의 숨결만을 느끼려고 노력했다. 오로지 그것만. (139-140쪽)

### 에바의 웃음

에바는 거울을 바라보았다. 뚱뚱한 가슴과 뚱뚱한 배, 뚱뚱한 다리를 가진 뚱뚱한 소녀가 보였다. 하지만 정말로 그 소녀는 못생겨 보이지 않았다. 약간 눈에 띄긴 하지만 그렇긴 하지만 못생기진 않았다. 에바는 뚱뚱했다. 하지만 세상에는 뚱뚱하면서도 아름다운 사람도 틀림없이 존재할 것이었다. 대체 아름답다는 건 무엇일까? 패션잡지 사진에 나오는 사람들처럼 생긴 여자들만이 아름다운 것일까? 다리가 긴, 날씬한, 매력적인, 가느다란, 우아한…… 이런 낱말들이 머릿속에 떠올랐다. 옛 거장들의 그림 속에 나오는 통통하고, 풍만하고, 살진 여인들을 생각하자 에바는 웃음이 나왔다. 에바는 웃었다. 거울 속의 소녀를 바라보며 웃었다. 그리고 그때 그 일이 일어났다. (204쪽)

## ☞ 다음의 방법으로 읽어 보자

- 이야기 속에 나타나는 다양한 형태의 갈등을 살펴보면서 읽어 보자.
- 갈등의 해결 과정에 따라 인물의 심리가 어떻게 변해 가는지 살펴보면서 읽어 보자.
- 에바를 비롯한 등장인물들이 사춘기의 고민을 어떻게 해결하는지 주목하며 읽어 보자.
- 단지 뚱뚱하다는 이유 때문에 에바가 얼마나 스스로 힘들었는지 에바의 마음을 헤아리면서 읽어 보자.
- 만약 이 이야기가 영화로 제작된다면 어떤 화면을 연출하게 될지 상상하면서 읽어 보자.

## ☞ 함께 토론해 보자

### ■ 다음의 순서와 내용으로 이야기식 토의/토론을 해 보자

**[ 배경 지식을 활용하여 책 맛보기 ]**
- 우리의 삶 속에는 늘 갈등이 있게 마련입니다. 최근 겪었던 갈등 중 가장 기억에 남는 것 하나만 소개해 보자.
- 친구나 가족 중에 갈등을 겪고 나서 거리가 멀어진 경우가 있는가?
- 여러분은 자신의 외모에 만족하는가? 자신의 외모에 불만이어서 고민한 적이 있다면 이야기해 보자.

**[ 내용을 점검하며 읽기 ]**
- 에바의 가족 및 집안 분위기를 소개해 보자.
- 에바에게 좋지 못한 식습관이 있다면 어떤 것인가? 에바가 나쁜 습관을 고쳐 건강하게 지낼 수 있도록 충고해 보자.
- 프랑크가 다치게 된 이유는 무엇이며 에바는 프랑크 사건을 겪고 나서 몹시 괴로워하였는데 그 이유는 무엇인가?
- 미헬은 왜 에바와 헤어지게 되었는가?
- 에바는 자신의 지방이 햇살에 녹아내려 악취를 풍기며 배수구로 흘러들어가기를 원했지만 그렇게 되지 않았다. 하지만 에바는 조금씩 행복해졌다. 그 이유는 무엇인지 에바의 심리 변화를 중심으로 소개해 보자.

**[ 인간의 삶이나 사회 문제와 연결하여 생각 넓히기 ]**

• 내가 가진 열등감은 무엇이며, 나는 어떻게 하면 에바처럼 열등감에서 벗어날 수 있을까?
• 최근 우리 사회에 만연된 '몸짱, 얼짱 열풍'의 문제점은 무엇이라고 생각하나?
• 서구화된 음식 문화도 우리의 체형을 바꾸어 놓는데 한몫 하고 있다. 건강한 식생활을 하기 위해서는 어떻게 해야 하는지 방법을 제시해 보자.


**■ 다음 논제로 찬반을 나누어 토론을 해 보자**

• 에바는 귀가 시간 때문에 아버지와 여러 차례 마찰이 있었다. 귀가 시간을 정해 놓는 것과 스스로 귀가 시간을 맞추도록 하는 것 중 어느 것이 더 바람직할까?
  (논제 ' 귀가 시간을 정해 놓아야 한다.)
• 규격화된 미를 양산하는 미인선발대회에 대해 어떻게 생각하는가?
  (논제 ' 미인선발대회는 여성의 인권을 무시하는 행위이다.)
• 외모를 아름답게 가꾸기 위한 성형수술에 대해 어떻게 생각하는가?
  (논제 ' 성형수술은 필요하다.)


**⇨ 나의 생각을 글로 표현해 보자**

• 내가 방송국 프로듀서가 되어 사람들이 외모에 집착하지 않도록 하기 위한 텔레비전 프로그램을 만들려고 한다. 어떤 프로그램이 좋은지 기획해 보자. 혹은 현재 진행되고 있는 프로그램 중 바꿀 만한 것이 있다면 소개해 보자.
• '씁쓸한 초콜릿'을 드라마나 연극으로 바꾼다면 누구를 캐스팅하고 싶은지 여러분이 알고 있는 배우나 탤런트를 예로 들어 보자. 배우나 탤런트 이름을 잘 모른다면 같은 반 친구 및 선생님을 등장인물로 꾸며 보자.
• 주인공 에바의 심리 변화를 그래프로 그리고 설명해 보자.


# 참고

**루키즘 (lookism)**
우리말로는 외모지상주의 · 외모차별주의로 번역된다. 미국 《뉴욕 타임스》의 칼럼니스트인 새파이어(William Safire)가 2000년 8월 인종 · 성별 · 종교 · 이념 등에 이어 새롭게 등장한 차별 요소로 지목하면서 부각되기 시작하였다.

외모(용모)가 개인간의 우열뿐 아니라 인생의 성패까지 좌우한다고 믿어 외모에 지나치게 집착하는 경향 또는 그러한 사회 풍조를 말한다. 곧 외모가 연애 · 결혼 등과 같은 사생활은 물론, 취업 · 승진 등 사회 생활 전반까지 좌우하기 때문에 외모를 가꾸는 데 많은 시간과 노력을 기울이게 된다는 것이다.

학자들은 이 같은 경향이 잘난 외모를 선호하는 사회 풍조에서 비롯된 것으로 보고 있다. 아무리 좋은 학교를 나왔다고 하더라도 외모가 받쳐주지 않으면 결혼을 할 수 없고, 학창 시절에 아무리 학점이 좋았더라도 역시 외모 때문에 번번이 면접에서 탈락하다 보니 자연 외모에 신경을 쓸 수밖에 없다는 것이다.

그러나 외모에 너무 집착하다 보면 병증으로 발전할 수도 있다는 것이 가장 큰 문제점으로 지적되고 있다. 처음에는 운동이나 가벼운 다이어트 요법 등을 통해 몸매를 가꾸다가, 그래도 안 되면 막대한 시간과 돈을 들여 성형수술을 하고, 그것도 모자라 몇 번씩이나 되풀이하여 성형수술을 하면서 외모를 가꾸는 데 열과 성을 다한다. 이 과정에서 강박증이 생기기도 하고, 심하면 신체변형 장애까지 일어나게 된다.

한국에서도 2000년 이후 루키즘이 사회 문제로 등장하였는데, 조사 결과 한국 여성들이 세계에서 가장 많은 성형수술을 하는 것으로 나타났다. 또한 다이어트 열풍에 휩쓸려 무리하게 살을 빼다가 죽음에 이른 경우도 보고되고 있다. 〈두산백과사전 EnCyber & EnCyber.com〉

# 빠꾸와 오라이

황대권 | 도솔오두막 | 2007년 | 224쪽 | 9,800원

| 분류 | 목적(정서 표현) | 분야(인문) | 시대(현대) | 지역(한국) | |
|---|---|---|---|---|---|
| 관련 교과 | 국어 1-1 | 6. 언어의 세계 | | | |
| | 생활국어 1-1 | 4. 국어 생활의 반성 | | | |
| 새교육과정 | 국어 7학년(문법) | 언어의 기능과 특성 이해하기 | | | |

우리도 모르게 입에서 튀어나오는 일본말은?

아기가 최초로 배우는 말도 일본말이라고?

우리말이 살아야 우리나라가 산다!

### ⇨ 어떤 책일까

이 책은 유학생 간첩단 사건에 연루되어 13년 동안 감옥 생활을 하면서 동생에게 보낸 편지로 내용이 구성되어 있다. 감옥이라는 고립된 장소에서 일본어 사전을 읽으면서 어릴 때는 당연히 우리말 인줄 알고 쓰던 일본말을 소개하고 있다. 저자의 어린 시절의 추억과 함께 우리가 1960~70년대에 일상적으로 듣고 말하고 쓰던 일본말을 찾아내고 있다.

'무데뽀'(무턱대고 밀어붙이는 행동) 정신으로 무장한 이들은 '야마'(산)가 돌면, '곤조'(근성)나 '뗑깡'(막무가내로 조르기)을 부린다. 이 문장에 나오는 일본말이 일본말인지조차 알지 못하고 쓰는 사람들도 많다. 이 책 속에 등장하는 일본말을 통해 우리의 굴곡진 역사를 들여다볼 수 있고, 자신의 언어 습관을 반성하는 계기가 될 것이다.

### ⇨ 관련 매체에는 무엇이 있을까

**관련 매체** | 『바른말 고운말』(KBS TV 프로그램)
『우리말 나들이』(MBC TV 프로그램)
**관련 도서** | 『입에 익은 우리 익은 말』(김준영)

### ⇨ 어떻게 읽을까

• 우리가 실생활에서 쓰고 있는 일본말에는 어떤 것들이 있는지 메모하면서 읽어 보자.
• 우리말을 살려 쓰기 위해서는 어떤 노력을 기울여야 하는지 생각하면서 읽어 보자.

### ⇨ 무엇을 토론할까

• 우리말처럼 굳어져 대부분의 언중이 사용하는 일본말을 우리말화하는 것이 바람직한가, 사용하지 못하도록 해야 하는가?
• 문자를 보내거나 인터넷을 이용한 대화를 할 때 줄여서 쓰는 언어에 대해 어떻게 생각하는가?

### ⇨ 무엇을 써 볼까

• 하루의 생활을 일기로 구성하고, 그 속에 나타난 나의 언어 습관을 교정해 보자.
• 등굣길이나 하굣길을 이용하여 거리에 설치되어 있는 간판을 자세히 살펴보고, 우리의 언어 생활을 반성하는 글을 써 보자.

# 안네의 일기

안네 프랑크(김재천) | 소담출판사 | 2008년 | 368쪽 | 5,000원

| 분류 | 목적(정서 표현) | 분야(인문) | 시대(현대) | 지역(네덜란드) | |
|---|---|---|---|---|---|
| 관련 교과 | 국어 1-1 | 5. 삶과 갈등 * 보충 심화 | | | |
| | 도덕 1학년 | I. 삶과 도덕 3. 인간다운 삶의 자세 | | | |
| | 사회 2학년 | IV. 현대 세계의 전개 2. 제2차 세계 대전과 전후의 세계 | | | |
| 새 교육과정 | 국어 7학년(읽기) | 가치 있고 감동적인 경험을 기록한 글 | | | |

전체주의의 폐해, 누가 어떻게 당했는가?
일기장 속에 담긴 안네의 세상은 어떤 곳인가?
한 소녀의 기록은 살아있는 역사의 현장이다!

### ⇨ 어떤 책일까

안네의 일기는 가장 아름답고 가장 슬픈 한 소녀의 영혼이 성장하는 과정을 기록한 책이다. 제2차 세계 대전 당시 나치의 탄압을 피해 숨어 지내면서 사춘기를 맞은 안네가 쓴 이 일기는 전쟁에 대한 공포와 외부와의 단절로 겪는 정신적 공황 및 고독감, 그리고 풋풋한 사랑의 감정을 숨김없이 보여준다.

네덜란드가 나치에게 점령당하자 마땅한 도피처를 찾지 못해 암스테르담의 한 건물 비밀 문 뒤에 숨어 살게 된 유대인 가족의 힘들고 비참한 생활 모습을 통해 전쟁의 폭력성을 낱낱이 고발하고 있다. 2년 2개월에 걸친 어린 소녀의 기록은 전쟁에 대한 고발과 함께 순수한 영혼이 전체주의 사상을 지닌 사악한 인간에 의해 어떻게 짓밟혀가고 있는지 여실히 보여주고 있다.

### ⇨ 관련 매체에는 무엇이 있을까

**관련 매체** | 『피아니스트』 (영화)
『인생은 아름다워』 (영화)

**관련 도서** | 『로베르토』 (도나 조 나폴리)
『희망의 섬 78번지』 (우리 오를레브)

## ⇨ 흥미로운 부분을 만나 보자

### 숨어야만 해!

마르고트는 겨우 열여섯 살인데 이런 소녀를 정말로 혼자 데려가는 것일까? 엄마가 절대 보낼 수 없다고 말했어. 아빠가 언젠가 숨어 살 집으로 옮기겠다던 말을 그제야 이해할 수 있었단다. 숨는다지만 어디로 가는 것일까ᅵ 시내일까, 아니면 시골일까. 살 곳은 집일까, 아니면 움막일까……?

이런 것을 물으면 안 된다고 했지만 나는 아무래도 생각하지 않을 수가 없었어. 마르고트와 나는 저마다 가장 중요한 것을 책가방에 챙기기 시작했어. 내가 가장 먼저 넣은 것은 이 일기장이야. 그리고 머리를 컬하는 도구, 손수건, 교과서, 빗, 오래된 편지 등이었어. 숨으러 가는데 이런 것을 가방에 넣다니, 미친 짓이라고 남들은 생각할지 모르지만 나는 후회하지 않아. 나에게는 옷보다도 추억이 더 소중하니까. (26~27쪽)

### 안네의 진실

전에 아빠와 성(性)에 대해 이야기했을 때, 아빠는 내가 그런 것을 아직 모를 거라고 하셨지만 난 전에도 알았었고, 지금은 완전히 알고 있어. 지금 내게 있는 존재는 사랑하는 피터 베셀뿐이야. (176쪽)

### 안네의 꿈

키티, 내가 폭발할 지경이라는 게 이해되니?

이제 다른 이야기를 하자. 나의 최대의 희망은 저널리스트가 되고, 작가가 되는 거야. 이미 너도 오래전부터 그걸 알고 있지? 이 야심 -미치광이일지라도-이 실현될지 어떨지는 물론 아직 모르지만, 나는 이미 마음속에 소재를 생각하고 있어. 아무튼 나는 전쟁이 끝나면 '은신처'라는 제목의 책을 내고 싶어. 성공할지 어떨지는 모르지만, 일기가 큰 도움이 되겠지. 그 밖에도 계획하고 있는 게 많은데, 나중에 구상이 어느 정도 되고 나서 다시 이야기하자. (296쪽)

## ⇨ 다음의 방법으로 읽어 보자

- 이 이야기 속에는 어떤 삶의 모습이 담겨 있는지 생각하며 읽어 보자.
- 안네의 개인적인 감정을 담은 일기이지만, 가정의 모습과 사회의 모습까지 찾아보면서 읽어 보자.
- 전체주의가 개인에게 어떤 피해를 주는지 생각하며 읽어 보자.
- 숨어서 살아가는 사람들의 마음에 공감하면서 읽어 보자.
- 당시 유태인들이 얼마나 비극적인 삶을 살았는지 생각하면서 읽어 보자.

## ⇨ 함께 토론해 보자

### ■ 다음의 순서와 내용으로 이야기식 토의/토론을 해 보자

#### [ 배경 지식을 활용하여 책 맛보기 ]

- 일기를 쓰면 어떤 점이 좋을까?
- 여러분이 가장 아끼는 물건 세 가지만 들어보고, 그것을 왜 아끼는지 이유를 말해 보자.
- 여러분이 지금 사는 이 공간을 떠나 어디론가 가야한다면 가장 아쉬운 점은 무엇인가?

#### [ 내용을 점검하며 읽기 ]

- 안네의 가족이 은신처에 숨어 지내야만 했던 이유를 역사적 배경을 들어서 밝혀 보자.
- 안네가 은신처로 갈 때 챙긴 것들은 무엇이며, 이러한 물건들을 통해 안네는 어떤 가치관을 갖고 있다고 생각하는가?
- 안네의 생각을 들여다 보면 평범한 부분도 있고 특별한 부분도 있다. 어떤 부분이 여러분과 비슷한지, 또 어떤 부분이 특별한지 살펴 보자.
- 히틀러와 전쟁의 잔혹함을 가장 잘 알 수 있는 부분을 소개해 보자.
- 만약 안네가 지금까지 살아 있다면 어떤 일을 하는 사람이 되었으며, 어떤 가치관을 갖고 살아갈까?

**[ 인간의 삶이나 사회 문제와 연결하여 생각 넓히기 ]**
- 안네에게 글 쓰는 재능이 있듯이 누구에게나 남과 다른 재능이나 소질이 있다. 여러분의 특별한 재능이나 소질은 무엇이며 앞으로 어떤 일을 하고 싶은지 밝혀 보자.
- 역사 속에서 전체주의를 채택했던 나라들을 예로 들어 보고 폐해의 심각성을 이야기해 보자.
- 여러분이 알고 있는 인종 차별의 사례를 들어 보자. 책이나 영화를 예로 들어도 된다. 그리고 왜 인종 차별을 해서는 안 되는지 여러 가지 이유를 들어 보자.

■ **다음 논제로 찬반을 나누어 토론을 해 보자**
- 역사의 주체는 엘리트일까, 민중일까?
  (논제 ¦ 역사의 주체는 소수의 엘리트이다.)
- 우리가 살아가는 현대 사회에서 인종차별은 완전히 사라졌다고 생각하는가, 여전히 존재한다고 생각하는가?
  (논제 ¦ 인종차별은 완전히 사라졌다.)
- 국가가 소중한가, 개인의 삶이 소중한가?
  (논제 ¦ 국가의 존립이 우선이다.)

⇨ **나의 생각을 글로 표현해 보자**
- 단지 유대인이라는 이유만으로 안네의 가족은 힘겨운 삶을 살아야 했다. 인종차별 때문에 안네를 비롯한 유대인들은 행동에 제약을 받아야만 했다. 어떤 제약과 불이익을 당해야 했는지 살펴보고, 이를 〈유대인이 해서는 안 되는 일〉이라는 제목의 안내문으로 작성해 보자.
- 안네가 쓴 일기 속의 사건을 중심으로 열다섯 살까지의 안네의 인생 곡선을 그려 보자.
- 〈안네의 일기〉 속에 비추어진 사회의 모습과 관련지어 다시 이런 비극이 일어나지 않도록 하기 위해서는 어떻게 해야 하는지 정치적 지도자 및 국민의 입장에서 각각 대책을 마련해 보자.

## 참고

**전체주의**

이탈리아의 독재자였던 베니토 무솔리니는 1920년대 초반 이탈리아의 새로운 파시즘 국가를 지칭하기 위해 '토탈리타리오'(totalitario)라는 용어를 최초로 만들었고 나아가 이를 "국가 안에 모두가 있고, 국가 밖에는 아무도 존재하지 않으며, 국가에 반대하는 그 누구도 존재하지 않는 것"이라고 기술했다(→ 정치권력). 제2차 세계대전이 시작될 무렵에 '전체주의'라는 용어는 일당정부와 동의어로 사용되었다.
넓은 의미에서 전체주의는 강제와 억압을 통해 개인생활의 모든 측면을 통제하고 지시하고자 하는 강력한 중앙집권통치라는 특징을 갖고 있다. 이러한 중앙집권화된 전체주의의 예로는 인도의 마우리아 왕조(BC 321경~185경), 중국의 진(秦 : BC 221~206), 그리고 남아프리카 줄루족의 추장 샤카의 통치시대(1816경~28)를 들 수 있다. 그러나 아돌프 히틀러 통치하의 전체주의 국가 나치 독일(1933~45)과 요시프 스탈린 통치하의 전체주의 국가 소련(1924~53)은 탈(脫)중앙집권화된 또는 대중적인 전체주의의 예라고 할 수 있으며, 이들 국가에서 정권을 장악하기 위해서는 압도적인 대중적 지지를 필요로 한다. 이러한 지지는 자연발생적으로 생겨나는 것이 아니라 카리스마적인 지도자의 능력에 의해 만들어지는 것이며, 그것은 오직 근대적인 교통수단과 통신수단의 발달에 의해서만 가능한 것이다. 〈브리태니커 백과사전〉

# 9인 9색 청소년에게 말 걸기

김용규 외 │ 주니어김영사 │ 2008년 │ 171쪽 │ 9,500원

| 분류 | 목적(설득) │ 분야(인문) │ 시대(현대) │ 지역(한국) | |
|---|---|---|
| 관련 교과 | **국어 1-2** | 1. 능동적으로 읽기 (2) 먹어서 죽는다 |
| | **도덕 1학년** | I. 삶과 도덕 4. 청소년기와 중학생 시절 |
| 새교육과정 | **국어 7학년(말하기)** | 다른 사람의 처지에 공감하며 설득하는 말 |

지식과 지혜 중 무엇이 더 중요한가?
우리의 인권은 보호받고 있는가?
삶은 선택의 연속, 과연 나의 선택은 옳은 것인가?

### ➪ 어떤 책일까

청소년기에 꿈꾸어야 할 것, 분노해야 할 것, 반대하거나 옹호해야 할 것 등을 모아 아홉 명의 인생 선배가 들려주는 이야기이다. 각각 다른 분야에 종사하면서 각기 다른 삶을 살아온 인생 역정과 연륜을 담아 청소년들에게 어떻게 살아야 하는가에 대한 나름의 대답을 하고 있다.

지식의 양을 늘려가는 것보다는 지식을 활용하는 지혜가 왜 중요한지, 서민 아파트가 많이 지어지기 때문에 아파트값이 떨어지는 것도 인권침해라고 주장하는 경우의 허점은 무엇인지, 일상 자체가 문화이므로 경험하고 즐기는 것이 문화생활이라는 점 등 우리 주변의 일들을 소재로 생각할 거리를 제공하고 있다. 아홉 명의 선배가 다양하게 걸어온 말에 논리적으로 대답해보는 것도 이 책을 읽는 즐거움 중의 하나일 것이다.

### ➪ 관련 매체에는 무엇이 있을까

**관련 매체** │ 엄마와 섬그늘 (영상 다큐멘터리)
**관련 도서** │ 『난 두렵지 않아요』 (프란체스코 다다모)
　　　　　　　『양성 평등 이야기』 (권인숙)

### ➪ 어떻게 읽을까

• 글쓴이의 의견이 들어 있는 부분 및 중요하다고 생각되는 부분을 찾아 밑줄을 그으면서 읽는다.
• 글쓴이의 주장에 대한 자신의 생각이나 느낌을 메모하면서 읽는다.
• 글의 내용과 관련되는 질문을 만들어 보고, 그 질문에 스스로 답해보도록 한다.

### ➪ 무엇을 토론할까

• '과학의 발전＝국가의 발전'이라는 등식이 타당한가?
• 손해를 감수하면서도 원칙을 지킬 필요가 있는 것인가?

### ➪ 무엇을 써 볼까

• 아홉 편의 글 중 하나의 소재를 선택해 글쓴이와 대화하는 형식으로 자기의 의견을 정리해 보자.
• '착한 여자'의 기준(149쪽)을 살펴 보고, 현대 사회에서 필요로 하는 여성은 어떤 여성인지 논술문을 써 보자.

# 학

황순원 | 문이당 | 2008년 | 218쪽 | 8,500원

| 분류 | 목적(정서표현) | 분야(인문) | 시대(현대) | 지역(한국) | | |
|---|---|---|---|---|---|---|
| 관련 교과 | 국어 1-2 | 2. 문학의 아름다움 (2) 소나기 | | | | |
| | 사회 2학년 | IV. 현대 세계의 전개  2. 제2차 세계대전과 전후의 세계 | | | | |
| 새 교육과정 | 국어 7학년(문학) | 언어 표현이 뛰어나고 주제 의식이 분명한 작품 | | | | |

이념과 우정 중 무엇이 더 소중한가?
'학 사냥의 추억'이 상징하는 의미는 무엇인가?
작가의 시적인 감수성이 드러난 부분을 음미해 보자.

### 어떤 책일까

황순원은 시적인 감수성을 바탕으로 한 치밀한 문체의 글을 쓰는 작가로 유명하다. 교과서에 실린 〈소나기〉와 마찬가지로 〈학〉도 각 문장이 짧고 수식어가 적으며 사실적인 세부 묘사를 대담하게 생략하는 등 상황이 주는 이미지 전달에 중심을 두고 있다. 이 책에는 황순원 특유의 소설적 서정성과 아름다움을 담고 있는 열 개의 작품이 들어 있다.

〈학〉은 6.25 전쟁이 막 휴전으로 치닫던 시기에 쓰여진 작품으로 삼팔선 접경의 북쪽 마을을 배경으로 한다. 단짝으로 같이 자란 성삼과 덕재 두 친구가 전쟁과 이념에 의해서 서로 반대편으로 갈라지지만, 결코 변하지 않는 인간미가 두 사람의 동질성을 회복시켜 주는 내용이다. 이념의 장벽이 우정이나 순수한 인간애를 파괴할 수 없다는 작가의 휴머니즘이 잘 나타난 작품이다.

### 관련 매체에는 무엇이 있을까

**관련 매체** | 『태극기 휘날리며』 (영화)
**관련 도서** | 『그 많던 싱아는 누가 다 먹었을까』 (박완서)

### 어떻게 읽을까

• 사건의 진행에 따라 등장인물의 감정이 어떻게 변화하고 있는지 살펴보면서 읽어 보자.
• 〈학〉에 담긴 문학적 아름다움과 가치가 무엇인지 생각하면서 읽어 보자.
• 이 소설에서 '학'은 어떤 역할을 하는지, 주제와는 어떤 연관성이 있는지 살펴보면서 읽어 보자.

### 무엇을 토론할까

• 이념과 우정 중에서 무엇이 더 소중하다고 생각하는가?
• 연행자인 성삼은 피연행자인 덕재의 포승줄을 풀어주었는데 이는 직무유기인가?

### 무엇을 써 볼까

• 자유의 몸이 된 덕재가 만약 성삼이에게 감사의 편지를 쓴다면 어떤 내용으로 쓸지 상상하여 한 편의 편지글을 써 보자.
• 작가의 시적인 감수성이 드러나 있는 부분을 중심으로 산문을 시로 바꾸어 보자.

# 시가 내게로 왔다

김용택 | 마음산책 | 2008년 | 128쪽 | 6,500원

| 분류 | 목적(정서표현) | 분야(인문) | 시대(현대) | 지역(한국) | |
|---|---|---|---|---|---|
| 관련 교과 | 국어 1-2 | 4. 시의 세계 | | | |
| | 도덕 2학년 | I. 삶과 도덕 2. 개성 신장과 인격 도야 | | | |
| 새 교육과정 | 국어 7학년(문학) | 시어와 일상어의 특징 이해하기 | | | |

시의 언어가 지닌 특성은 무엇인가?

시의 주제를 효과적으로 드러내기 위해서는 어떻게 해야 하는가?

〈시가 내게로 왔다〉의 시적화자가 시를 쓸수 있었던 이유는 무엇인가?

### ⇨ 어떤 책일까

"그래, 그랬어. 스무 살 무렵이었지. 나는 날마다 저문 들길에 서서 무엇인가를 기다렸어. 강물이 흐르고, 비가 오고, 눈이 오고, 바람이 불었지. 외로웠다니까. 그러던 어느 날 시가 내게로 왔어." 김용택 시인은 이 책에서 시를 쓰게 된 동기를 이렇게 밝히고 있다. 이 책에는 저자가 지금까지 시를 쓸 수 있도록 바탕을 마련해준 시 마흔여덟 편과 이런 아름다운 시를 대하면서 느낀 내밀한 고백이 담겨 있어서 읽는 맛을 더해 준다.

시를 읽는 즐거움은 감동에 있다. 짧고 간결한 시 속에서 감동을 얻기 위해서는 여러 번 반복해서 천천히 곱씹으며 읽어야 한다. 자꾸 읽다보면 새로운 감동이 멀리서 느릿느릿 물무늬가 번지듯 마음을 건드리게 될 것이다.

### ⇨ 관련 매체에는 무엇이 있을까

**관련 매체** | 『워낭소리』(영화)

**관련 도서** | 『시의 길을 여는 새벽별 하나』(김상옥)

### ⇨ 어떻게 읽을까

• 시의 분위기 및 운율을 살려 낭송하면서 읽어보자.

• 시어의 의미와 시에 드러난 현실 상황, 심상이 잘 드러나는 표현, 중심 소재 및 주제 등을 생각하면서 읽어 보자.

### ⇨ 무엇을 토론할까

• 직업은 운명적인 것인가, 자신이 개척하는 것인가?

• 문학은 과연 우리의 삶을 풍요롭게 하는가?

### ⇨ 무엇을 써 볼까

• 〈남으로 띄우는 편지〉(82쪽)에 이어질 내용을 상상하여 시로 써 보자. 봄볕 푸르거니 | 겨우내 엎드렸던 볏짚 | 풀어놓고 언 잠 자던 지붕 밑 | (다음에 이어질 내용 시로 쓰기)

• 〈墨書(묵서)〉(76쪽)로 패러디시를 지어 보자.

# 유진과 유진

이금이 | 푸른책들 | 2008년 | 285쪽 | 9,500원

| 분류 | 목적(정서 표현) | 분야(인문) | 시대(현대) | 지역(한국) | | |
|---|---|---|---|---|---|---|
| 관련 교과 | 국어 1-2 | | 6. 문학과 독자 | | | |
| | 도덕 1학년 | | I. 삶과 도덕  4. 청소년기와 중학생 시절 | | | |
| 새 교육과정 | 국어 7학년(문학) | | 인물의 삶과 현실이 잘 드러나는 작품 | | | |

큰유진과 작은 유진은 무엇이 같고, 무엇이 다른가?
나쁜 기억을 지우는 가장 바람직한 방법은 무엇인가?
'나'를 어떻게 표현해야 효과적일까?

## ⇨ 어떤 책일까

큰 유진과 작은 유진이 주인공인 이 책은 사회적 이슈가 강한 주제인 '아동 성폭력' 문제를 다루고 있다. 작가는 다소 무거운 주제를 지나치게 어둡거나 우울하지 않도록 이야기를 전개하고 있다. 유치원 시절에 함께 성폭행을 당한 두 인물의 성장 과정과 그들의 심리를 세밀하게 보여줌으로써 청소년 독자층의 공감대를 형성하고 있다.

특히 동명이인 주인공의 설정, 중학교 교실에서의 우연한 해후, 상대를 전혀 기억하지 못하는 또 다른 주인공의 특별한 심리 등 소설적 장치가 곳곳에 배치되어 이야기의 흥미를 더해준다. 또 서술자가 바뀌는 교차 서술방식을 통해 확연히 대비되는 두 주인공 큰 유진과 작은 유진의 내면 세계를 섬세하게 그려내고 있다.

## ⇨ 관련 매체에는 무엇이 있을까

**관련 매체** | (영화)『칼라 퍼플』,

(영화)『우리들의 행복한 시간』

**관련 도서** |『주제가 있는 사회 교실』(전국사회교사모임대안사회분과)

『환절기』(박정애)

## ⇨ 흥미로운 부분을 만나 보자

### 큰유진 작은유진

엄마는 내 이름을 아는 주위 사람들로부터 잘난 딸을 두어서 얼마나 좋겠냐는 인사를 받다 울화병에 걸릴 지경이 되었다. 며칠을 머리 싸매고 있던 엄마는 나와 이름이 같은 애가 전교 1등을 했다는 사실을 치료약으로 삼아 엄청난 꿈을 꾸기 시작했다. 나를 당장에 작은유진이가 다니는 학원에 등록시킨 것이다. 학원에서, 전교 1등을 하면 3개월 간 학원비를 면제해 준다는 이야기를 들은 엄마는, 왜 똑같은 이름을 가지고 누구는 공짜로 다니고 누구는 비싼 돈 내고 다니느냐고 내게 타박을 주었다. (45쪽)

### 상자 속의 비밀

내가 인형 목을 자르고 다리를 찢었다고? 그래서 엄마가 가장 먼저 그 일을 알았다고? 하지만 내 기억 속엔 아무것도 없다. 도대체 내게 일어났던 일을 내가 그렇게 모를 수도 있는 걸까? 하긴 지금 집으로 가고 있는 나도 나 같지 않다. 나는 지금 집이 아닌 다른 곳으로 가고 싶은데 학교와 학원, 집밖에는 아는 데가 없는 다리가 날 집으로 데리고 가고 있다.

큰유진이의 말이 사실이라면, 내가 그런 일을 당한 게 사실이라면……. 갑자기 나를 담고 있는 내 몸이 혐오스러워졌다. 엄마나 할머니의 눈빛이 날카로운 칼처럼 가슴에 와 꽂혔다. 그래서 날 그런 눈빛으로 바라보는 걸까? (84쪽)

### 자꾸만 덧나는 상처

나는 따뜻한 물을 틀어 놓은 채 욕조 가장자리에 걸터앉았다. 물이 어느 정도 차오를 때쯤 옷을 벗었다. 욕조로 들어가려던 나는 뿌예진 거울을 손바닥으로 닦았다. 거울 속에 어린 내가 나타났다. 엄마가 살갗이 벗겨지도록 내 몸을 문지르고 있었다. 내가 울자 엄마가 때렸다. 찰싹! 현실인 듯 뺨이 아프다. 그 뒤론 마치 여기 모여 내가 오기를 기다리고 있던 것처럼 온갖 환영들이 뒤범벅이 되어 달려들었다. 견딜 수가 없다. (267쪽)

## ⇨ 다음의 방법으로 읽어 보자

• 배경 지식을 활용해서 읽어 보자.
• 등장인물과 대화를 나누면서 읽어 보자.
• 이 소설은 작은유진과 큰유진, 두 주인공이 번갈아 등장하는 교차 서술 방식으로 구성되었습니다. 이러한 구성은 어떤 효과를 가져 오는지 생각하면서 읽어 보자.
• 작품에 드러난 것들을 나름대로 해석하고 비판하면서 읽어 보자.
• 이 소설의 등장인물들이 갈등하는 이유가 무엇인지 생각하면서 읽어 보자.

## ⇨ 함께 토론해 보자

### ■ 다음의 순서와 내용으로 이야기식 토의/토론을 해 보자

[ 배경 지식을 활용하여 책 맛보기 ]

• 여러분 또래의 친구들이 가장 많이 고민하는 것은 무엇인가?
• 고민이 있을 때는 어떻게 해결하는가?
• 여러분이 지금까지 겪었던 일 중 가장 기쁜 일과 가장 안 좋은 일을 각각 한 가지씩 소개해 보자.

[ 내용을 점검하며 읽기 ]

• 큰유진이가 자신과 같은 이름을 가진 같은 학급의 작은유진이 때문에 겪은 일들은 무엇인가?
• 큰유진의 고민은 무엇이며 작은유진의 고민은 무엇인가? 가정생활, 학교생활, 친구간의 관계 등 여러 방향으로 생각해 보자.
• 소라, 큰유진, 작은유진 셋이 마음이 통한 이유는 무엇일까?
• 작은유진이가 춤을 배우게 된 이유와 작은유진이에게 있어서의 춤의 의미, 그리고 작은유진이가 춤을 배우면서 달라진 점은 무엇인가?

- 작은유진과 큰유진이 유치원 때 겪은 충격적인 사건은 무엇이며 양쪽 집안이 이 사건에 대처하는 방법은 어떻게 달랐나?

**[ 인간의 삶이나 사회 문제와 연결하여 생각 넓히기 ]**
- 큰유진의 가치관과 작은유진의 가치관의 차이를 살펴보고 여러분은 어느 쪽의 가치관에 부합하는지 밝혀 보자.
- 이 이야기 속에서 아이들을 바라보는 잘못된 어른들의 시각을 지적해 보자.
- 어린이 성폭력은 무엇보다 예방이 중요하다. 어떻게 해야 어린이 성폭력을 미연에 방지할 수 있을까?

**■ 다음 논제로 찬반을 나누어 토론을 해 보자**
- 큰유진과 작은유진은 어릴 때 유치원 원장으로부터 같은 일을 당했는데도 가정에서 이에 대처하는 방법은 달랐다. 어느 가정이 더 현명하다고 생각하는지 토론해 보자.
  (논제 ᅵ 큰유진의 집에서 선택했던 방법이 바람직하다. ᅵ 작은유진의 집에서 선택했던 방법이 바람직하다.)
- 여러분이 건우 어머니의 입장이라면 큰유진과 건우가 사귀는 것에 대해 어떻게 생각할 것인가?
  (논제 ᅵ 성폭행은 큰유진의 잘못이 아니므로 찬성한다. ᅵ 깨진 그릇과 같으므로 반대한다.)
- 큰유진과 작은유진이 겪고 있는 여러 가지 갈등은 가출을 함으로써 해결되는데 여러분은 이런 방법이 바람직하다고 생각하나? (논제 ᅵ 가출은 문제를 해결하는 바람직한 방법이다. ᅵ 가출은 어떤 경우라도 허용할 수 없다.)

**⇨ 나의 생각을 글로 표현해 보자**
- 최근 어린이 성폭행 사건이 늘고 있는 원인은 무엇이며 이를 막기 위해서는 어떻게 해야 하는지 논술해 보자.
- 큰유진과 작은유진 부모님의 대립되는 사고방식에 대해 각각 평가해보고, 어느 쪽이 더 건강하다고 생각하는지 근거를 들어서 정리해 보자.
- 이 이야기 속에 나오는 아이들의 자기를 표현하는 다양한 방법을 살펴보고, 여러분은 어떻게 자신을 표현하는지 밝혀 보자.

# 참고

**학교생활 영역에서의 청소년 인권 침해**

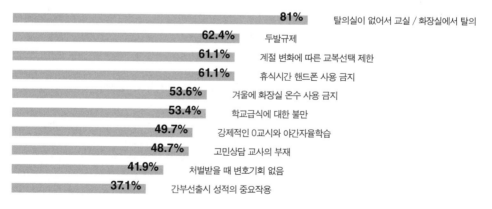

〈자료출처 ᅵ 국가청소년위원회〉

# 건방진 우리말 달인

엄민용 | 다산초당 | 2008년 | 298쪽 | 12,000원

| 분류 | 목적(정보전달) | 분야(인문) | 시대(현대) | 지역(한국) | | |
|---|---|---|---|---|---|---|
| 관련 교과 | 생활국어 1-2 | 5. 낱말의 의미 | | | | |
| | 도덕 2학년 | II. 바람직한 국가·민족 생활 1. 민족의 발전과 민족 문화 창달 | | | | |
| 새 교육과정 | 국어 7학년(문법) | 음성 언어와 문자 언어가 사용된 다양한 매체 언어 자료 | | | | |

바른말을 쓰는 것은 왜 중요한가?

말과 글이 바로 서야 나라가 바로 선다!

자랑스러운 우리말과 글을 지키기 위해서는 어떻게 해야 하나?

### 어떤 책일까

저자는 20여 년 동안 언론사에 몸담고 우리말에 대한 관심을 갖고 꾸준히 관련 서적을 읽게 되었다. 우리말 관련 책들이 실제 언어생활과는 거리가 있는 전문적이고 어려운 내용을 담고 있는 것이 불만스러워 읽기 쉽고, 재미있고, 내용이 풍부하면서 정확한 우리말 상식을 제대로 알려주는 책을 지어보기로 결심하고 집필한 책이 바로 이 책이다.

제1부에서는 틀리게 쓰기 쉬운 우리말 단어를, 제2부에서는 바른말을 쓰기 위해 꼭 알아야 할 우리말 문법을 소개했다. 우리말의 지식과 원리, 다채로운 예시를 깊이 있게 다루고 있어서 쉽고 재미있게 익힐 수 있다. 특히 실제 언어생활에서 많이 쓰이는 말들을 중심으로 소개하여 실용성이 뛰어나다.

### 다양한 매체로 맛보기

**관련 매체** | 『바른말 고운말』 (KBS 텔레비전 프로그램)

**관련 도서** | 『국어독립만세』 (김철호)

『성제훈의 우리말 편지』 (성제훈)

⇨ **흥미로운 부분을 만나 보자**

### 꼼장어와 쭈꾸미의 전설

우선 우리가 아주 즐겨 먹는 '꼼장어', 이것부터가 잘못됐어. 포장마차 같은 데서 맛있게 먹는 '꼼장어'는 '곰장어'가 바른 말이야. 그런데 국립국어원은 이 '곰장어'보다 '먹장어'로 쓰라고 권하고 있어. 이놈이 원래 '먹장어목 먹장어과'의 물고기거든. 그리고 이 '꼼장어'와 많이 닮은 '아나고' 있지? 왜 일식집이나 횟집에 가면 밑반찬처럼 딸려 나오는 거 있잖아. 이 '아나고' 역시 일본말이니 쓰지 말아야 해. 우리말로는 '붕장어' '바닷장어'라고 하는 거야.

'쭈꾸미'도 바른말이 아니기는 마찬가지야. 곰장어를 꼼장어로 소리 내듯이 주꾸미를 괜스레 된소리로 발음한 거지. 우리가 잘못 쓰는 말 중에는 이런 것이 많아. 굳이 된소리로 낼 까닭이 없는데, 습관적으로 된소리로 적는 거 말이야. '족두리'를 '쪽두리'로, '족집게'를 '쪽집게'로 쓰는 것도 그런 예지. (53쪽)

### 햇빛은 눈부시고, 햇볕은 뜨겁고

햇빛은 말 그대로 "해의 빛", 곧 광선이야. 햇빛은 또 '살아생전에 그의 소설은 햇빛을 보지 못했다'처럼 "세상에 알려져 칭송받는 것을 비유적으로 이르는 말"로도 쓰여.

이와 달리 '햇볕'은 해가 내리쬐는 뜨거운 기운"을 가리키는 말이야.

그런데 이 '햇빛'과 '햇볕'을 제 뜻에 맞지 않게 쓰는 일이 흔해.

"그때 부설은 무문관에 들어가 햇볕도 안 보며 10년 이상을 안거 수행했다.'

"햇볕을 본 게 언제인지 모르겠다고 잔뜩 찌푸린 하늘을 원망하듯 쳐다보는 사람이 많다."

위 문장은 최근 신문에 실린 글인데, 이들 글 속의 '햇볕'은 '햇빛'을 잘못 쓴 거야.

또 "뜨거운 햇빛과 거친 야외환경으로 인해 부상의 위험도 증가한다" "처음엔 더운 날씨에 강렬히 내리쬐는 햇빛을 피하기 위한 것이라고 생각하며" 등의 표현에서 쓰인 햇빛은 '햇볕'을 잘못 쓴 거고. (115~116쪽)

⇨ **다음의 방법으로 읽어 보자**

• 올바른 언어생활을 하고 있는지 스스로를 돌아보면서 읽어 보자.
• 우리가 습관적으로 쓰는 말들 중 어떤 것들이 맞춤법과 다른지 살펴보면서 읽어 보자.
• 올바른 언어생활은 말이나 글의 의미를 잘 이해할 때에 가능하다. 평소에 낱말의 의미를 정확하게 파악하고 그 낱말을 사용하는지 돌아보면서 읽어 보자.
• 그 동안 잘못 알고 있던 낱말이나 말법을 바르게 쓰려면 어떻게 해야 하는지 메모하면서 읽어 보자.
• 바르게 알게 된 낱말과 말법을 실제 생활에 적용해 보자.

⇨ **함께 토론해 보자**

■ **다음의 순서와 내용으로 이야기식 토의/토론을 해 보자**

**[ 배경 지식을 활용하여 책 맛보기 ]**

• 여러분은 국어사전에 실린 낱말이나 어법이 완벽하다고 생각하는가?
• 외국 사람들이 우리말과 글을 배울 때 가장 어려운 것은 무엇이라고 생각하는가?
• 우리말 우리글을 다른 나라 사람에게 소개할 때 어떤 점을 강조하고 싶은가?

**[ 내용을 점검하며 읽기 ]**

• 다음은 열에 아홉 사람은 빠지는 우리말 함정입니다. 맞는 것을 찾아 보자.
  *뇌졸증 '뇌졸중  *으시대다 '으스대다  *꼼장어 '곰장어  *흉측 '흉칙
  *까다롭다 '까탈스럽다  *혈혈단신 '홀홀단신  *기지개를 켜다 '기지개를 펴다
• '개이다'처럼 쓸데없이 '~이'가 들어가서 틀리는 낱말을 찾아 보자.
• '민비 시해'라는 말은 역적의 말이라고 저자는 말한다. 그 이유는 무엇인가?

- 주시경 선생님의 "말이 오르면 나라가 오르고, 말이 내리면 나라도 내린다"라는 말은 어떤 뜻인가?
- '바치다, 받치다, 받히다, 밭치다'의 뜻을 구분하고 문맥 속에서 어떻게 쓰이는지 예를 들어 보자.

[ 인간의 삶이나 사회 문제와 연결하여 생각 넓히기 ]
- 새로운 말이 생겨나는 이유는 무엇이라고 생각하는가?
- 우리말 속에는 일본말의 잔재가 많이 남아 있다. 일본말의 잔재를 없애기 위해서는 어떻게 해야 하는지 어떤 노력과 대책이 필요한가?
- 우리말이 오염되는 여러 가지 이유를 들어 보자.

■ 다음 논제로 찬반을 나누어 토론을 해 보자
- 우리말의 70%는 한자어로 되어 있다. 예전에는 교과서나 신문, 방송 등에서는 한자 표기를 했지만 언제부터인가 한자 표기가 사라졌다. 이에 대해 어떻게 생각하는가?
  (논제 ¦ 교과서나 신문, 방송 등에서 한자 표기를 하는 것이 바람직하다.)
- 우리가 흔히 사용하는 말 중에는 사전에 나오지 않는 말도 있다. 우리는 이런 말을 사용해야 하는가, 사용하지 말아야 하는가? (논제 ¦ 사전에 나오지 않는 말은 사용하지 말아야 한다. 사전에 나오지 않는 말도 사람들이 많이 사용하면 표준어처럼 사용할 수 있다.)
- 표준어 규정이나 한글맞춤법을 제정할 때 우리말의 문법적 틀을 중요하게 여겨야 하는지, 언중들의 '생활국어'를 중요하게 여겨야 하는지 토론해 보자.
  (논제 ¦ 표준어 규정이나 한글 맞춤법을 제정하는 과정에 참여한 학자들은 문법적 틀을 중요하게 여겨야 한다. ¦ 표준어 규정이나 한글 맞춤법을 제정하는 과정에 참여한 학자들은 '생활국어'를 중요하게 여겨야 한다.)

↪ 나의 생각을 글로 표현해 보자
- 다음 표와 같은 양식을 만들어 잘못 알고 있던 낱말들을 바르게 표기해 보자.

| 잘못 알고 있던 낱말 | 바르게 표기하기 | 문장 속에서 적용하기 |
|---|---|---|
| | | |

- 우리말이 오염되는 이유를 생각해보고, 아름다운 우리말을 지키기 위해서는 어떻게 해야 하는지 대책을 마련하는 논술문을 써 보자.
- 만약 여러분이 방송 제작 PD라면 우리말의 소중함을 알리고, 우리말을 바르게 사용하기 위해 어떤 프로그램을 만들지 방송 계획을 세워 보자. (프로그램 이름, 사회자 및 출연자, 방송의 구체적인 내용 등)

# 참고

**〈글짓기에서 만점 받는 비결〉 칠다주의(七多主義)를 실천하라**
어떻게 하면 문장을 쉽게 쓸 수 있을까?
이는 누구나 한 번쯤은 생각해 본 문제일 겁니다. 중국 송(宋)나라 문인이며 정치가인 구양수(歐陽修)는 문장 숙달에 필요한 것으로 삼다주의(三多主義)를 주장했습니다. 약 900년 동안 그의 삼다주의는 동·서양의 문장론에서 많이 인용돼 왔습니다. 실상 많은 작가·기자 등 문필생활을 하는 사람들은 구양수의 삼다주의를 문장 숙달의 길잡이로 삼고 있습니다.
중국어의 '칸둬(看多)'는 많이 읽는다는 뜻입니다. '쭤둬(做多)'는 많이 쓰고 많이 짓는다는 뜻이고요. '상량둬(商量多)'는 많이 생각한다는 뜻입니다. 이 셋을 삼다주의라고 하는데, 오늘날에는 여기에 넷을 덧붙여 칠다주의(七多主義)를 내세웁니다.
다독(多讀 ¦ 多觀察 많이 읽고), 다작(多作 ¦ 多習作 많이 짓고), 다상(多想 ¦ 多思索 많이 생각하고), 다험(多驗 ¦ 多體驗 많이 체험하고),
다용(多用 ¦ 多應用 많이 활용하고), 다약(多約 ¦ 多壓縮 많이 줄이고), 다감(多感 ¦ 多情感 많이 느끼고)
〈건방진 우리말 달인 블로그 http://blog.yes24.com/udal2008〉

# 나무

베르나르 베르베르(이세욱) | 열린책들 | 2008년 | 309쪽 | 9,800원

| 분류 | 목적(정서표현) | 분야(인문) | 시대(현대) | 지역(프랑스) |
|---|---|---|---|---|
| **관련 교과** | **국어 2-1** | 1. 감상하며 읽기 (1) 문학 작품의 감상 (3) 소음 공해 | | |
| | **도덕 2학년** | I. 사회 생활과 도덕 1. 현대 사회와 전통 도덕 | | |

인간에게 상상력은 왜 필요한 것일까?

새로운 눈으로 세상을 바라보면 무엇이 보일까?

'만일 ~라면'의 가정이 위대한 작품을 낳을 수 있을까?

### ⇨ 어떤 책일까

베르나르 베르베르는 인간 세계에 대한 독특한 시각을 갖고 있는 작가이다. 이 책에는 관습적인 사고방식을 탈피하고 새로운 눈으로 세상을 바라보게 해주는 기발하고 환상적인 이야기들이 여러 편 담겨 있다. 이 책은 단편소설집이라기보다 콩트에 가까운 '짧은 이야기' 모음으로 인간 세계의 부조리를 날카롭게 비판하면서도 유머를 잃지 않고 있다.

〈나무〉라는 제목은 책에 수록된 한 이야기에서 따온 것으로 미래의 모든 가능성들을, 가지와 잎사귀가 계속 퍼져 나가는 나무 그림으로 도식화해서 검토해 본다면 미래를 정확하게 예측하고 대비하는 것이 불가능한 것이 아니라는 점을 은유하고 있다. 저자는 하나의 가정을 통해 예측되는 결과들을 유머를 곁들여 친근한 어조로 이야기함으로써 우리를 환상과 사색의 공간으로 이끈다.

### ⇨ 관련 매체에는 무엇이 있을까

**관련 매체** | 『쥬만지』(영화)

**관련 도서** | 『책상은 책상이다』(페터 빅셀)

### ⇨ 어떻게 읽을까

- 자기의 삶과 연관지어 다양하게 상상하면서 감상해 보자.
- 작품에 대한 자기의 생각과 느낌을 정리하면서 읽어 보자.
- 다른 사람은 어떻게 감상했는지 비교하면서 읽어 보자.

### ⇨ 무엇을 토론할까

- 인간의 삶에서 상상력은 꼭 필요한 것인가?
- 〈내겐 너무 좋은 세상〉의 모습은 어떠한지 살펴보고, 만약 여러분이 이런 세상에 살게 된다면 행복을 느끼게 될지 아니면 그 반대일지 토론해 보자.

### ⇨ 무엇을 써 볼까

- 〈가능성의 나무〉 이야기처럼 큰 나무 하나를 그리고 그곳에 자신이 상상한 것을 적어 넣어 보자.
- '만약 ~라면'을 이용해 여러분의 뛰어난 상상력을 바탕으로 짧은 이야기 한 편을 지어 보자.

# 꾀주머니 뱃속에 차고 계수나무에 간 달아놓고

장재화 | 나라말 | 2006년 | 176쪽 | 8,500원

| **분류** | 목적(정서 표현) | 분야(인문) | 시대(조선시대) | 지역(조선) | | |
|---|---|---|---|---|---|
| **관련 교과** | **국어 2-1** | 3. 우리 고전의 맛과 멋 | | | |
| | **국사 중학교** | VI. 조선 사회의 변동 14. 세도 정치와 농민의 저항 | | | |
| **새 교육과정** | **국어 8학년(문학)** | 우리 고유의 정서나 언어 표현이 드러나는 작품 | | | |

조선 후기의 민중들은 무엇을 꿈꾸었나?

토끼는 되풀이 되는 위기 상황을 어떻게 모면했나?

별주부는 왜 스스로의 운명을 개척하지 못했나?

### ⇨ 어떤 책일까

널리 알려진 우화소설 〈토끼전〉을 청소년들이 이해하기 쉽도록 풀어쓴 이야기이다. 판소리와 소설을 바탕으로 이야기를 엮어 훨씬 생동감 있고 신명나며 종종 웃음을 유발하여 읽는 재미가 쏠쏠하다. 이 이야기가 우화소설이면서 판소리 소설이라는 점은 곧 당대 현실을 에둘러 비판하는 것이며 또한 민중들의 꿈과 희망을 노래하고 있다는 것이다.

조선 후기, 봉건 사회가 해체되어 가면서 지배 계층의 횡포가 심해지자 민중들은 힘겨운 삶을 살아갈 수밖에 없었다. 토끼가 살고 있는 세계가 조선 후기의 현실이라면, 용왕이 살고 있는 수국은 병든 국가의 모습이라 할 수 있다. 병에 걸린 무능한 용왕, 위기의 순간을 지혜로 모면하는 토끼, 충성을 최고의 가치로 여기는 별주부를 통해 당대 사람들은 어떤 꿈과 희망을 갖고 있었는지 상상해본다면 읽는 재미가 더할 것이다.

### ⇨ 관련 매체에는 무엇이 있을까

**관련 매체** | 『벤자민 버튼의 시간은 거꾸로 흐른다』 (영화)

**관련 도서** | 『동물농장』 (조지 오웰)

『라 퐁텐 우화집』 (라 퐁텐)

### ⇨ 어떻게 읽을까

• 교과서의 내용과 비교해보고 다른 점을 찾으면서 읽어 보자.

• 주요 인물들의 성격을 파악하면서 읽어 보자.

• 이야기가 전개되면서 토끼와 별주부의 마음 상태가 각각 어떻게 변화하는지 살펴보면서 읽어 보자.

### ⇨ 무엇을 토론할까

• 목숨을 건지기 위해 토끼의 간을 구하고자 하는 용왕의 태도에 대해 어떻게 생각하는가?

• 자라가 어머니와 아내의 만류를 무릅쓰고 토끼의 간을 구하러 간 것은 잘한 일인가?

### ⇨ 무엇을 써 볼까

• 가장 재미있는 부분(위기, 절정 등)을 골라 극본으로 바꾸어 보자.

• '토끼의 간'을 찾는 방을 써 붙인다면 어떤 내용으로 쓸 것인가?

# 그 많던 싱아는 누가 다 먹었을까?

박완서 ㅣ 웅진주니어 ㅣ 2008년 ㅣ 284쪽 ㅣ 8,000원

| **분류** | 목적(정서 표현) ㅣ 분야(인문) ㅣ 시대(현대) ㅣ 지역(한국) |
| --- | --- |
| **관련 교과** | **국어 2-1** ㅣ 4. 삶과 문학 (2) 기억 속의 들꽃 |

시골 생활과 서울 생활의 차이점은 무엇일까?

책 속의 '나'와 실제 '나'를 비교하면?

'싱아'는 무엇을 의미할까?

### ⇨ 어떤 책일까

자전적 성장소설의 형식을 취하고 있는 작품이다. 1930년대 개풍 박적골에서 귀여움을 받던 꿈 같은 어린 시절을 보내고 서울에 상경한 후 가난한 달동네에 사는 서러움, 일제 점령기하의 국가에서 공부하는 학생의 고통이 그려져 있다. 그리고 1950년대 6.25 전쟁으로 황폐해진 서울에서의 20대까지의 일을 적은 소설이다. 한 가족의 이야기로 전체 내용이 전개되지만 10대에 일제 강점기부터 해방과 6·25전쟁을 겪은 민족사와 그 시대 사람들이 당해야만 했던 고난이 그대로 나타나 있다.

시대에 따른 풍습과 시대 상황이 한폭의 수채화와 한편의 활동사진이 교차되듯 맑고도 진실되게 그려진 소설이다.

전쟁이라는 사회적 상황이 한 개인의 삶을 어떻게 변화시키는지를 살펴보는 것도 책을 읽는 하나의 방법이다. 교육열에 불타는 어머니를 따라 서울에 상경하여 당시 부자들만 들어가는 사립 초등학교에 들어가고 이어 중학교 고등학교 대학교에 입학하기, 입학 첫해에 육이오가 터져 피난을 가게 되고 그 이후의 삶에 대해 쓴 자전소설이다. 이 책은 그 말미에서 작가 박완서가 왜 소설을 쓸 수밖에 없었는지에 대한 그 이유를 극명하게 설명해주는 역할을 하고 있다.

### ⇨ 관련 매체에는 무엇이 있을까

**관련 매체** ㅣ 어머니께 보내는 편지 (지식채널e 2007.06.18 )

화중유시 (지식채널e 2006.09.04 )

어머니의 그림 (지식채널e 2009.02.10 )

공습 (지식채널e 2008.08.18 )

대부분이 우울했던 소년 (지식채널e 2008.01.21 )

**관련 도서** ㅣ 『그 여자네 집』 (박완서)

『장마』 (윤흥길)

『수난이대』 (하근찬)

『마당 깊은 집』 (김원일)

## ⇨ 흥미로운 부분을 만나 보자

우리 고장에 내려오는 뒷간 얘기는 다 도깨비 얘기였지만 무서운 도깨비는 아니고 조금은 못나고 유쾌한 도깨비였다. 코가 막혀 냄새를 못 맡는 도깨비가 뒷간에서 밤새도록 똥으로 조찰떡을 빚는다고 했다. 재를 콩고물이나 팥고물인 줄 알고 맵시 있게 빚은 조찰떡을 재에다 굴리기를 되풀이하면서도 아까워서 한 입도 맛을 안 보다가 새벽녘에 다 빚고 나서 비로소 맛을 보고는 퉤퉤, 욕지기하면서 홧김에 원상대로 휘젓고 간다는 것이다. 만일 한창 그 일에 열중하고 있을 때 기침을 안 하고 뒷간문을 열면 도깨비는 들킨 게 무안해서 얼른 "조찰떡 한 개만 잡수."하면서 그중에서 가장 큰 걸 내놓는데 안 먹으면 무슨 해코지를 할지 모른다고 했다.(19-20쪽)

## ⇨ 다음의 방법으로 읽어 보자

• 살면서 등장인물과 같은 상황을 겪은 적이 있는지 생각하면서 읽어 보자.
• 가족이 나에게 어떤 의미를 지니는지 소설 속의 '나'와 비교하면서 읽어 보자.
• 서울 생활과 시골 생활이 삶에 어떤 변화를 주는지 생각하면서 읽어 보자.
• 작품 속에서 인물이 처한 시대적 상황을 파악하고, 그것이 사람들의 삶을 어떻게 변화시키는지 생각하면서 읽어 보자.
• 내가 알고 있는 전쟁과 책속에 나타난 전쟁의 상황을 비교하면서 읽어 보자.

## ⇨ 함께 토론해 보자

### ■ 다음의 순서와 내용으로 이야기식 토의/토론을 해 보자

**[ 배경 지식을 활용하여 책 맛보기 ]**

• '전쟁'은 왜 일어날까?
• 전쟁의 상황에서 살아남기 위해 어떻게 해야 할까?
• 전쟁은 우리의 삶을 어떻게 변화시킬까?

**[ 내용을 점검하며 읽기 ]**

• 내가 서울의 문 밖에 살면서 문 안의 학교에 다니는 이유는 무엇인가?(엄마가 가난하니까 사는 건 문 밖에서 살아도 할 수 없지만 학교는 문 안에 있는 좋은 학교에 가야한다고 했기 때문에 지금의 주민등록에 해당하는 기류계를 사직동에 있는 친척집에 옮겨 놓으면서까지 문 안의 학교에 다니게 하였다.)
• 엄마는 현저동 동네 사람들은 '바닥 상것'취급을 하면서도 물장수에게는 '상객'대우를 한 이유는 무엇인가? (물장수 영감이 아들을 전문학교까지 보낸 것에 대해 존경과 부러움으로 )
• 학교 생활을 하는 중 유일한 친구였던 복순이와 친하게 된 계기와 헤어지기 전에 한 행동은 무엇이인가?
  (나와 복순이는 도서관을 찾아가면서 그곳에서 책을 읽으면서 친해졌고 헤어지기 전에는 신사참배를 갔다.)
• 책 제목인 "그 많던 싱아는 누가 다 먹었을까?"에서 '싱아'를 떠올린 이유는 무엇일까? (시골에서 산기슭이나 길가 아무데나 있는 것이 싱아였는데 서울에서는 아카시아꽃을 따 먹는 것이 유일한 낙이고 그 맛이 비릿하고 들척지근해서 헛구역질이 났기 때문에 새콤달콤한 싱아가 떠올랐다.)
• 이 책에서 엄마와 오빠, 숙부 등 사람들의 삶을 변화시킨 가장 큰 요인으로 무엇을 말하고 있는가? (전쟁)

**[ 인간의 삶이나 사회 문제와 연결하여 생각 넓히기 ]**

• 육학년 때 조선인 여선생님이 가한 체벌에 대해 이야기하고 학교에서의 체벌이 갖는 의미를 말해보자.
• 내가 복순이와 친해진 이유가 무엇인지 찾고, 왕따의 원인과 해결책에 대해 말해보자.
• 전쟁이 나와 그 가족들에게 미친 영향을 구체적인 예를 들어 말해보고, 현재 우리 주변에서 벌어지고 있는 전쟁의 원인을 말해보자.

### ■ 다음 논제로 찬반을 나누어 토론을 해 보자

• 서울 문 밖에 살면서 서울 문 안 학교를 다니는 게 한 엄마의 결정은 옳은 것인가?
  (논제ㅣ 서울 문 밖에 살지만 서울 문 안 학교를 다니게 한 것은 아이의 입장에서 본다면 친구를 갖지 못하게 한 원인이었기 때문에 옳지 못하다.)

- 맏며느리면서 시부모님을 모시지 않고 서울에서 자식들에게 신교육을 시킨 어머니의 행동은 옳은 것일까?

  (논제ㅣ맏며느리면서 시부모를 모시지 않은 행동은 자신의 도리에서 벗어난 것이다.)

- 전쟁 중 국가에서 안심해도 된다는 방송을 내보내면서 혼란을 피하려고 한 정부의 정책은 옳은 것일까?

  (논제ㅣ전쟁 중에는 국민을 안심시켜야 할 의무도 국가가 갖고 있지만 정확한 상황을 알려줘야 국민이 그에 대처할 수 있을 것이다.)

- 마지막 장면에서 1.4후퇴 때 작중 인물들이 피난지로 현저동을 피난처로 정한 것은 옳은 결정이었나?

  (논제ㅣ피난을 가지 않아 겪었던 고통이 있었기 때문에 가짜로 피난지를 정해 잠시 머문 것은 옳은 결정이었다.)

⇨ **나의 생각을 글로 표현해 보자**

- '나'의 입장에서 엄마에게 문 밖 친구들과 사귀는 것을 허락 받을 수 있도록 편지를 써 보자.
- 소설 뒷 이야기를 연결하여 작중 인물이 어떻게 삶을 살아 갈 것인지를 지어 보자.
- 작품에서 창씨개명과 관련하여 가족들의 의견이 다양했다. 각 인물들의 창씨개명에 대한 생각을 예를 들어 말해보고 창씨개명을 반대했던 할아버지나 오빠의 행동에 대한 자신의 생각을 논술해 보자.

# 참고

**싱아ㅣ**마디풀과의 여러해살이풀. 높이는 1미터 정도로 줄기가 곧으며, 6-8월에 흰꽃이 핀다. 산기슭에서 흔히 자라고 어린잎과 줄기를 생으로 먹으면 새콤달콤한 맛이 나 예전에는 시골 아이들이 즐겨 먹었다.

**창씨개명ㅣ**일제강점기에 한국인의 성을 강제로 일본식으로 고치게 한 일. 일제는 이른바 한국인의 '황민화(皇民化)'를 촉진하기 위해 1939년 11월 제령 제19호로 '조선민사령(朝鮮民事令)'을 개정하여 한민족 고유의 성명제를 폐지하고 일본식 씨명제(氏名制)를 설정하여 1940년 2월부터 동년 8월 10일까지에 '씨(氏)'를 결정해서 제출할 것을 명령하였다. 조선총독부는 이를 관헌을 동원해서 협박과 강요로 강행, 창씨를 하지 않는 자의 자제에게는 각급 학교의 입학을 거부하고 창씨하지 않는 호주는 '비국민' '후테이센징(不逞鮮人)'의 낙인을 찍어 사찰미행을 철저히 하고 노무징용의 우선대상으로 삼거나 식량 등의 배급대상에서 제외하는 등 갖은 사회적 제재를 가하였다. 한국인들의 창씨 경향은 아주 왜식으로 하는 사람은 극소수이고 대개는 자기의 관향(貫鄕)을 땄으며, '山川草木' '靑山白水' '에하라 노하라(江原 ·野原)' 등으로 장난삼아 짓거나, 성(姓)을 가는 놈은 개자식이라 해서 '犬子'라고 창씨하는 사람도 있었다. 이와 같은 창씨의 강압 속에서도 애국적 인사들은 끝내 이를 거부하였으나, 기한까지 창씨를 계출한 것은 322만 호로 약 80%에 달하였다. (출처ㅣ네이버 백과사전)

**1946년의 시대상ㅣ**1946년 10월 8일 OO일보. 미국은 3상 회의 결정에 따른 한국 문제 처리를 위하여 중도 세력이 중심이 되는 좌우 합작을 추진하였다. 1946년 7월 우익에서 김규식·원세훈·안재홍, 좌익쪽에서 여운형·정노식·이강국 등이 대표로 참여한 좌우 합작 위원회가 구성되었다. 좌우 합작 위원회에서는 양측의 합작 원칙을 절충하여 합작 7원칙을 발표하였지만, 조선 공산당·한민당 등 좌우 핵심 정치 세력으로부터 외면을 당해 실효를 거둘 수는 없었다. 이후 좌우 합작 운동은 우익의 합작파와 중간파의 주도로 진행되었으나, 미국의 정책이 단일 정부 수립으로 굳어지고 여운형이 암살됨에 따라 실패로 돌아갔다. (출처ㅣ김윤식 외 4, 고등학교 문학(상), 디딤돌, 202쪽)

**신사참배 (神社參拜)ㅣ**일제강점기(1910-1945)에 일본의 민간종교인 신도(神道ㅣShintoism) 사원(寺院)인 신사를 곳곳에 세우고 한국인으로 하여금 강제로 참배하게 한 일. 신사를 중심으로 천황도 신격화하여 자국 국민의 정신적 지배는 물론, 군국주의적 침략정책 및 식민지지배에도 이용하였다. 한국에도 1876년 개항과 더불어 일본의 정치적·군사적·경제적·문화적 침략이 개시되면서 신도가 침투하기 시작하였다. 신사는 1910년 전에는 일본 거류민들을 위해서 민간에서 건립과 유지를 주도하였지만, 병합 후에는 조선총독부의 보호와 육성 아래 신사의 관·공립적인 성격이 강화되고 동화정책의 일환으로 한국인에게까지 신사참배와 신도신앙을 강요하였다. 그러나 1925년 조선신궁(朝鮮神宮) 진좌제(鎭座祭)를 고비로 언론과 기독교계 사립학교들이 강력히 반발하자, 일단 사립학교 학생들에게까지 강제로 신사에 참배시키는 정책의 실제 시행을 보류하였다. 1930년대에 들어 대륙침략을 재개한 일제는, 이를 뒷받침할 사상통일을 이룩하기 위해서 각종 행사를 개최하고 기독교계 사립학교에까지 다시 신사참배를 강요하기 시작하였다. 이때까지만 하여도 기독교계는 신앙상의 이유로 이를 거부하고 총독부의 양해를 구하였으나, 총독부가 1935년 11월 평양 기독교계 사립학교장 신사참배 거부사건을 계기로 강경책으로 나오자 기독교계는 분열되었으며, 1937년부터 기독교계 학교의 일부는 폐교되고 일부는 '순응'하게 되었다. 1937년 중일전쟁 이후 일제의 이른바 '황민화(皇民化)운동'의 고조와 함께 교육계에서의 신사참배 문제가 그들의 의도대로 일단락되어지자, 이제 그 강요의 마수를 일반인들은 물론 교회에까지 뻗치게 되었다. 일제 경찰은 1938년 2월 기독교에 대한 지도대책을 세워 일반 신도들의 신사참배를 지도 강화하도록 하였다. 이에 따라 일선 경찰력을 동원하여 교회로부터 시작하여 노회·총회 등 교단적 차원에서 신사참배를 결의 실행하도록 압력을 가하였다. 결국 기독교계도 이러한 강압을 이기지 못하고 1938년 9월 장로회 총회의 신사참배 결의를 고비로 굴복하여 급격히 변질되고 말았다. 그러나 교단의 신사참배 결정에도 불구하고 끝까지 이를 거부하고 신앙의 절개를 지킨 인물들이 어느 교파에나 있었다. 총독부는 신사의 건립을 계속 장려하여 1945년 6월 현재 신궁(神宮) 2곳, 신사(神社) 77곳, 면 단위에 건립된 보다 작은 규모의 신사 1,062곳이 세워졌다. 이것도 부족하여 각급학교 등에는 '호안덴(奉安殿)'을 세우고, 각 가정에는 '가미다나(神棚)'라는 가정 신단(神壇)까지 만들어 아침마다 참배하도록 하였다. 이러한 신사참배에 동원된 인원은 조선신궁 참배자만도 1940년에 약 215만 9000명, 1942년에는 약 264만 8000명에 이르렀다. 〈출처ㅣ네이버 백과사전〉

# 입에 익은 우리 익은말

김준영 | 학고재 | 2006년 | 471쪽 | 15,000원

| 분류 | 목적(정서표현) | 분야(인문) | 시대(고대) | 지역(한국) |

| 관련 교과 | 국어 2-1 | 5. 글과 사전 (1) 사전을 찾아가며 읽는 즐거움 |

'익은말'이란 과연 무슨 뜻일까?

중이 왜 머리끄덩이 잡고 싸웠을까?

소씨와 어씨는 왜 종친간일까?

### ⇨ 어떤 책일까

우리 속담은 모두 익은말이다. 속담은 '세 살 버릇 여든까지 간다.' '똥 묻은 개가 겨 묻은 개 나무란다.' 등과 같이 어떤 대상이나 상황을 직접 비유하는 것이지만 속담 외의 익은말은 '도로아미타불' '병신이 육갑한다' 등과 같이 그것을 간접적으로 빗댄 말이다.

이 책은 '외국말'에 밀려 사라져 가는 '우리말'을 보존하겠다는 마음으로 30여 년간 우리나라 곳곳을 돌아다니며 찾아낸 '익은말'을 담고 있다. '익은말'이란 우리 입에 익은 말을 뜻한다.

모든 말에는 그 말이 탄생하게 된 설화가 담겨져 있어 이해하기 쉬울 뿐만 아니라. 이 책에는 할아버지 할머니가 살아오면서 얻어낸 지혜와 해학 등의 감정이 그대로 살아있다. 이 책을 통해 익은말에 대한 풍부한 지식과 삶의 지혜를 얻을 수 있을 것이다.

### ⇨ 관련 매체에는 무엇이 있을까

**관련 매체** 『우리말 산책』(인터넷 블로그)

**관련 도서** 『문자 이야기』(앤드류 로빈슨)

『맛있는 고사성어 』(문명식)

『건방진 우리말 달인』(엄인용)

### ⇨ 어떻게 읽을까

• 사라져 가는 우리말을 찾으면서 읽어 보자.

• 설화 속에서 삶의 교훈과 지혜를 느끼며 읽어 보자.

• 많은 쓰이기는 하지만 뜻을 몰랐던 익은말들을 찾으면서 읽어 보자.

### ⇨ 무엇을 토론할까

• 우리의 고전문학에는 중국의 고사성어는 이루 헤아릴 수 없이 많지만 찾아 볼 수가 없다. 우리의 고사성어가 많았음에도 불구하고 중국의 고사성어를 많이 사용한 것을 어떻게 보아야 할까?

### ⇨ 무엇을 써 볼까

• 외국말에 밀려 사라져 가는 우리말을 되살릴 방법에는 무엇이 있는지 써보자.

• 이 책을 통해 새롭게 알게 된 익은말을 평상시 어떻게 사용할지 써보자.

# 김유정 봄봄 | 한국문학을 다시 읽다

김유정 외 | 중앙북스 | 2008년 | 306쪽 | 10,000원

| **분류** | 목적(정서표현) | 분야(인문) | 시대(현대) | 지역(한국) |
|---|---|---|---|---|
| **관련 교과** | 국어 2-1 | 6. 작품 속의 말하는이 (2) 사랑손님과 어머니 | | |
| | **도덕** | 4. 생활 속의 경제 윤리 | | |
| **새 교육과정** | 국어 8학년(문학) | 언어 표현이 뛰어나고 주제 의식이 분명한 작품 | | |

봉필이가 '나'와 점순이를 결혼시키지 않는 이유는 무엇인가?
때론 점순이와 같은 서툰 사랑표현법이 더 진실하지 않은가?
갈등과 대립을 웃음으로 풀어가는 해학미!

### ⟡ 어떤 책일까

이 책은 한국 근·현대 문학사를 대표하는 소설들을 소개하는 선집 제6권으로, 소설의 다원화와 새로운 사조의 문학적 형식을 보여주는 작품들이 담겨 있다. 이 책에 들어 있는 소설을 통해 우리 문학의 흐름을 살펴보고, 우리 문학의 참맛을 느낄 수 있을 뿐만 아니라 작가 소개와 작품에 대한 해설이 들어 있어 작품을 깊이 있게 감상할 수 있다.

김유정의 〈봄봄〉은 우직하고 순박한 데릴사위 '나'와 교활하고 잇속 빠른 마름 사이의 해학적 갈등과 대립을 그린 이야기이며, 〈동백꽃〉은 사춘기 소년과 소녀의 사랑을 그린 이야기인데 이러한 김유정의 작품들은 향토색 짙은 토속어를 생동감 있게 구사하여 읽는 재미를 더해 준다. 이밖에 안회남, 박영준, 이상, 김동리 등의 다양한 작품을 감상할 수 있다.

### ⟡ 관련 매체에는 무엇이 있을까

**관련 매체** | 『모던보이』 (영화)
**관련 도서** | 『우리동네』 (이문구)

### ⟡ 어떻게 읽을까

• 작품 속에서 말하는이를 찾아 보고, 그의 입장에서 작품을 감상해 보자.
• 말하는이를 통해 작가는 독자에게 무엇을 전달하려고 하는지 의도를 파악하면서 읽어 보자.

### ⟡ 무엇을 토론할까

• 점순이와 결혼하기로 계약하고서 돈 한 푼 안 받고 데릴사위로 들어가서 머슴 노릇을 하고 있는 '나'는 우직한가, 어리석은가? 〈봄봄〉
• '나'를 좋아하면서도 오히려 짓궂은 행동으로 괴롭히는 점순이의 사랑법을 이해할 수 있는가? 〈동백꽃〉

### ⟡ 무엇을 써 볼까

• 여러 편의 이야기 속에 들어 있는 토속어를 찾아 뜻을 알아본 후 이것을 이용하여 짧은 이야기를 지어 보자.
• 〈동백꽃〉에서 절정 부분을 찾아 점순이를 서술자 '나'로 바꾸어서 이야기를 다시 써 보자.

# 상록수

심훈 | 문학과 지성사 | 2008년 | 473쪽 | 9,500원

| **분류** | 목적(정서표현) | 분야(인문) | 시대(현대) | 지역(한국) |
| --- | --- | --- | --- | --- |
| **관련 교과** | **국어 2-2** | 1. 작가와 작품 (1) 옥중에서 어머니께 올리는 글월 | | |
| | **국어 3-1** | (1) 독서와 사회 · 문화의 만남 | | |

일호는 왜 머리카락을 기르고 싶을까?

왜 학교에서는 학생들의 머리 형태를 제한할까?

어른이 된다면 청소년 때보다 자유로울까?

### ➪ 어떤 책일까

1930년대 당시 지식인의 관념적 농촌운동과 일제의 경제 침탈사를 고발하고 비판한 책으로 이광수의 장편 『흙』과 더불어 한국 농촌계몽소설의 쌍벽을 이루고 있다. 농촌 계몽 운동을 일으킨 큰조카 심재영과 최용신을 모델로 쓰여진 이 작품은 농민들과 함께 노동에 지속적으로 참여함으로써 육체적인 건강성을 획득하며, 계몽운동의 이념을 더욱 확고히 한 박동혁을 가장 이상적인 인간상으로 제시하고 있다.

장리벼와 고율의 소작료, 소작권의 임의 이동 등을 통해 농민을 수탈하는 악덕 고리대금업자 내지는 친일지주라고 할 수 있는 강기천과 치열한 대결을 보이고 있는 모습 또한 박동혁의 건강성을 보여주는 또 다른 징표라고 할 수 있을 것이다. 〈상록수〉는 농민들의 삶을 질적으로 향상하기 위해서는 문맹 퇴치와 같은 문화적 계몽에 멈추는 것이 아니라 경제적 · 정치적 실천으로 나아가야 함을 역설하고 있다. 또한 희생과 시련을 두려워하지 않고 농촌 계몽 운동에 온몸을 바친 채영신을 살펴보는 것도 하나의 재미가 될 것이다.

### ➪ 관련 매체에는 무엇이 있을까

**관련 매체** | 『Play & Fight』(지식채널e 2009.02.09), 『BLACK』(지식채널e 2008.12.22)
**관련 도서** | 『흙 』(이광수), 『제1과 제1장』(이무영), 『사하촌』(김정한)

### ➪ 어떻게 읽을까

• 영신과 동혁의 관계를 생각하며 읽어 보세요.

• 일제 강점하에서 농민을 계몽하기 위해 노력한 두 사람의 역할을 생각해 보면서 읽어보세요.

• 내가 만일 동혁이라면 어떻게 행동했을지 상상하면서 읽어 보세요.

### ➪ 무엇을 토론할까

• 동혁이 투옥된 것을 어떻게 볼 것인가?

• 영신의 죽음과 관련하여 영신이 선택한 길에 대한 자신의 생각을 말해보자.

### ➪ 무엇을 써 볼까

• 출감한 동혁이 죽은 영신에게 편지를 쓴다고 가정하고 동혁의 입장에서 글을 써보자.

• 개인이 집단을 바꾸는 것이 가능한 것인지, 채영신과 박동혁의 입장을 파악하여 논술하시오.

# 파디샤의 여섯째 선물

아흐멧 위밋 | 푸른숲 | 2005년 | 203쪽 | 8,500원

| **분류** | 목적(정서표현) | 분야(인문) | 시대(고대) | 지역(터키) |
|---|---|---|---|---|
| **관련 교과** | **국어 2-2** | 2. 이야기의 구조 (2) 현명한 아내, 만카 | | |

파디샤는 무엇을 의미할까?

파디샤는 무엇을 찾아 여행을 떠났을까요?

파디샤는 여행 중 어떤 사람들을 만났을까?

### ✑ 어떤 책일까

이 소설 속에 나오는 파디샤는 국민들을 위해 아주 좋은 일을 많이 하는 통치자였다. 하지만 그에게 딱 한 가지 결점이 있었자. 자신이 한 선행을 떠벌리며 다른 사람에게 칭찬받고 싶어 하는 것이었다. 그 때문에 그의 주위에는 늘 아첨꾼들이 들끓게 됩니다. 이를 보다못한 총리대신은 파디샤의 결점을 고쳐 주기 위해 큰 결심을 하게 된다. 이 세상에 파디샤보다 더 어진 사람이 있다고 말해 버린 것이다. 이에 노여움을 느낀 파디샤는 그 사실을 확인하기 위해 총리대신과 함께 긴 여행을 떠나게 된다. 그 뒤에는 파디샤가 만난 사람들과 그들에게 얽힌 갖가지 사연들이 이어진다.

이 책은 '아라비아나이트'처럼 민간 설화를 바탕으로 창작된 신비롭고 환상적인 다섯 편의 이야기가 고리처럼 연결되어 있다. 독자들은 파디샤가 던진 주문에 대한 답을 좇아가며 자연스럽게 세상에 대한 철학적 물음을 묻게 된다.

### ✑ 관련 매체에는 무엇이 있을까

**관련 매체** | 『옛날 옛적에』, 『배추도사 무도사』 (TV프로그램)

**관련 도서** | 『어린왕자』 (생텍쥐페리), 『아라비안나이트』 (리처드 버튼)

### ✑ 어떻게 읽을까

• 파디샤의 입장이 되어 읽어 보자.

• 파디샤가 만난 다섯 사람에게서 느낄 수 있는 현대인의 모습을 상상하며 읽어 보자.

• 총리가 세상에 파디샤 보다 더 어진 사람이 있다고 말한 까닭이 무엇인지 생각하며 읽어보자.

### ✑ 무엇을 토론할까

• 파디샤가 백성들을 올바르게 다스리는 방법에는 무엇이 있는지 토론해 본다.

• 이야기 속의 인간이 저지를 수 있는 잘못에 대해 이야기해 보고 세상을 어떻게 살아야 하는지 서로 토론해 본다.

### ✑ 무엇을 써 볼까

• 파디샤가 만난 사람과 내 자신과 비교하여 글을 써보자.

• 내가 파디샤라면 백성을 어떻게 다스릴지 써보자.

# 시의 길을 여는 새벽별 하나

김상욱 | 푸른나무 | 2008년 | 287쪽 | 9,800원

| 분류 | 목적(정서표현) | 분야(인문) | 시대(현대) | 지역(한국) | |
|---|---|---|---|---|---|
| **관련 교과** | **국어 2-2** | 3. 문학의 표현 (1) 지각 | | | |
| | **사회 2학년** | VI. 개인과 사회의 발전 1. 인간의 사회적 성장 | | | |
| **새 교육과정** | **국어 8학년(문학)** | 언어 표현이 뛰어나고 주제 의식이 분명한 작품 | | | |

우리는 왜 시를 읽어야 하는가?

시는 어떤 사람의 것이어야 하는가?

시인의 삶과 시의 관계를 어떻게 볼 것인가?

### ⇨ 어떤 책일까

이 책은 시를 읽으면서 떠올린 삶의 이야기, 시가 쓰인 시대적 배경, 시와 관련된 일화 등을 풀어 놓은 시 감상문이다. 천편일률적인 방법으로 시 해설을 해놓은 참고서가 아니라, 발끝부터 머리 꼭대기까지 맑고 깨끗한 그 무엇으로 함초롬히 적셔주는 시를 만나 그 시에서 진실을 얻고 허무를 달래고 기쁨을 느끼는 그런 경험을 기록해 놓은 책이다.

이 책의 첫째마디는 시를 읽기 전에 먼저 나누어가질 생각들이 담겨 있어서 시를 감상하고 이해 하는데 도움을 준다. 둘째마디는 널리 알려져 있는 시인들의 시에 감추어져 있는 아쉬운 구석들 을 들추어 내었으며, 셋째마디와 넷째마디에서는 어렵고 힘겨운 시대에도 시인의 사명을 다한 옹골찬 시인들의 좋은 시를 소개하고 있다. 이 책을 통해 시를 바로 볼 수 있는 안목과 다양한 감 상법을 익힐 수 있다.

### ⇨ 관련 매체에는 무엇이 있을까

**관련 매체** | 『현대시 – 우리말 사랑누리집』 (인터넷 사이트)

**관련 도서** | 『윤동주』 (윤동주)

『신경림의 시인을 찾아서』 (신경림)

### 시의 길을 여는 새벽별

궁극적으로 시가 선택해야 할 길은 역사와 사회의 부름에 성실히 응답하는 아름다움이다. 그것은 곧 결국에는 도달하고야 말 높낮이 없는 평등의 세상을 위한 아름다움이기도 하다. 다시금 되묻기로 하자. 시에게도 우리에게도. 참과 거짓이 싸울 때에 그 어느 편에 설 것이라고. (68쪽)

### 길 아닌 길

우리의 시단을 아직도 완강하게 지키는 말당이여, 진심으로 원컨대 그대 장수하시기를. 그러나 그대의 시만은 죽어 새롭게 태어나기를. 우리들의 영원한 애송시로서가 아니라, 그릇된 삶이 그릇된 시를 낳는다는 역사의 필연적인 법칙을 드러내는 거울로서, 언제나 마쓰이 히데오와 함께, 언제나 말당이라고 명명한 '이제는 돌아와 역사 앞에서 선' 그 아낙과 함께 새롭게 태어나기를. (82쪽)

### 곧게 뻗은 길

기형도, 그의 생애와 시는 어쩔 수 없이 윤동주와 중첩되어 우리에게 각인된다. 윤동주가 스물 여덟의 나이로 후꾸오까의 감옥에서 숨진 것과 그가 군상들의 땀냄새로 뒤덮인 극장의 비닐 의자에서 삶을 놓아버린 것은 물론 다르다. 그러나 그 어떤 소통조차 불가능한 공간 속에서 힘겹게 시를 끌어안고 있었기에 그들은 어쩔 수 없이 40년대와 80년대라는 굵은 상처로 남은 한 시대를 살아낸 시인들이다. 그들의 곤궁한 삶에 그나마 연보가 아닌 꿈틀거리는 몇 편 시들이 있어 작은 위안이 될 따름이다. (202-203쪽)


⇨ 다음의 방법으로 읽어 보자

• 시인은 자기의 생각과 느낌을 전달하기 위해 어떤 표현을 사용하는지 살펴보면서 읽어 보자.
• 시를 감상하면서 글쓴이가 말하고자 하는 바가 무엇인지 생각하면서 읽어 보자.
• 김상욱의 시 감상평을 보고 공감하는지, 그렇지 않은지 판단하면서 읽어 보자.
• 시 감상평 중에서 내가 미처 생각하지 못한 점이 있다면 밑줄을 그으면서 읽어 보자.
• 시의 표현 중에서 마음에 드는 부분을 찾아 메모하면서 읽어 보자.


⇨ 함께 토론해 보자

■ 다음의 순서와 내용으로 이야기식 토의/토론을 해 보자

[ 배경 지식을 활용하여 책 맛보기 ]

• 시인 중에서 누구를 가장 좋아하는지 이유를 들어 발표해 보자.
• 시를 왜 읽느냐고 물으면 무엇이라고 대답할 것인가?
• 만약 시 감상문을 쓴다면 누구의 어떤 시로 쓰고 싶은가?

[ 내용을 점검하며 읽기 ]

• 시는 누구의 것인지 알아보고, 이에 적합한 시를 예로 들어 보자.
• 저자가 서정주 시인을 비판하는 이유는 무엇이며 여러분은 저자의 생각에 동의하는가?
• 셋째마디 '곧게 뻗은 길'에서 언급된 시와 시인을 들어보고, 이들 시인들의 삶을 돌아 보자.
• 넷째마디 '길이 끝난 곳에서 시작되는 마을 혹은 싸움터'의 의미는 무엇인가? 시대적 상황과 관련지어 밝혀 보자.
• 시인에 대해서 새로운 정보를 얻었거나 잘못 알고 있었던 일을 바르게 알게 된 점 등을 밝혀 보자.

[ 인간의 삶이나 사회 문제와 연결하여 생각 넓히기 ]

• '시'가 우리 사회나 사람들의 삶에 공헌을 한다면 어떤 점일까?

- 만약 여러분이 일제강점기에 살고 있다면 자기의 품은 뜻을 온전하게 펼치면서 살아갈 용기가 있는가?
- 여러분이 시를 쓰는 직업을 가졌다면 어떤 경향의 시를 쓰고 싶은가?

### ■ 다음 논제로 찬반을 나누어 토론을 해 보자
- 만화는 예술적 감동을 주는가, 단순한 재미만 전달하는가?
  (논제ㅣ만화는 유익하다.)
- 좋은 시가 되기 위해서는 그 시를 쓴 시인이 훌륭해야 하는지, 좋은 시와 그 시를 쓴 사람의 삶은 무관한 것인지 토론해 보자.
  (논제ㅣ좋은 시와 훌륭한 시인은 상관관계가 높다.)
- 박목월의 〈가정〉에 나타난 가족의 모습은 바람직한가?
  (논제ㅣ따스한 가족의 모습이다.)

### ⇨ 나의 생각을 글로 표현해 보자
- 여러분이 좋아하는 시 한 편을 선택해 감상문을 써 보자.
- 정호승의 〈슬픔이 기쁨에게〉(59쪽)를 여러 차례 반복해서 읽어본 후 산문으로 바꿔 보자.
- 이 책 속에 들어 있는 시를 읽고 표현이 뛰어난 구절을 옮겨 적어 보자.

## 참고

**표현의 달인을 만나고 싶으면 이 책에 주목하라!**
〈성석제가 찾은 맛있는 문장들〉ㅣ성석제ㅣ창비ㅣ2009년

소설가 성석제가 찾은 아름답고 슬프고 즐겁고 힘찬 문장들이 다 들어 있다. 강희맹, 박지원, 이옥 등 조선시대 문필가에서부터 김유정, 박태원, 황순원 등 근대문학 작가들, 박완서, 김승옥, 이청준, 이제하 등 원로 작가들의 명문장들을 한데 엮었다. 공선옥, 박민규, 정성태, 백가흠, 김연수, 이기호 등 현재 활동하는 작가들의 작품과 빠블로 네루다, 루쉰, 로얼드 달 등 외국작가들도 포함하고 있다. 유명 작가가 쓴 문장만 읽어도 감동이 밀려오는데 성석제의 압축적이고 재미난 해설이 곁들여 있어 읽는 재미를 더해준다. 문학의 힘을 느끼고 싶거나 글을 잘 쓰고 싶은 사람이 반드시 눈여겨보아야 할 책이다.

# 치유하는 글쓰기

박미라 | 한겨레출판 | 2009년 | 288쪽 | 12,000원

| 분류 | 목적(정서표현) | 분야(인문) | 시대(현대) | 지역(한국) | |
|---|---|---|---|---|---|
| 관련 교과 | 국어 2-2 | 3. 문학의 표현 (2) 들판에서 | | | |
| | 국어 3-2 | 5. 글과 표현 | | | |

글쓰기가 과연 마음을 치유할 수 있을까?
다른 사람의 이야기를 어떻게 듣는 것이 좋을까?
자신의 생각을 표현하는 방법은 무엇이 있을까?

### ⇨ 어떤 책일까

저자가 진행하는 '치유하는 글쓰기 프로그램'에서 만난 대한민국의 이름 없는 고민 남녀들이 자기를 치유해가는 과정을 담은 생생한 현장 보고서. 글쓰기와 치유의 만남이 자신도 몰랐던 자신의 근원적 상처를 발견하고 치유함으로써 미래의 삶을 긍정적으로 바꿔나갈 수 있다고 믿는 '자가치유'에 대한 믿음을 담고 있다. 즉 답은 자기 안에 있고, 그것을 종이 위에 발설하고 직면하는 과정에서 스스로 치유할 수 있다는 것이다. 그런 점에서 종이와 펜만 있으면 시작할 수 있는 글쓰기는 참 탁월한 도구이자 편리한 도구가 될 수 있다고 저자는 주장한다.
책을 읽으며 직접 글을 써본다면 자신의 내면의 상처가 조금씩 극복되고, 우리의 마음이 조금 더 튼튼해짐을 느낄 수 있을 것이다.

### ⇨ 관련 매체에는 무엇이 있을까

**관련 매체** 『'괴물'의 그림자』 (지식채널e 2009.03.02),
『Out of use』 (지식채널e, 2009.02.23)
**관련 도서** 『내 인생의 자서전 쓰는 법』 (린다 스펜스), 『안네의 일기』 (안네 프랑크)

### ⇨ 어떻게 읽을까

- 마음을 치유하는 다양한 방법에는 어떤 것이 있는지 생각하며 읽어본다.
- 다른 사람의 이야기를 들을 때 어떤 자세를 가져야 하는지 생각하며 자신의 태도가 올바른지 스스로 점검해본다.

### ⇨ 무엇을 토론할까

- 글쓰기를 통한 자기 표현만으로 내면의 내면의 상처가 치유된다고 생각하는지 토론해본다.
- 글쓰기의 다양한 방법 중 명상과 글쓰기의 관계에 대한 자신의 생각을 말해 보자.

### ⇨ 무엇을 써 볼까

- 〈치유하는 글쓰기〉의 참가자 입장에서 '자신의 고민'을 써보고 해결 방안을 마련해 보자.
- 저자는 치유와 치료가 다르다고 말하고 있다. 이 작품이 글쓰기를 통한 치유를 지향하고 있는데 치유하는 글쓰기의 지향과 그에 대한 자신의 의견을 논술해보자.

# 라일락 피면

공선옥 외 7인 | 창비 | 2007년 | 263쪽 | 9,000원

| 분류 | 목적(정서표현) | 분야(인문) | 시대(현대) | 지역(한국) |
| --- | --- | --- | --- | --- |
| 관련 교과 | 국어 2-2 | 5. 창작의 즐거움 (2) 비누인형 | | |

영희가 O형을 선택한 이유는 무엇일까?

아버지의 이빨은 왜 쉰아홉 개일까?

청춘의 여신을 뜻하는 '헤바'는 무엇의 이름일까?

### ⇨ 어떤 책일까

이 책은 청소년들을 위한 단편소설집이다. 8명의 작가가 펼치는 8가지의 이야기를 담고 있다.

청춘들에게 삶의 선택이란 그리 쉬운 일이 아니다. 누가 일러주는 대로 살 수 있다면 무슨 고민이 있겠냐만, 세상은 교과서에서 배운 대로 통하지 않는다.

동화를 졸업했지만 외국 번역물이나 일반적인 소설에게서 자신의 모습을 찾지 못한 청소년들에게 이 신작 단편집은 단편소설의 묘미와 책읽기의 즐거움을 줄 것이다.

이 책을 읽는 청소년들은 일상에서 운명의 갈림길까지 다양한 무게와 색깔의 선택을 간접 경험함으로써 인간과 세상을 한층 더 깊이 이해할 수 있을 것이다.

### ⇨ 관련 매체에는 무엇이 있을까

**관련 매체** 『가정폭력』 (지식채널e 2008.6.23)

『play & fight』 (지식채널e 2009.2.9)

**관련 도서** 『유진과 유진』 (이금이)

『문제아』 (박기범)

## ⇨ 흥미로운 부분을 만나 보자

아버지의 이빨은 쉰아홉 개, 위아래로 어금니와 송곳니까지 두 겹 세 겹으로 이빨이 줄지어 나 있었다. 어린 시절, 종종 입을 있는 대로 쩍 벌리고 나에게 이빨을 세어 보라고 권했고, 나는 상어의 이빨처럼 층층이 이어진 이빨을 세며 몸서리쳤다. 몸서리치면서도 거기에서 시선을 뗄 수가 없었다. 분명 나와는 달랐으나 머지않아 나에게도 그렇게 많은 이빨들이 생기게 될 것이라고 믿었다. 나뿐만 아니라 사람은 어른이 되면 모두 그렇게 되는 줄 알았다. 학교에서 사람의 이빨은 쉰아홉 개라고 자신만만하게 소리 칠 수 있었던 것도 그래서였다.

나이 들어가면서부터 아버지는 더 이상 나에게 이빨을 세워보라 권하지 않았다. 그 무렵 나는 사람의 이빨은 서른두 개이다, 하고 확고하게 믿고 있었다. 쉰아홉 개의 이빨 같은 것은 없다. 아버지는 기형이거나 괴물이었다. (188쪽)

## ⇨ 다음의 방법으로 읽어 보자

- '라일락이 피면'을 시대 상황과 연관 지어 읽어 보자.
- 영희가 O형을 선택한 이유를 생각하며 읽어 보자.
- 동성커플을 부모로 둔 보린이의 입장이 되어 내용을 읽어 보자.
- 이 책에서 읽는 이에게 말하고자하는 것이 무엇인지 생각하며 읽어 보자.
- 내가 알고 있는 세상과 책속의 세상을 비교하면서 읽어 보자.

## ⇨ 함께 토론해 보자

### ■ 다음의 순서와 내용으로 이야기식 토의/토론을 해 보자

[ 배경 지식을 활용하여 책 맛보기 ]

- 라일락 피면의 배경이 되었던 80년 광주의 봄에는 어떤 일이 있었을까요?
- 여러분이 알고 있는 혈액형별 특징들에는 무엇이 있나요?
- 동성애란 무엇일까요. TV나 주변에서 이런 이야기를 들어 본 적이 있다면 이야기 해 보세요.

[ 내용을 점검하며 읽기 ]

- 『영희가 O형을 선택한 이유』에서 매사 무난하고 전형적인 O형으로 보이는 영희가 끝내 자신의 혈액형을 밝히지 않자 아이들은 집요한 추리를 시작하는데 영희의 혈액형은 과연 무엇일까요?(영희의 혈액형은 끝까지 나오지 않음. 혈액형으로 정해지는 의미보다 눈이 올 때 눈송이를 보면 같은 모양의 눈송이가 없듯 혈액형의 의미도 그런 것이 아닐까요. 더 이상 궁금해 할 필요가 없는 것이지요.)
- 『굿바이, 메리 개리스마스』에서 보린이는 동성애를 하는 아빠에게서 어떻게 태어났을까요.(여서의 자아를 지닌 아버지는 아이를 가지고 싶어 술집여종업원의 몸을 빌려 낳은 자식이 보린이이다 – 한 여인의 자궁 속에 내가 심겼을 때, 내 목숨 값은 칠천만 원이었다고 한다.)
- 『헤바』에서 고모네 형들은 윤이 누나를 무엇이라 부르는가?
  ('팜프 파탈' – 백 년에 한 명 날까 말까한 요부 – 치명적 유혹 – 양귀비, 클레오파트라, 어우동, 황진이…….)
- 『헤바』에서 청춘의 여신을 뜻하는 헤바는 윤이 누나가 가져 온 무엇의 이름인기? (성호에게 선물한 세상에 단 하나 밖에 없는 지구본)
- 『쉰아홉 개의 이빨』에서 '나'는 왜 선생님께 사람의 이빨은 서른여섯 개가 아닌 쉰아홉 개라고 자신 있게 말하였을까요?(아버지의 이빨이 쉰아홉 개였기 때문에)
- 『널 위해 준비했어』에서 집에만 있는 주인공에게 어머니가 선물한 것은 무엇인가?(고가의 할리데이비슨 오토바이)

**[ 인간의 삶이나 사회 문제와 연결하여 생각 넓히기 ]**

- 내가『라일락 피면』의 석진이였다면 이 시대에 맞서 어떻게 살았을까?
- 영화에서 '혈액형별 인간형'을 분류하여 단정짓는 경우가 있는데 과연 인간의 삶과 어떤 관계가 있을까?
- 『쉰아홉 개의 이빨』에서 새 아버지에게서 비춰지는 가정폭력의 해결방안에는 무엇이 있을까?

### ■ 다음 논제로 찬반을 나누어 토론을 해 보자

- 한국 사회에서도 네덜란드처럼 동성애 부부를 허용해야 할 것인가?
  (논제 | 한국 사회에서도 동성애 부부를 인정해야 한다.)
- 가족이라는 이름에서의 가정폭력이란 정당화 될 수 있는가? 될 수 있다면 그 한계는 어디까지인가?
  (논제 | 가족 간에 어느 정도까지는 가정폭력이 정당화 될 수 있다.)
- 혈액형별 성격의 유형별 차이가 있다고 믿을 것인가? 아니면 별 특징적 차이가 없다고 생각하는가?
  (논제 | 혈액형별 성격의 두드러진 특징은 있다. 그리고 그것을 믿고 사람을 판단한다.)
- 『내가 그린 히말라야시다 그림』에서처럼 뜻하지 않은 우연으로 인생이 백팔십 도 바뀌는 것이라면 선택이 무의미하고 부조리
  하지 않은가? (논제 | 인생에 있어 선택이란 별 의미가 존재하지 않는다.)

### ⇨ 나의 생각을 글로 표현해 보자

- 어른이 되었을 때의 나의 모습을 상상하며 글을 써 보자.
- 나의 삶에서 가장 중요한 것이 무엇인지 생각하며 미래의 나에게 편지를 써 보자.
- 이 책에 등장하는 부조리한 사회적 문제들을 해결할 수 있는 방안을 논술해 보자.

## 참고

**헤바 HEBA**
그리스 신화에 나오는 여신. 영원의 청춘을 상징한다. 헤베(Hebe)라고도 한다. 제우스와 헤라의 딸. 천상의 신들을 모시는 시녀로서 신들에게 넥타
르(甘露酒)를 따라 주는 역이다. 헤라클레스가 불사신이 되어 천계(天界)에 올라갔을 때 그의 아내가 되었다. 로마 신화에서는 유벤타스(Juventas |
청춘)라고 한다. 헤베를 주인공으로 한 A. 카노바의 조각, C. 글루크의 가극 등이 있다.

# 흙

EBS 흙 제작팀 ┃ 낮은산 ┃ 2008년 ┃ 175쪽 ┃ 11,000원

| 분류 | 목적(정보전달) ┃ 분야(과학) ┃ 시대(현대) ┃ 지역(한국) | |
|---|---|---|
| 관련 교과 | 국어 3-1 | 1. 시의 표현 (2)배추의 마음 |
| | 과학 1학년 | 3. 지각의 물질 (3)지표의 변화 |
| 새 교육과정 | 국어 8학년(읽기) | 해당 분야의 실용적 정보를 담은 책 |

흙은 어떤 기능을 할까?

흙속에 어떤 생명체가 살까?

건강한 흙이란 어떤 흙일까?

### ⇨ 어떤 책일까

이 책은 모든 생명체가 뿌리내리고 읽는 대상인 흙의 생명력과 그 속에 살고 있는 크고 작은 생명에 대한 정보가 칼라판 사진과 더불어 담겨 있는 책이다. 사람과 흙을 말하는 흙으로 지은 집, 흙속에 살고 있는 곤충들의 먹이사슬, 흙을 기름지게 만드는 지렁이, 흙속에 사는 박테리아와 곰팡이, 흙과 숲의 하나 됨의 정보가 담겨져 있다. 우리가 학교에서 배우는 지구과학, 생물, 화학의 과학지식을 잘 녹여 내어 친밀하고 쉽게 표현되고 구성되어 있다.

우리가 무심하게 대하는 흙이 생명으로 가득 차 있으며, 생명의 근원이라는 인식을 통해 자연을 공감과 교감의 대상으로 다시 보게 된다.

### ⇨ 관련 매체에는 무엇이 있을까

**관련 매체** ┃ 『흙』 (EBS 자연 다큐멘터리)

**관련 도서** ┃ 『침묵의 봄』 (레이첼 카슨)

『자연을 꿈꾸는 뒷간』 (이동범)

『숲의 생활사』 (차윤정)

### ⇨ 어떻게 읽을까

• 책 속의 사진과 관련된 설명을 연관하여 읽어 보자.

• 흙과 흙속의 생명체가 어떤 영향을 주고 받는지 유의하며 읽어 보자.

• 인간이 흙을 어떻게 파괴했는지, 어떻게 다루어야 하는지 생각하며 읽어 보자.

### ⇨ 무엇을 토론할까

• 현대문명과 흙은 공존할 수 없는가?

• 흙에 담긴 미생물이 담긴 삭은 밥을 비료처럼 뿌리는 농법을 사용하는 자연 친화적 유기농 식품이 식생활의 빈익빈 부익부를 가중 시키는 문제점과 해결책에 대해 토론해 보자.

### ⇨ 무엇을 써 볼까

• 낙엽의 희생을 주제로 시를 써 보자.

• 자연은 정복의 대상인가? 함께 사는 공존의 대상인가? 에 대해 논술해 보자.

# 완득이

김려령 | 창비 | 2008년 | 211쪽 | 8,500원

| 분류 | 목적(정서표현) | 분야(인문) | 시대(현대) | 지역(한국) | |
|---|---|---|---|---|---|
| 관련 교과 | 국어 3-1 | 3.독서와 사회 (1)독서와 사회문화의 만남 | | | |
| | 사회 2학년 | 5.현대사회와 민주시민 (2)현대사회의 이념 | | | |
| 새 교육과정 | 국어 9학년 (말하기) | 학교나 지역 사회의 공동 관심사를 주제로 한 글 | | | |

완득이 어머니는 왜 집을 떠났을까?

과연 완득이는 삐뚤어지지 않고 바르게 자랄 수 있을까?

우리 사회는 완득이에게 공정한가?

### ⇨ 어떤 책일까

가진 건 타고난 두 주먹뿐인 뜨거운 청춘 도완득, 학생들을 살살 약 올리는 재미로 학교에 나오는 건 아닐까 의심스러운 담임선생 '똥주', 부잣집 딸에다 전교 1, 2등을 다투는 범생이지만 왠지 모르게 완득이에게서 눈길을 떼지 못하는 윤하 등 매력 만점의 주인공들이 등장한다. 여기에다 완득이가 교회에 갈 때마다 나타나 '자매님'을 찾는 정체불명의 핫산, 밤마다 "완득인지, 만득인지"를 찾느라 고래고래 소리치는 앞집 아저씨 등등 양념처럼 등장하여 호기심을 자극하는 주변 인물들의 조화도 더없이 절묘하다.

난쟁이 아버지와 베트남에서 온 어머니, 어수룩하고 말까지 더듬는 가짜 삼촌으로 이루어진 완득이네는 냉정한 현실에서 결코 환영받지 못할 가족상이다. 난쟁이가 쏘아올린 작은 공처럼 도시 소시민의 소외된 모습이 그려진다. 그러나 완득이 이야기에는 희망이 있고 그들을 따뜻한 눈으로 바라보는 이웃들이 있다. 이 책을 통해 혼혈아 문제, 장애인과 국제결혼에 대한 사회적 편견, 외국인 노동자 문제를 접할 수 있으며 그러한 사회문제에 대해 진지하게 생각해 볼 수 있다.

### ⇨ 관련 매체에는 무엇이 있을까

**관련 매체** | 『저는 여전히 고시원에 살고 있습니다』 (지식채널 e,2008.11.24)

『투명인간』 (지식채널 e,2008.9.15)

**관련 도서** | 『분노의 포도』 (존스타인 벡)

『십시일반』 (박재동, 손문상 등)

『선생님의 밥그릇』 (이청준)

『우리들의 일그러진 영웅』 (이문열)

"민구 삼촌을 그렇게 보내면……. 멀쩡한 사람도 아니고 정신지체 장애…….."

사람한테는 죽을 때까지 적응 안 되는 말이 있다. 들을 수록 더 듣기 싫고 미치도록 적응 안 되는 말이다. 한두 번 들어본 말도 아닌데, 하고 쉽게 말하는 사람이 있다. 그런데 가슴을 치는 말은 한 번 두 번 세 번이 쌓여 뭉텅이로 가슴을 짓누른다.

"난쟁이다. 난쟁이!"

그냥 봐도 다 아는데 굳이 확인사살을 하는 사람들.

"얘 아버지는 난쟁인데, 이 새끼는 좆나게 잘 커요."

나를, 그냥 나로 보게 하기를 원천 봉쇄했던 양아치들.

"네 아버지 난쟁이라며?"

심심하고 마땅히 놀릴 거리가 없을 때 유용하게 써먹던 인간들. 나는 아버지를 숨기고 싶은 게 아니라, 굳이 꺼내 보이고 싶지 않은 거였다. 비장애인 아버지는 미리 말하지 않아도 아무도 상관하지 않는다. 그런데 장애인 아버지를 말하지 않으면 사람들이 상관하기 시작한다. 아버지를 숨긴 자식이라며 듣도 보도 못한 근본까지 들먹인다. 근본은 나 자신이 지키는 것이지 누가 지켜야 하는 것이 아니다. 그런데도 근본을 따지는 사람들이 있다. 좀 있어 보이게 비웃을 수 있으니까. 겉으로 드러난 몇 가지만 가지고 내 모든 것을 다 아는 것처럼 떠드는 똥주. 외국인 노동자를 부리는 집에서 태어나, 지금 외국인 노동자와 함께한다고 그 사람들을 다 아는 것처럼 행세하는 똥주. 이것이 바로 내가 똥주를 죽이고 싶었던 진짜 이유이다. 나는 아버지에게도 나에게도 딱지가 앉지 않는, 늘 현재형이라 아물 수 없는 말을 하고 말았다.

"나도 내 몸이 싫었다. 이게 나한테 끝나는 게 아니라 멀쩡한 너한테까지 꼬리표를 달아주더라. 부모가 도움은 못돼도 피해는 주지 말아야 하는데, 내 아들이라고 하면 좋지 않은 말을 한마디씩 해. 그래서 되도록 너하고 떨어져 있으려고 했다."

(196-197쪽)

⇨ **다음의 방법으로 읽어 보자**

- 등장인물 간의 관계를 이해하면서 읽어 보자.
- 완득이의 행동을 이해하면서 읽어 보자.
- 아버지의 '춤'과 완득이의 '킥복싱'이 그들에게 어떤 의미인지 파악하면서 읽어 보자.
- 이 책에서 말하고자 하는 사회문제가 무엇인지 찾아 가면서 읽어 보자.
- 내가 알고 있는 세상과 책속의 세상을 비교하면서 읽어 보자.

⇨ **함께 토론해 보자**

■ **다음의 순서와 내용으로 이야기식 토의/토론을 해 보자**

**[ 배경 지식을 활용하여 책 맛보기 ]**

- 외국인 노동자들은 왜 우리나라에 왔을까?
- 혼혈은 우리 민족일까? 아니면 다른 민족일까?
- 우리나라는 장애인에 대한 사회 제도적 배려가 잘 되어있는가?

**[ 내용을 점검하며 읽기 ]**

- 아빠랑 민구 삼촌이 가진 직업을 순서대로 써 보자.
  (카바레에서 춤추기, 지하철에서 외판하기, 오일장을 돌며 장사하기, 댄스교습소운영)
- 담임 똥주가 교회에서 하는 일은 무엇인가? (외국인 노동자 인권 보호 운동)
- 어머니가 반찬을 짜게 하고 고무 같이 질긴 닭을 요리하는 이유는 무엇인가?
  (아버지 식성에 맞추느라고)
- 완득이가 세상에 참여하는 방법은 무엇인가? (킥복싱)

- 완득이의 베트남 엄마를 이질적으로 대하는 사회의 모습이 나타나는 부분을 말해보자. (신발가게 주인아주머니가 엄마를 보고 '저짝 사람'이라고 말하는 장면)

**[ 인간의 삶이나 사회 문제와 연결하여 생각 넓히기 ]**
- 완득이가 탈선하지 않은 이유를 책에서 찾고, 우리사회와 비교해 보자.
- 완득이가 정윤아와 친해진 이유가 무엇인지 찾고, 왕따의 원인과 해결책에 대해 말해 보자.
- 담임 똥주가 완득이와 그 가족들에게 미친 영향을 살피고, 좋은 교사는 어떤 교사인지 말해 보자.

**■ 다음 논제로 찬반을 나누어 토론을 해 보자**
- 다민족 사회의 한국의 현실에서 '단일 민족'개념을 폐기해야 할까?
  (논제 Ⅰ 다민족 사회의 한국의 현실에서 '단일 민족'개념을 폐기해야 한다.)
- 학교 선생님이면서 사회 운동하는 '똥주'의 행동은 옳은 것일까?
  (논제 Ⅰ 학교선생님이면서 사회 운동하는 '똥주'의 행동은 자신의 직분에서 벗어난 것이다.)
- 국가에서 노점상을 단속하는 것은 국민의 권리를 침해한 것인가?
  (논제 Ⅰ 국가에서 노점상을 단속하는 것은 국민의 권리를 침해하는 행위이다.)
- 완득이에게 무관심한 반 아이들과 완득이를 끊임없이 괴롭히는 혁주 중 어느 쪽이 더 좋은 관계인가?
  (논제 Ⅰ 완득이에게 혁주는 친구였다. )

**➪ 나의 생각을 글로 표현해 보자**
- 윤하의 입장에서 자신의 어머니에게 완득이와 사귀는 것을 허락 받을 수 있도록 편지를 써 보자.
- 소설 뒷 이야기를 연결하여 완득이가 어른이 된 모습을 지어 보자.
- 우리 사회에서 '완득이'와 같은 소외당한 혼혈아 문제를 해결해야할 필요성과 해결방안에 대해 논술해 보자.

# 참고

**신부는 어떻게 엄마로 단련되는가**
**농촌지역 결혼이민자들 - 국제결혼 41%, 나이 차 9.8살**

외국인 신부와의 결혼은 한국 농촌의 전형적인 결혼 형태다. 2007년 농림어업 종사 남성의 결혼 가운데 41.0%가 국제결혼이었다(통계청). 옛 행정자치부의 2007년 4월 통계에 따르면, 전국에 거주하고 있는 국적 미취득 결혼이민자와 혼인귀화자는 총 12만6955명으로 이 가운데 12.5%인 1만5847명이 농촌 지역(군단위)에 거주하고 있다. 이 중 98.0%가 여성이다.

농촌 지역 여성 결혼이민자에 대해 가장 광범위하게 이루어진 최근 조사는 '결혼이민자 가족 실태조사 및 중장기 지원정책 방안 연구'로 전국 1177가구가 조사 대상이 됐다(전북대 사회학과 설동훈 교수, 2006년). 이 조사에 따르면, 농촌 지역 여성 결혼이민자는 전체 결혼이민자 중 많은 부분을 차지하는 중국 동포와 중국 한족의 비율이 적다. 대신 베트남 출신이 25.6%, 일본 출신이 12.1%, 필리핀 출신이 10.2%, 타이 출신이 3.7%로 동남아 국가와 일본 출신의 비율이 월등히 높다.

결혼이민자와 배우자의 평균연령을 비교해보면 배우자가 평균 9.8살 많다. 여성 결혼이민자의 평균연령은 31.1살인 데 비해, 배우자의 평균연령은 40.7살이다.

교육 수준에서는 농촌에 거주하는 여성 결혼이민자 중 중졸 이하가 29.0%, 고졸은 42.7%, 전문대졸 이상은 26.6%이다. 배우자의 교육 수준과 비교해보면 여성 결혼이민자 중 77.8%가 배우자와 교육 수준이 같거나 높은 것으로 나타났다. 그리고 절반이 넘는 수의 체류 기간이 2년이 안 된다. 1년 미만인 경우가 30.6%이며 2년 미만인 경우가 23.7%로, 54.3%가 한국 생활이 2년이 안 되는 것으로 나타났다. 2~3년 미만인 경우는 16.8%, 3~4년 미만은 8.1%, 4~5년 미만은 4.9%, 5년 이상은 16.0%다. 〈한겨레 지 2008년 8월 1일〉

# 트레버

캐서린 라이언 하이디 | 뜨인돌 | 2008년 | 356쪽 | 9,500원

| 분류 | 목적(정서표현) | 분야(사회) | 시대(현대) | 지역(미국) |
|---|---|---|---|---|
| 관련 교과 | 국어 3-1 | 3.독서와 사회 (1)독서와 사회문화의 만남 | | |
| | 도덕 1학년 | I. 삶과 도덕 3. 인간다운 삶의 자세 (1) 인간다운 삶, 가치 있는 삶 | | |
| 새 교육과정 | 사회 2학년 | V. 현대 사회와 민주 시민 2. 민주시민의 자질과 역할 | | |

트레버는 왜 죽었을까?

트레버의 프로젝트가 무엇일까?

사회의 범죄율을 낮추는 가장 좋은 방법은 무엇일까?

---

### ⇨ 어떤 책일까

"세상을 바꿀 수 있는 아이디어를 생각해서 실천에 옮기시오."

먼저 한 사람이 세 사람에게 좋은 일을 해준다. 그 사람들이 어떻게 은혜를 갚으면 되느냐 물어보면 "Pay it forward (다른 사람에게 베풀라)!"라고 요구한다. 그럼 9명이 도움을 받게 되고, 다음은 27명, 81명, 243명, 729명…. 순식간에 도움 받는 사람 수가 엄청나게 늘 것이다.

사회 선생님 루벤의 과제로 시작된 이 프로젝트의 진행과정에서 보이는 사회의 어두운 면과 소외된 사람들에 대한 편견의 벽이 따뜻한 인정의 흐름으로 깨지고 궁극적으로 사회가 변화되는 모습이 감동적인 책이다. 작고 순수한 한 소년의 실천과 그의 희생이 가져온 커다랗고 의미 있는 변화를 통해 개인이 집단에 미치는 영향력과 사회를 위한 올바른 실천방향에 대해 생각해 볼 수 있다.

### ⇨ 관련 매체에는 무엇이 있을까

**관련 매체** | 『아름다운 세상을 위하여』 (영화)

**관련 도서** | 『티모시의 유산』 (시오도어 테일러)

『바리데기』(황석영), 『옥상의 민들레꽃』 (박완서)

### ⇨ 어떻게 읽을까

• 세상을 바꾸기 위해 내가 할 수 있는 일이 무어인지 생각하며 읽는다.

• 우리가 하고 있는 '봉사활동'의 모습과 비교하면서 진정한 '봉사'의 의미를 생각하며 읽는다.

• 세상의 다양한 삶과 소외된 이웃에 대해 어떤 자세를 가져야 할 지 생각하면서 읽는다.

### ⇨ 무엇을 토론할까

• 동성애자인 '고디'를 구하기 위해 트레버가 죽은 것은 어떤 의미가 있는 것인지 토론해 보자.

• 책에 나온 '장애가 있는 참전용사, 미혼모, 마약에 중독된 부랑아, 동성애자'처럼 우리 사회에서 소외된 사람으로 누가 있는지 토론해 보자.

### ⇨ 무엇을 써 볼까

• 트레버의 일생을 추모하는 '추도사'를 써보자.

• 우리 사회의 소외된 이웃의 예를 들고 그들을 위한 구체적 정책을 논술해 보자.

# 아 Q정전

루쉰 │ 선학사 │ 2003년 │ 199쪽 │ 8,500원

| 분류 | 목적(사회적 상호작용) │ 분야(사회) │ 시대(근현대) │ 지역(중국) | |
|---|---|---|
| 관련 교과 | 국어 3-1 | VI. 읽기와 토의 (1) 지사의 길, 시인의 길 |
| | 사회 2학년 | III. 아시아의 변화와 근대적 성장 1. 동아시아의 근대적 성장 |
| | | (2) 개혁에서 혁명으로 |

나의 모습 속에 '아Q'는 없는가?

아Q가 살아가면서 가장 중시한 가치는 무엇일까?

아Q가 살던 시대가 아Q의 삶을 어떻게 바꾸어 놓았을까?

### ⇨ 어떤 책일까

이 책은 현대중국의 근 현대사의 격변기의 모습을 대변하면서 진정한 인간의 존재방식에 대한 탐구정신이 바탕에 깔려있다. 희화화된 인간 아Q를 보면서 마음이 무거워짐을 느끼는 것은 그의 모습 속에 투영된 우리들의 인간으로서 나약함과 상황과 시대의 변화에 의해 휘둘리는 우리의 모습을 찾을 수 있기 때문이다.

우리도 중국과 비슷한 소용돌이치는 근현대사를 겪었고 그러한 시대의 흐름 속에서 민족의 자존감의 훼손과 주체적 역량에 대한 회의를 느꼈다. 사람이 시대를 지배하는가? 시대가 사람을 지배하는가? 태평성대였더라면 우리 주변의 실없는 사람 정도로 치부되었을 아Q가 시대의 격랑속에서 죽음으로 내몰리는 모습을 보며 상황 속의 인간을 생각해 볼 수 있다.

### ⇨ 관련 매체에는 무엇이 있을까

**관련 매체** │ 『공습』(지식채널 e 2008. 8.18 )

『지독한 싸움꾼 3부-지독한 싸움꾼』(지식채널 e 2008. 7.28 )

**관련 도서** │ 『돈키호테』 (미겔 데 세르반테스)

### ⇨ 어떻게 읽을까

• 중국의 신해혁명에 대해서 미리 알아 보고 읽어 보자

• 내가 만일 아Q 였다면 어떻게 행동했을 지 생각해 보며 읽어보자

• 혁명이 사람들을 어떻게 변화시키는지 찾아가며 읽어보자

### ⇨ 무엇을 토론할까

• 아Q가 우마에게 프로포즈를 하여 일자리를 얻지 못하고 생계에 곤란을 겪는 모습에서 노동자의 도덕성을 일거리 배분의 근거로 삼는 것이 정당한지 토론해 보자

• 짜오댁이 혁명당에게 약탈당했을 때 아Q가 범인으로 지목당하여 사형을 당한 것은 아Q의 무지한 탓일까? 아니면 아Q를 범인으로 몰려는 권력의 탓일까?

### ⇨ 무엇을 써 볼까

• 재판에서 아Q를 변호하는 변호의 글을 써보자

• 아Q의 현실 인식태도를 분석하고 이런 인식태도가 아Q의 상황에 어떤 영향을 끼쳤는지 논술해 보자

# 애들아 말해봐

김명희 ¦ 나라말 ¦ 2007년 ¦ 203쪽 ¦ 9,000원

| 분류 | 목적(사회적 상호작용) ¦ 분야(인문) ¦ 시대(현대) ¦ 지역(한국) | |
|---|---|---|
| 관련 교과 | 생활국어 2-1 | 1. 즐거운 언어생활 (1) 경험한 일 말하기 |
| | 사회 2학년 | Ⅵ. 개인과 사회의 발전 2. 인간의 사회 생활 |
| 새 교육과정 | 국어 8학년(말하기) | 언어, 사고, 생활상의 차이를 반영하는 세대 간의 대화 |

'나'를 표현하는 것이 왜 중요한가?
말하기의 중요한 원리 '자기표현기술'은 무엇인가?
마음과 마음이 만나는 진정한 만남이란 어떻게 이루어지나?

### ⇨ 어떤 책일까
저자가 아이들과 오랫동안 함께 지내면서 '표현교육'의 중요성을 깨닫고 이를 현장에서 실천한
사례를 모아 놓은 책이다. 저자는 자신의 느낌을 정확하게 파악하고 자신의 생각이나 감정을 표
현할 수 있는 '자기표현기술'을 말하기의 중요 원리로 꼽고 있다. 그리고 표정 또한 중요한 언어
라는 점을 강조하면서, 음성언어와 더불어 반언어적 표현과 비언어적 표현의 올바른 사용에 대
해서도 이야기한다.
솔직한 자신의 감정을 그때그때 전달하고, 상대의 이야기를 잘 들어주는 것도 말하기의 중요 기
술이다. 아이들의 마음의 문을 여는 열쇠는 다름 아닌 '말하기'이며 아이들이 교사에게 마음의
문을 열어 숨겨둔 생각이나 고민을 털어놓을 수 있도록 인도하는 것이 곧 표현교육인 것이다.

### ⇨ 관련 매체에는 무엇이 있을까
**관련 매체** ¦ 『인디고 서원』 (인터넷 사이트)
**관련 도서** ¦ 『긍정적인 말의 힘』 (할 어반)

### ⇨ 어떻게 읽을까
• 경험한 일을 말할 때는 어떤 점을 주의해야하는지 살펴보면서 읽어 보자.
• 자기표현기술을 익히기 위해서는 어떻게 하는 것이 좋은지 생각하면서 읽어 보자.
• 마음과 마음을 여는 말하기의 소중함을 깨달으면서 읽어 보자.

### ⇨ 무엇을 토론할까
• '침묵은 금이다.'와 '말은 해야 맛이고 고기는 씹어야 맛이다.'라는 속담 가운데 어떤 것에 동
  의하는가?
• 현재의 교육 여건 또는 여러분의 주변 환경이 '말하기'를 잘 할 수 있도록 갖추어져 있다고 생
  각하는가?

### ⇨ 무엇을 써 볼까
• 수업 시간 한 시간 정도를 선택해 선생님이 말씀하신 수업 내용을 처음, 가운데, 끝의 형식으
  로 정리해 보자.
• '말'로 인해 생긴 특별한 경험담이 있으면 소개해 보자.

# 시간을 달리는 소녀

츠츠이 야스타카 | 북스토리 | 2007년 | 270쪽 | 9,800원

| 분류 | 목적(정서표현) | 분야(인문) | 시대(현대-미래) | 지역(일본) | |
|---|---|---|---|---|---|
| 관련 교과 | **국어 3-2** | 1.창조적 문학체험 (3) 길 잃은 태양마차 | | | |
| | **과학 2학년** | 5. 자극과 반응 (3) 약물과 건강 | | | |

타임리프 능력이 생기는 알약이 생긴다면 세상은 어떻게 될까?

두려움의 원인은 어디에 있을까?

내가 사는 세상 말고 또 하나의 내가 사는 세상이 있는 다른 차원이 존재할까?

## ⇗ 어떤 책일까

일본 SF 3대 거장 츠츠이 야스타카의 소설로 1965년 처음 발표된 소설로 시간을 달리는 소녀, 악몽, The other world의 3개의 단편으로 이루어져 있다. 미래에서 온 소녀와 미래의 약물로 인해 타임리프 능력이 생기게 된 가즈코가 겪는 흥미로운 사건들과 반야 가면에 대한 공포에 시달리는 마사코가 공포의 근원을 추적하는 이야기, 무수히 존재하는 다른 차원의 우주에 무수히 많은 나의 존재, 시간의 축이 무너지면서 노부코가 겪는 다른 세계의 다른 자신의 모습에 관한 이야기가 담겨 있다.

과학의 힘으로 인간의 잠재능력을 극대화시켜 시간을 넘나들고 시간의 축을 무너뜨리는 모습에서 신의 영역에 침범하는 인간의 행위에 대해 '길 잃은 태양마차'와 연관하여 토론할 수 있으며, 과학의 약물과 건강에 대한 지식을 통해 그런 일의 실현 가능성과 부작용에 대해서도 생각해 볼 수 있다.

## ⇗ 관련 매체에는 무엇이 있을까

**관련 매체** | 『시간을 달리는 소녀』 (만화 영화)

**관련 도서** | 『파피용』 (베르나르 베르베르)

　　　　　『노빈슨, 아이스케키 공화국을 구하라』 (강용범,손희영)

　　　　　『아이, 로봇』 (아이작 아시모프)

## ⇨ 흥미로운 부분을 만나 보자

2620년, 원자력의 평화적인 이용으로 지구의 문화는 크게 발전하고 다양한 과학적 발명이 이루어졌다. 그러나 한편에서는 과학이 고도로 발전했기 때문에 일반 사람들은 이러한 과학지식에 따라갈 수가 없게 돼버리고 말았다. 과학자들도 전문화되고 분업화되었다. 그 결과, 자신의 전문분야 만큼은 뛰어나게 잘 알고 있으나 그 외의 것은 초보적인 것조차 전혀 알지 못하는, 말하자면 정신적인 불구자가 많아진 것이다.

───(중략)───

그리고 2640년, 드디어 획기적인 방법이 발명되었다. 그것은 수면교육 혹은 잠재의식교육이라는, 새로운 교육방법이다.

"그게 뭐야? 그 수면교육이라는 게?"

한참 정신없이 가즈오의 이야기에 빠져들어 있던 가즈코는 무심코 가즈오의 이야기를 믿고 있었다. 엉터리라고 하기엔 그 이야기는 너무도 생생했기 때문이다.

"응, 수면 교육이라는 것은 말이지, 아이가 자고 있는 동안에 아이의 뇌에다 직접 여러 가지를 기억하게 하는 교육방법이야. 녹음한 자기 테이프를 머리 부분에 전극을 맞춰서 플레이백시켜. 인간의 잠재의식이란 굉장히 큰 힘을 가지고 있어서, 수면교육으로 받았던 그 기억은 필요한 때에 언제라도 불러올 수가 있거든."(109- 111쪽)

## ⇨ 다음의 방법으로 읽어 보자

- 사건의 원인과 진행과정을 정리하면서 읽어 보자.
- 과학기술이 인간의 삶을 어떻게 바꾸어 놓을지 상상하면서 읽어 보자.
- 내가 주인공이었다면 어떤 감정이 들었을지 공감하면서 읽어 보자.
- 소설에서 나오는 과학의 이론이 과연 현실에서 실현가능할지 비판적으로 읽어 보자.
- '악몽'에서 나오는 인간의 공포의 원인에 대해 비판적으로 생각하면서 읽어 보자.

## ⇨ 함께 토론해 보자

### ■ 다음의 순서와 내용으로 이야기식 토의/토론을 해 보자

**[ 배경 지식을 활용하여 책 맛보기 ]**

- 타임머신을 소재로 한 영화로 무엇이 있을까?
- 타임머신이 생긴다면 인류에게 시간은 어떤 의미가 될까?
- 꿈은 잠재의식을 드러내는 것일까? 아니면, 미래를 예견하는 초자연적 현상일까?

**[ 내용을 점검하며 읽기 ]**

- '시간을 달리는 소녀'에서 가즈코가 과학실에서 기절하기 직전에 맡은 냄새는 어떤 향이며 그것의 정체는 무엇일까?
- '시간을 달리는 소녀'에서 가즈코가 시간과 공간 이동을 하게 된 사건은 무엇일까?
- '악몽'에서 마사코가 두려워하는 대상은 무엇일까?
- '악몽'에서 마사코가 직면하기를 두려워한 사건은 무엇일까?
- 'The other world'에서 노부코가 다른 세상에 빠져든 원인은 무엇일까?

**[ 인간의 삶이나 사회 문제와 연결하여 생각 넓히기 ]**

- 수면교육, 잠재교육이 만일 가능하다면 생길 수 있는 일을 긍정적인 면과 부정적인 면에서 생각해 보자.
- '악몽'의 마사코처럼 과거의 충격적인 일이나 죄의식이 현재의 삶을 규제하는 예를 찾아 보자.
- '시간을 달리는 소녀'에서 미래에서 온 '가즈오'는 현재인보다 우월하게 표현된다. 미래인은 어떤 점에서 지금의 인류과 다른 존재일까?

**58** ｜ (사)전국독서새물결모임

■ **다음 논제로 찬반을 나누어 토론을 해 보자**

• 과학이 인간을 지배하는가?

  (논제 ¦ 과학이 인간을 지배한다.)

• 과학의 발전방향과 한계를 규정해야 하는가?

  (논제 ¦ 과학의 발전방향과 한계를 규정해야 한다.)

• 가즈오가 가즈코를 비롯한 사람들에게 집단최면으로 거짓 기억을 심은 것은 범죄인가?

  (논제 ¦ 가즈오가 가즈코를 비롯한 사람들에게 집단최면으로 거짓 기억을 심은 것은 범죄이다)

• 공포는 자신의 내부에서 오는가? 외부에서 오는가?

  (논제 ¦ 공포는 자신의 내부에서 온다. )

➫ **나의 생각을 글로 표현해 보자**

• 이상의 '거울'을 읽고 'The other world'와의 공통점과 차이점에 대해 설명하는 글을 써 보자.

• 다른 우주에 있는 동시존재, 또 다른 나의 모습을 상상하여 묘사하고 설명하는 글을 써 보자.

• '인간이 시간을 지배하는 것'에 대해 찬 반 입장을 정해 논술해 보자.

## 참고

**시간과 공간은 연결되어 있다.**

1905년 아인슈타인은 특수상대성 이론을 발표했다. 특수상대성 이론은 시간과 공간이 각기 독립적이지 않고 관측자의 관점에 따라 다르게 보인다는 원리를 주된 골자로 하는 이론이다. 시간과 공간은 절대적이지 않으며 서로 긴밀하게 연결되어 있고, 관측자의 운동상태에 따라 얼마든지 다르게 보일 수 있다는 것이다.

특수 상대성 이론에 의해 하나로 통합된 시간과 공간을 시공간(spacetime)이라고 한다. 시공간은 어떤 시간 간격에 걸쳐 있는 공간이다. 다시 말해 시공간은 특정시간동안 사건이 진행되고 있는 공간, 즉 시간과 공간을 모두 고려한 4차원의 공간을 의미한다.

뉴턴의 중력 이론을 상대론적 관점에서 재구성한 특수상대성 이론은 어떤 물체(정보)도 빛보다 빠르게 움직일 수 없음을 밝혀냈다. 이는 중력에 대한 뉴턴의 설명에 위배되는 내용이었다. 왜냐하면 뉴턴은 만유인력이 작용하기 위해서는 물체사이에서 무한한 속도로 일종의 정보 교환이 이루어진다고 보았기 때문이었다. 이 문제는 10년 뒤인 1915년 아인슈타인이 일반상대성 이론을 발표하여 해결되었다.

아인슈타인은 중력이란 공간을 구부리는 힘이라고 여기고, 공간이 구부러지면 그 곳을 통과하는 빛도 구부러져 빛의 속도를 기준으로 하고 있는 시간도 변화한다고 생각했다. 〈이인식의 미래교양사전〉

# 흑설공주 이야기

바바라 G.워커 | 뜨인돌 | 2006년 | 224쪽 | 7,500원

| 분류 | 목적(설득) | 분야(인문) | 시대(중세) | 지역(유럽) | | |
|---|---|---|---|---|---|---|
| **관련 교과** | **국어 3-1** | 2.비판하며 읽기 (1)신문과 진실 | | | | |
| | **기술가정 1학년** | I. 나와 가족의 이해  2. 성과 이성교제 | | | | |
| **새 교육과정** | **국어 8학년(쓰기)** | 자신의 관점이 분명하게 드러나는 서평 | | | | |

왜 옛날 이야기의 공주는 모두 백인일까?

왜 왕자는 항상 공주를 구하고 원하는 것을 얻는 것으로 끝날까?

이야기 속의 계모는 왜 항상 나쁠까?

---

### ⇨ 어떤 책일까

이 책은 백설공주, 개구리 왕자, 인어공주, 알라딘 등 익히 우리가 알고 동화 속 주인공들이 기존의 이야기에서 적극적이고 진취적인 성격과 생각으로 자신의 삶과 이야기의 세계를 바꾼다. 동화속의 마법은 우연이 아닌, 문화적 맥락에서 필연성을 가지며, 문화적 편견에 의한 두려움과 차별은 철저하게 분석되며 비판된다.

우리가 알고 있던 왕자와 영웅 중심의 이야기는 기존의 힘과 폭력 그리고 정복이 중심이 된 남성중심의 세계와 세계관이 담겨있다. 이런 남성중심의 이야기를 여성중심의 평화와 공존 그리고 자연주의적인 해석과 비판에 의해 다시 창조되었다. 이 책의 새로운 시선과 가치를 통해 우리가 당연시 했던 세계를 다시 돌아보고 비판할 수 있다.

### ⇨ 관련 매체에는 무엇이 있을까

**관련 매체** | 영화 『슈렉』 (만화영화)

**관련 도서** | 『이갈리아의 딸들』 (게르드 브란튼베르그)

　　　　　　 『딸, 이렇게 키워라』 (바바라 마코프)

## ↪ 흥미로운 부분을 만나 보자

얼마 지나지 않아 두 사람은 식사도 함께 하고 책도 함께 읽을 정도가 되었다. 못난이는 점차 야수가 매력적인 친구라고 여기게 되었다. 어느 날 그녀는 용기를 내어 어쩌다 그토록 흉측한 외모를 갖게 되었는지 물어보았다.

"언젠가 물어보리라고 생각했어요."

야수가 한숨을 쉬며 말했다.

"당신도 알아야겠지. 당신은 혹시 내가 동화에서처럼 마법에 걸린 왕자라고 상상하진 않겠지. 당신이 진정으로 사랑한다면 원래 모습을 되찾을 수 있는 잘생긴 왕자라고 말이오. 하지만 그런 기적은 결코 일어나지 않을 거예요."

"저도 한때는 그렇게 생각한 적이 있었어요. 하지만 만일 당신이 잘생긴 왕자님으로 변한다면 더 이상 내 친구가 되어주지 않을 거라고 생각했죠. 저 역시 아름다운 공주님이 아니잖아요. 그러니 당신 곁에 있다는 것은 꿈도 꿀 수 없어요. 난 처음으로 당신과 나를 위해 내가 미녀였으면 하는 생각을 했어요."

"내게도 한때 아름다운 여인이 있었어요. 그녀는 내가 어느 날 잘생긴 왕자로 변해주길 기대했죠. 그래서 난 그녀를 기쁘게 해주기 위해 마법을 써서 그녀에게 환영을 만들어주었어요. 당신도 내 궁전에서 일어나는 신기한 일들을 보았겠지만 나는 유능한 마법사입니다. 하지만 언제까지나 마법을 쓸 수는 없었죠. 그래서 사실을 털어놓았고, 그녀는 떠나버렸어요. 내가 야수라는 사실을 깨닫고는 말입니다. 지금 이 모습이 나의 진짜 모습이에요."(35-36쪽)

## ↪ 다음의 방법으로 읽어 보자

• 작가가 원작을 바꾼 의도를 파악하면서 읽어 보자.
• 기존의 원작과 비교하며 읽어 보자.
• 이야기 속의 세상과 현실의 세상의 공통점을 찾아가며 읽어 보자.
• 등장인물 간의 관계를 이해하면서 읽어 보자.
• 우리 문화와 가치관에 여성에 대한 오해가 어떤 식으로 숨어있는지 생각하면서 읽어 보자.

## ↪ 함께 토론해 보자
### ■ 다음의 순서와 내용으로 이야기식 토의/토론을 해 보자
#### [ 배경 지식을 활용하여 책 맛보기 ]
• 우리가 가지고 있는 공주의 이미지와 '여자다움'의 공통점을 말해 보자.
• 여자이기 때문에 겪는 사회적 제약은 무엇이 있을까?
• 여자가 주인공인 책을 소개하고 그 책의 여주인공이 추구하는 가치가 무엇인지 말해보자.

#### [ 내용을 점검하며 읽기 ]
• '흑설공주'에서 공주를 보호하고 양육하는 사람은 누구일까?
• 외모 중심적 가치를 부정하는 이야기로 서로의 있는 그대로 모습을 사랑하는 이야기는 무엇인가?
• '알라딘과 신기한 램프'에서 동굴에서 나온 알라딘이 램프의 요정에게 요구한 첫 번째 소원은 무엇일까?
• '막내 인어공주'에서 왕자의 이중결혼 계획이 실행되지 못한 이유는 무엇일까?.
• 퀘스타 공주가 겪은 고난은 무엇일까?

#### [ 인간의 삶이나 사회 문제와 연결하여 생각 넓히기 ]
• '질과 콩나무'에서 난쟁이가 실리콘으로 만들어진 다음 세대를 지배할 종족에 대해 말한다. 이것이 의미하는 바가 무엇이며, 난쟁이가 그렇게 말한 이유가 무엇이라고 생각하는가?
• '벌거벗은 여왕님'에서 진실 말하기의 어려움에 대해 나온다. 우리가 일상에서 보는 진실 말하기 어려움의 사례를 말해보자.
• '릴리와 로즈'에서 여성이 나라를 지배하는 모습이 나온다. 여성지도자의 예를 들어 여성지도자가 가지는 장점을 말해보자.

■ **다음 논제로 찬반을 나누어 토론을 해 보자**

• '릴리와 로즈'에서 나오는 동성끼리의 결혼을 제도적으로 허용할 수 있을까?

　(논제 ¦ '릴리와 로즈'에서 나오는 동성끼리의 결혼을 제도적으로 허용할 수 있다.)

• '퀘스타 공주'가 고난에 빠졌을 때마다 그 상황을 도피하는 행위는 적절한가?

　(논제 ¦ '퀘스타 공주'가 고난에 빠졌을 때마다 그 상황을 도피하는 행위는 적절하다.)

• 막내인어 공주가 자신의 꼬리를 포기하고 다리를 얻는 행위는 자신의 정체성을 부정하는 행위인가 ?

　(논제 ¦ 막내인어 공주가 자신의 꼬리를 포기하고 다리를 얻는 행위는 자신의 정체성을 부정하는 행위이다.)

• 알라딘이 전쟁을 없애기 위해 '무기'를 사라지게 한다. 무기가 사라진다면 전쟁이 없어질까?

　(논제 ¦ 무기가 사라지면 전쟁이 없어진다. )


⇨ **나의 생각을 글로 표현해 보자**

• 친숙한 동화를 하나 정하여 비판해 보고 등장인물의 성격과 스토리를 바꾸어 개작해 보자.

• '하얀 보자 소녀'와 할머니가 못된 사냥꾼을 혼내는 과정에서 사냥꾼을 늑대의 먹이로 준 행위에 대해 옹호 또는 비판하는 논술을 써 보자.

• '늑대여인'에서 인간과 자연의 연결을, 또한 영화 '늑대인간'에서는 인간의 자연에 대한 공포를 볼 수 있다. 인간에 있어 자연은 어떤 존재일까? 자신의 생각을 글로 정리해 보자.

# 콩나물 시루

양명호 | 징검다리 | 2007년 | 236쪽 | 9,500원

| **분류** | 목적(정서표현) | 분야(인문) | 시대(현대) | 지역(한국) |
|---|---|---|---|---|
| **관련 교과** | **국어 3-2** | 3. 작가의 개성 (1) 내 생애 가장 따뜻한 날들 | | |
| | **도덕 2학년** | I. 사회생활과 도덕 2.현대사회와 시민윤리 | | |
| **새 교육과정** | **국어 8학년(문학)** | 인간의 삶에 대한 성찰이 잘 드러나는 작품 | | |

'어느 노부부'의 독백에서 남편은 아내의 얼굴에서 왜 눈썹부분만

닦아주지 않았을까?

'설날'에서 어머니는 왜 나를 미워했을까?

'봄'에서 어릴 적 우정은 현실적 이해관계보다 강할까?

### ➪ 어떤 책일까
이 책은 서로를 아끼며 평생을 산 노부부의 잔잔한 사랑, 큰 형의 죽음으로 자신을 용서하지 않는 어머니에 대한 그리움과 사랑, 맹인 엄마로 인해 힘겨워 하던 딸이 엄마의 죽음으로 뒤늦게 자신이 엄마의 눈으로 세상을 살고 있었다는 사실을 알게 되는 이야기, 말 못하는 희지와 봉구와의 안타까운 사랑, 순수 했던 어린 날의 우정을 되새기는 단편들이 담긴 소설책이다.
세상의 치열한 경쟁과 인간관계에 지쳐 있는 사람들에게 넉넉한 마음과 훈훈한 감동을 준다. 무엇이 인간을 인간답게 만드는가, '인간다움'에 대해 생각할 수 있는 기회를 제공한다.

### ➪ 관련 매체에는 무엇이 있을까
**관련 매체** | 『TV동화 행복한 세상』(KBS)
**관련 도서** | 『우동 한 그릇』(구리 료헤이)
　　　　　　　『있는 그대로가 아름답습니다』(이철수)
　　　　　　　『나의 왼손』(이경학)
　　　　　　　『아름다운 마무리』(법정)

### ➪ 어떻게 읽을까
- 등장인물의 마음을 추측하면서 읽어 보자.
- 자신의 경험과 관련하여 공감하면서 읽어 보자.
- 인간다움이 어디에서 오는지 생각하면서 읽어 보자.

### ➪ 무엇을 토론할까
- '콩나물 시루'에서 교통사고후 자신의 눈을 딸에게 이식하기로 결정한 엄마의 결정이 옳았는지 토론해 보자.
- '비'에서 고객의 음성 정보를 도청하고 지운 그녀의 행위는 옳았는지 토론해 보자.

### ➪ 무엇을 써 볼까
- '설날'에서 날 원망하는 어머니에게 자신의 마음을 전하는 편지를 써 보자.
- 봉구와 희지가 처한 상황을 분석하고 이들을 위한 사회제도를 제안하는 논술해 보자.

# 다산의 아버님께

안소영 ¦ 보림 ¦ 2008년 ¦ 276쪽 ¦ 12,000원

**분류** ¦ 목적(정서표현) ¦ 분야(인물, 인문) ¦ 시대(중세) ¦ 지역(한국-조선)

**관련 교과** ¦ **국어 3-2** ¦ 3.작가의 개성 (2) 어리석은 자의 우직함이 세상을 조금씩 바꿔갑니다.

¦ **국사 중학교** ¦ Ⅵ. 조선사회의 변동 1. 붕당정치와 탕평책

다산 정약용은 왜 유배를 떠났을까?

유배지에서 다산이 자식들에게 왜 공부를 강조했을까?

다산에게 서학이 종교였을까, 학문이었을까?

### ⇨ 어떤 책일까

조선 후기 정조시대를 이끈 천재, 다산 정약용. 열여덟 해를 유배지에서 보내야 했던 다산이 남긴 저서와 편지 속에 숨겨진 고난의 세월과 희망의 흔적을 아들의 마음으로 되살렸다. 다산의 둘째 아들이며《농가월령가》의 저자인 정학유. 그의 마음이 되어 깊은 시선으로 그려내는 다산과 그 가족의 모습. 19세기 초 역사의 격동기에 휘둘리는 개인의 삶과 가족들의 고난을 통해 시대가 한 사람을 가혹하고 모질게 대해도 의지와 정신력으로 자신의 품위와 인격을 꺾지 않고 오히려 승화시킨 다산의 면모를 느낄 수 있다. 또한 그의 인품과 학문 그리고 가족 관계를 통해 정약용의 위대함을 조용히 보여준다.

### ⇨ 관련 매체에는 무엇이 있을까

**관련 매체** ¦ 『다산 연구소』(http://www.edasan.org)

**관련 도서** ¦ 『다산』(한승원)

『실학 정신으로 세운 조선의 신도시, 수원 화성』(김동욱)

『목민심서 ¦ 마음으로 읽는 다산 정신』(정약용 ¦ 장승희 편)

### ⇨ 어떻게 읽을까

• 시대상황을 파악하면서 읽어 보자.

• 다산 정약용이 추구한 학문의 목표가 무엇인지 찾아가며 읽어 보자.

• 다산의 가족들이 겪은 고통의 원인과 그것을 어떻게 이겨냈는지 생각하면서 읽어 보자.

### ⇨ 무엇을 토론할까

• 나라에서 '서학'을 탄압하는 것이 옳은 것일까?

• 노론이 '서학'을 이용하여 정적인 정약용을 탄압하는 것과 비슷한 모습을 현실에서 찾아보자.

### ⇨ 무엇을 써 볼까

• 내가 '학연'이 되어 조정에 아버지의 석방을 탄원하는 글을 써 보자.

• 큰댁의 매형인 '사영 형님'이 서양의 천주고 황제에게 보내는 편지 '백서'를 통해서 종교와 국가가 대립할 때 무엇이 우선시 되어야 하는지 논술해 보자.

# 즐거운 불편

후쿠오카 켄세이 | 달팽이 | 2004년 | 367쪽 | 12,000원

| 분류 | 목적(정보전달) | 분야(사회) | 시대(현대) | 지역(일본) | | |
|------|--------------|-----------|-----------|-----------|--|--|
| 관련 교과 | 국어 3-2 | 3.작가의 개성 | | | | |
| | | I. 지역과 사회 탐구　5. 지역사회의 문제와 해결 | | | | |
| 새 교육과정 | 국어 7학년(듣기) | 문제 해결을 위한 전문가 면담 | | | | |

책에서 나온 실천 사례 중에서 하나를 실천한다면 무엇을 선택할 것인가?

후쿠오카 켄세이의 시험이 의미를 갖는 이유는 무엇인가?

내가 켄세이가 제시하는 삶의 방식을 실천할 수 있을까?

### ⇨ 어떤 책일까

〈소비중독〉에 빠져 무절제한 소비가 이루어진 결과, 아무리 많이 쓰고도 허전한 현대인은 쾌락, 편리함을 유지하기 위한 대량생산과 대량소비 그리고 대량폐기의 악순환의 고리를 끊지 못하고 있다. 그뿐 아니라 한시도 숨 돌릴 틈 없이 누군가 혹은 일에 의해 쫓기고, 여유를 잃고, 결국엔 목적마저도 잃어버리고 만다.

이 책은 저자가 자발적으로 〈불편〉한 생활을 즐기고 마음의 풍요를 얻을 수 있음을 실감하게 되는 과정을 기록한 체험기다. 그리고 저자의 체험기를 바탕으로 현대사회의 포괄적인 문제점을 사회 저명인사와의 대담을 통해 전하고 있다. 이 책을 통해 인류와 세계의 미래를 위한 새로운 문화 패러다임이 무엇일까 생각해 보자.

### ⇨ 관련 매체에는 무엇이 있을까

**관련 매체** 『희망의 조건 제 2편, 식탁의 위기는 오는가』(KBS 일요스페셜, 1999. 4.25)

**관련 도서** 『조화로운 삶』(헬렌 니어링, 스코트 니어링)

　　　　　　『자연을 꿈꾸는 뒷간』(이동범), 『고릴라는 핸드폰을 미워해』(박경화)

### ⇨ 어떻게 읽을까

• 내 생각과 작가의 생각을 비교하면서 읽어 보자.

• 작가가 주장하는 삶의 방식이 현실에서 실현 가능한지 생각하면서 읽어 보자.

• 작가의 시도가 가지는 의미가 무엇인지 생각하면서 읽어 보자.

### ⇨ 무엇을 토론할까

• 작가가 실천하는 자급자족적 농업은 문명의 퇴보인가 진보인가?

• 켄세이가 말하는 현대문명의 문제점은 무엇인가?

### ⇨ 무엇을 써 볼까

• 만일 내가 켄세이라면 책에 나오는 실천 외에 무엇을 시도해 보겠는지 써 보자.

• 현대문명의 파국의 원인을 찾고 미래문명이 지향할 바를 논술하시오.

# 스물일곱 송이 붉은 연꽃

이경혜 | 알마 | 2008년 | 203쪽 | 9,800원

| **분류** | 목적(정서표현) | 분야(인문) | 시대(중세) | 지역(조선) | |
|---|---|---|---|---|---|
| **관련 교과** | **국어 3-2** | 4.고전문학의 감상 (1) 한국문학의 개념과 특질 | | | |
| **새 교육과정** | **도덕 7학년** | I. 삶과 도덕 3.인간다운 삶의 자세 | | | |

허난설헌이 보는 세상은 어떠했을까?

시를 통해 보는 허난설헌의 여자로서의 삶은 어떠했을까?

허난설헌이 꿈꾸는 신선의 세계는 어떤 모습일까?

### ⇨ 어떤 책일까

이 책은 주제별로 4개로 나누어 허난설헌의 시 스물일곱 편을 감상하기 쉽게 한국어로 옮기고 거기에 해설을 붙여 시와 시인의 삶을 이해하기 쉽게 하였다. 그녀의 섬세하고 솔직한 마음과 정서뿐 아니라 사회의 억압으로 자신의 재능을 충분히 펼치지 못한 여성, 예술가로서의 삶을 애틋하게 느낄 수 있다. 그녀에게 시는 삶을 이겨내는 힘이 되었을까? 아니면 그녀를 괴롭히는 덫이 되었을까? 능력 있는 여성이 살기에는 너무도 혹독했던 조선시대의 여류문학인의 시를 통해 그녀의 고뇌와 아름다운 시를 접할 수 있다.

시 속에 담겨 있는 개인의 삶과 감정 그리고 세계를 가지고, 우리가 사는 삶과 세계를 비추어 보며 문제를 찾고 토론해 볼 수 있다.

### ⇨ 관련 매체에는 무엇이 있을까

**관련 매체** | 『유디트』 (지식채널 e, 2007.6.4)

**관련 도서** | 『허난설헌 평전』 (장정룡)

『춤추는 소매 바람을 따라 휘날리니』 (류수열)

『장끼전』 (작가미상)

『박씨부인전』 (작가미상)

## ➾ 흥미로운 부분을 만나 보자

아들을 잃고 통곡하다

지난해
사랑하는 딸을 잃고

올해는
아끼고 아끼던 아들마저 잃었다.

쓰라리고 쓰라린 광릉땅에
두 무덤이 마주 보며 서 있구나

사시나무는 쏴아쏴아
바람에 흔들리고

소나무 가래나무 사이로
도깨비불이 번쩍이는데

지전으로 너의 혼을 부르고
맑은 물을 너의 무덤에 붓노라

그래, 알겠다
밤마다 너희 오누이 함께 어울려 놀겠지

내 비록 배 속에 아이가 있다지만
어찌 잘 클 거라고 바랄 수 있겠니.

애끓는 노래를 하염없이 부르노니
피 토하는 슬픔에 목이 메는구나.
(88-89쪽)


## ➾ 다음의 방법으로 읽어 보자
• 시에 담긴 정서를 같이 느끼면서 읽어 보자.
• 허난설헌의 삶이 시에 어떻게 반영되어 있는지 생각하면서 읽어 보자.
• 시에 담긴 시대상과 문화를 느끼면서 읽어 보자.
• 자신의 재능을 펼칠 수 없고 오히려 그 재능 때문에 더욱 불행했던 허난설헌의 인생을 생각하면서 읽어 보자.
• 작품에 나타난 허난설헌의 꿈을 느끼면서 읽어 보자.

## ⇨ 함께 토론해 보자

### ■ 다음의 순서와 내용으로 이야기식 토의/토론을 해 보자

#### [ 배경 지식을 활용하여 책 맛보기 ]

- '시'에는 무엇이 담겨 있을까?
- '허난설헌'이 무엇을 하는 사람인지 말해 보자.
- 시대적 상황이 문학작품에 어떤 영향을 미치는지 말해 보자.

#### [ 내용을 점검하며 읽기 ]

- 제목 '스물일곱 송이 붉은 연꽃'의 두가지 의미는 무엇일까?
- 시 '봉숭아물을 들이며'에서 봉숭아 물든 손톱을 표현한 시어를 모두 찾아 보자? (별빛, 붉은 호랑나비, 복사꽃잎, 소상강 대 나무, 발그스름한 비)
- '글공부하시는 서방님께'는 남편인 김성립에게 보내는 시이다. 이 시에 담긴 허난설헌의 감정과 세상의 비난은 무엇일까?(그 리움, 방탕한 시)
- '난초를 바라보며'에서 시적화자가 눈물을 흘리는 이유는 무엇일까? (난초가 시들고 맑은 향기만 남은 모습이 자신과 같아서)
- '변방으로 출정하는 노래'에서 시적화자는 누구일까? (전쟁터로 끌려 나가는 백성)

#### [ 인간의 삶이나 사회 문제와 연결하여 생각 넓히기 ]

- 이 책의 시를 바탕으로 허난설헌이 꿈꾸는 세상이 무엇인지 말해보자.
- 허난설헌의 삶을 바탕으로 불행은 개인적인 것인지 사회적 차원의 것인지 말해보자.
- 허난설헌의 삶에서 결혼은 그녀에게 어떤 영향을 끼쳤을까?

### ■ 다음 논제로 찬반을 나누어 토론을 해 보자

- 작가의 삶이 고통스러울 수록 좋은 시가 탄생하는가?
  (논제 | 좋은 시는 작가의 고난에서 탄생한다.)
- '바둑 두는 날'은 현실과 무관한 시인가?
  (논제 | '바둑 두는 날'은 현실과 무관한 시이다.)
- 시인이 다양한 화자의 목소리로 시에서 나타나는 것은 시인이 자신의 진짜 모습을 숨기는 것인가?
  (논제 | 시인이 다양한 화자의 목소리로 시에서 나타나는 것은 시인이 자신의 진짜 모습을 숨기는 것이다.)

## ⇨ 나의 생각을 글로 표현해 보자

- '다시 시집가는 선녀'의 '삼천년'에 대해 '못마땅한 큰 세월'이라고 말합니다. 여기에 담긴 사회문제의식은 무엇인지 생각해 보고, 진정한 사랑은 변하지 않는 사랑인지에 대해 써 보자.
- 책에 나온 시중 하나를 택하여 현대적 특성이 드러나는 모방시를 써보자.
- 예술은 세상의 억압에서 태어나는가, 세상의 억압으로 인해 사라지는가? 허난설헌의 삶을 통해 논술해 보자.

# 긍정적인 말의 힘

할 어반 | 웅진 윙스 | 2008년 | 279쪽 | 9,800원

| 분류 | 목적(정보전달) | 분야(사회) | 시대(현대) | 지역(미국) | |
|---|---|---|---|---|---|
| 관련 교과 | **생활국어 3-2** | 1. 좋은 화제로 말하기  4. 적극적으로 말하고 듣기 |
| | **사회 2학년** | Ⅵ. 개인과 사회의 발전  (1) 인간의 사회적 성장 |

말이 먼저일까? 생각이 먼저일까?

과연 말로 사람을 바꿀 수 있을까?

어떤 말이 좋은 말일까?

### ⇨ 어떤 책일까

말은 그 사람의 영혼이며, 세계'라고 말한다.  그 사람이 쓰는 말은 말하는 사람의 내면을 드러내며, 각각의 사람들이 사는 세계는 그 사람이 가지고 있는 말에 의해 의미가 부여된다. 이런 마법과 같은 말의 힘이 이 책에 담겨 있었다. 이 책에는 스스로 말을 통제하고 조절함으로써 나의 삶과 다른 이의 삶을 고양시키는 방법이 구체적으로 담겨 있다.'당신의 마음속에 무엇이 들어있는가가 현재의 당신을 만든다. -지그 지글러'의 말로 시작하는 '우리 마음속에 들어오는 말의 통제'는 일상의 부정적이고 상처를 주는 비하의 말로 인해 일어나는 가족 혹은 직장내의 갈등을 방지하고, 삶을 기쁨과 즐거움 그리고 존경과 감사로 충만한 삶을 만들 수 있는 말하기 방법을 제시한다.

이 책을 통해 말의 힘을 인식하면서 자신이 만들어가는 삶에 대해 토론할 수 있다.

### ⇨ 관련 매체에는 무엇이 있을까

**관련 매체** |『위험한 힘』(지식채널 e. 2008.12.15)

**관련 도서** |『마음을 변화시키는 긍정의 심리학』(앨버트 엘리스, 로버트 A. 하퍼 )

『치유하는 글쓰기』(박미라)

『상대적이며 절대적인 지식의 백과사전』(베르나르 베르베르)

### ⇨ 어떻게 읽을까

• 자신의 언어습관과 비교하면서 읽어보자

• 책의 내용을 어떻게 실천할 것인지 계획하면서 읽어보자.

• 나를 드러내는 말이 무엇인지 생각하면서 읽어보자.

### ⇨ 무엇을 토론할까

• '말(언어)'이 인간을 만드는가? 인간이 '말(언어)'을 만드는가?

• 내가 사용하는 말을 바꾸면 내가 사는 세상이 바뀔까?

### ⇨ 무엇을 써 볼까

• 지금까지 자신의 언어생활을 반성하고 새로운 언어생활을 계획하는 글을 써보자.

• 정보화 시대 '정보통신윤리법'이 개인의 정신과 언어의 자유를 침해하는지에 대해 논술하시오.

# 연암에게 글쓰기를 배우다

설흔, 박현찬 ┃ 예담 ┃ 2007년 ┃ 293쪽 ┃ 11,000원

| 분류 | 목적(정보전달) ┃ 분야(인문) ┃ 시대(중세) ┃ 지역(한국-조선) | |
|---|---|---|
| 관련 교과 | 생활국어 3-2 | 3. 글쓰기의 실제 (2) 글쓰기의 과정 |
| | 국어 3학년 | 3. 작가의 개성 보충 심화 '일야구도하기' |
| 새 교육과정 | 국어 8학년(쓰기) | 적절한 근거를 들어 자신의 주장을 논증하는 글 |

연암은 왜 아들인 종채가 아닌 지문에게 글쓰기를 가르쳤을까?

연암의 글쓰기 방법은 현대의 글쓰기에도 유효한가 ?

글을 잘 쓰기 위해서는 관직에 오르면 안 되는가?

### ⇨ 어떤 책일까

연암 박지원은 탁월한 글쓰기의 이론가이며 그것을 직접 글쓰기에 실천한 조선 최고의 문장가이다. 연암의 글쓰기 방법론을 소설 형식으로 기술하여 비판적 · 논리적 글쓰기의 정신과 방법을 배울 수 있다. 특히 구체적 실천 방안을 다시 요약하여 집어 주는 이중 구조의 소설 형식은 딱딱하고 지루해 지기 쉬운 글쓰기 방법을 쉽고 친밀하게 받아들일 수 있다.

이 책에서는 글쓰기에 대한 서로 다른 시각이 나타난다. 정조가 연암에게 자송문을 쓰라하고 그의 글에 대해 당대에 논쟁거리가 된 것은 글쓰기가 단순히 기술적이고 기법적인 측면이 아닌, 더 깊은 사상적 문화적 산물임을 생각하게 한다. 또한 아래의 지식채널 e의 자료와 함께 작품을 평가할 때 우리가 쉽게 굴복하기 쉬운 관습과 고정관념의 권위에 대해 생각해 볼 수 있다.

### ⇨ 관련 매체에는 무엇이 있을까

**관련 매체** ┃ 『걸려있는 그림』 (지식채널 e, 2007.1.15)

**관련 도서** ┃ 『글쓰기 전략』 (정희모, 이재성 )

『생각의 탄생』 (로버트 루트번스타인, 미셸 루트번스타인)

『글쓰기의 공중부양』 (이외수)

## ⤷ 흥미로운 부분을 만나 보자

"자네는 몇 자나 아는고?"

(중략)

지문이 이런 저런 생각을 하느라 대답이 늦어지자 연암이 흐흠 헛기침을 뱉으며 답을 재촉했다. 지문은 모험을 해보기로 마음 먹었다.

"아는 글자가 없습니다."

"허허, 십년 넘게 글을 읽었다면서 아는 글자가 없다니 말이 되느냐?"

"부끄럽습니다. 생각해보니 제대로 아는 글자는 하나도 없습니다. 그저 읽고 외웠을 뿐 글자의 참 의미를 깨닫지는 못했습니다."

연암은 아무 말 없이 지문을 바라보았다.

"알았네, 지금부터 자네를 제자로 받아들이겠네."

"고맙습니다."

"그런데 한 가지 조건이 있네."

"말씀하십시오."

"과거에 응시해서는 안 되네."

"……."

(중략)

"과거를 보는 데는 경전을 외우고 과문을 익히기만 하면 되네. 하지만 경전은 음미하는 것이지 달달 외우는 것이 아니야. 또한 과문은 정답이 있는 글이나 마찬가지일세. 틀에 맞추어 반복하다보면 결국에는 익숙해지지. 결국 과거 급제는 똑같은 것을 얼마나 많이 반복했느냐에 좌우되는 셈이지. 그게 무슨 의미가 있겠는가?"(63-64쪽)

## ⤷ 다음의 방법으로 읽어 보자

- 자신의 글쓰기 방법과 비교하면서 읽어 보자.
- 글쓰기 방법이 의미하는 것이 무엇인지 구체적으로 상상하면서 읽어 보자.
- 책에 나온 글쓰기 방법이 어떤 글에 적합할 지 생각하면서 읽어 보자.
- 주인공이 추구하는 것이 무엇인지 생각하면서 읽어 보자.
- 연암이 생각하는 좋은 글이 무엇인지 찾아가며 읽어 보자.

## ⤷ 함께 토론해 보자

### ■ 다음의 순서와 내용으로 이야기식 토의/토론을 해 보자

#### [ 배경 지식을 활용하여 책 맛보기 ]

- 글쓰기에서 가장 중요한 요소가 무엇이라고 생각하나?
- 글쓰기 능력은 선천적으로 타고난 능력일까? 아니면, 후천적으로 배우고 노력하여 얻을 수 있는 것일까?
- 글은 어떤 힘이 있을까?

#### [ 내용을 점검하며 읽기 ]

- 지문이 논어로 '느리게 읽기'를 실천할 때 걸린 시간과 사용한 방법은 무엇일까?
- '원칙을 따르되 적절히 변통하라. 의중을 정확히 전달하라.'은 어떤 글쓰기 도를 설명한 것인가?
- 초정 박제가가 지문에게 '사이의 묘'를 가르치기 위해서 낸 문제는 무엇일까?
- 지문이 과장에서 '글짓기방법'을 무엇에 비유하였을까?
- 지문이 스승을 배반하고 자신을 의탁한 사람은 누구일까?

**[ 인간의 삶이나 사회 문제와 연결하여 생각 넓히기 ]**

- 자신만 알고 남들은 모르는 이명과 자기만 모르고 남들은 다 아는 코골이는 둘 다 잘못된 것이라고 한다. 이런 '이명'과 '코골이'와 같은 글의 예를 일상에서 찾아 보자.
- 법고의 묘, 법고창신의 묘, 사이의 묘 중에서 갈등을 해결하기에 가장 적절한 방법을 찾고 그 이유를 설명해 보자.
- '초희'와 '연수'중 현대사회에 적절한 여성상이 누구인지 그 이유를 말해 보자.

**■ 다음 논제로 찬반을 나누어 토론을 해 보자**

- 연암이 지문을 제자로 받아들이는 조건으로 과거에 응시하지 말라고 요구한 것은 정당한가?
    (논제 ⏐ 연암이 지문을 제자로 받아들이는 조건으로 과거에 응시하지 말라고 요구한 것은 정당하다.)
- '법고 창신의 묘'와 서양의 '변증법'은 같은 것인가?.
    (논제 ⏐ '법고 창신의 묘'와 서양의 '변증법'은 같은 것이다.)
- 정조임금이 소품과 소설을 잡다하고 기이한 글이라고 금한 것은 합당한것인가요?
    (논제 ⏐ 정조임금이 소품과 소설을 잡다하고 기이한 글이라고 금한 것은 합당하다.)
- 지문이 김조순이 요구하는 데로 과거에 응시해야 하는가?
    (논제 ⏐ 지문은 과거에 응시해야 한다. )

**⇦ 나의 생각을 글로 표현해 보자**

- '연암'이 제자인 '지문'의 글을 표절하지 않았다는 변호의 글을 써 보자.
- 책에서 가장 인상 깊었던 글쓰기 방법을 하나 찾고, 그 방법을 적용하여 쓰면 적절한 주제를 찾아 글을 써 보자.
- 책에서 정조가 연암의 문체를 못마땅해 하는 모습이 나온다. 우리나라의 '검열' 제도 중 하나를 예를 들어 자신의 생각을 논술해보자.

## 참고

---

**당시의 문풍(文風)과 연암체의 성립**

조선 후기는 봉건사회가 해체되면서 여러 변화를 겪게 된다. 농촌사회가 분화되고 상공업과 도시가 발달했으며 민중들의 의식도 변화했다. 이때 박지원을 비롯한 당시의 진보적 지식인들은 고금(古今)의 치세(治世)와 난세(亂世)의 원인, 제도개혁, 농공업의 진흥, 화식(貨殖) 등 사회경제적인 개혁방안을 토론했고, 중국여행 체험을 글로 써서 돌려보기도 했다. 홍대용 · 이덕무 · 박제가 · 유득공 · 이서구 · 정철조 등이 박지원의 집에 모여 밤을 새워 당시 현실문제를 논의하고 학문적 · 문학적 교류를 함께 했다. 그들이 특히 흥미를 가졌던 것은 청나라 문물에 대한 이야기를 듣고 읽는 것이었다. 그중 《열하일기》는 다채로운 표현양식과 독특한 문체를 구사해 당시의 화제작이었다. 박지원의 문체는 독특해 연암체(燕巖體)라고 불렸다. 연암체의 특징은 소설식 문체와 해학적인 표현이라고 할 수 있다. 정통 고문에 구애되지 않고, 소위 패사소품체라고 불리던 소설식의 표현방법을 과감히 도입해 쓰고 현실의 생동하는 모습을 묘사했으며 시어(詩語)의 사용이나 고답적(高踏的)인 용사(用事)는 쓰지 않았다.

**정조의 문학관과 문체반정책**

정조는 문체의 흥망성쇠는 정치현실과 깊은 관계가 있기 때문에 세도(世道)를 반영한 글을 읽으면 당시 정치의 득실(得失)을 논할 수 있다고 생각했다. 즉 문학은 도(道)를 실어나르는 도구라고 생각했던 것이다. 그래서 정조는 당시의 문체가 위미(萎靡)하여 근심스럽다고 하면서 문체 문제에 크게 신경을 쓰고 있었다. 정조는 육경(六經)을 진짜 고문(古文)이라고 하면서 그 정신을 이어받아 전아(典雅)한 고문으로 글을 지어야 한다고 했다. 그래서 정조는 연암 일파의 문체를 못마땅히 여기고 문풍을 바로잡기 위해 새로운 문화정책을 펼쳤다.

규장각(奎章閣)을 설치해 각신(閣臣)에게 당시의 문운(文運)을 진작시키는 정책을 시행하도록 했고 주자서(朱子書)를 비롯해 학문과 문학에 본보기가 될 만한 책들을 간행하는 한편 명청의 문집과 잡서(雜書) 그리고 패관소설의 국내 유입을 금했다. 또 문체가 불순한 자는 과거에 응시하지 못하도록 했고 남공철 · 이상황 · 김조순 등을 문체 불순으로 문책했으며 자송문(自訟文)을 지어 바치도록 했다. 이 문화정책은 당시의 전통적인 순정(純正) 문학의 전통을 계승하고, 치세(治世)의 문학을 꽃피우는 데는 어느 정도 기여를 했지만, 당시의 변화하는 현실을 감당할 수는 없었다. 이러한 정조의 문체 반정책에도 불구하고 패사 소품체는 더욱 확산되어, 소설적 문체와 사실주의적 표현기법의 작품이 계속 인기를 끌게 되었다. 문체반정은 당시 사상의 발전과 문인들의 창작활동을 억압하는 보수적인 성격을 띤 것으로, 시대의 흐름을 되돌리려 한 문화정책이었다고 할 수 있다.
〈출처 ⏐ 다음 백과사전〉

중학교
교과별
추천도서로
만든

# 도덕

# 도덕과 추천도서 목록 일람표

| 도서명 | 저자명 | 출판사 | 출판연도 | 관련교과 | 대단원 | 중단원 |
|---|---|---|---|---|---|---|
| 빼앗긴 내일 | 즐라타 필리포빅 외 | 한겨레출판사 | 2004 | 도덕 1학년 | I. 삶과 도덕 | 3. 인간다운 삶의 자세 |
| 키싱 마이 라이프 | 이옥수 | 비룡소 | 2008 | 도덕 1학년 | I. 삶과 도덕 | 4. 청소년기와 중학생 시절 |
| 도덕을 위한 철학 통조림 2 | 김용규 | 주니어김영사 | 2006 | 도덕 2학년 | I. 사회생활과 도덕 | 2. 현대 사회와 시민윤리 |
| 열등감을 희망으로 바꾼 오바마 이야기 | 헤더레어 와그머 | 명진출판사 | 2008 | 도덕 2학년 | I. 사회생활과 도덕 | 3. 민주적 생활태도 |
| 넬슨 만델라 평전 | 자크랑 | 실천문학사 | 2008 | 도덕 3학년 | I. 개인가치와 도덕문제 | 1. 삶의 설계와 가치 추구 |
| 사람 사이에 삶의 길이 있고 | 도종환 | 사계절 | 2008 | 도덕 3학년 | I. 개인가치와 도덕문제 II. 가정 · 이웃 · 학교 생활 | |

# 빼앗긴 내일

즐라타 필리포빅 · 멜라니 챌린저 엮음 | 정미영 옮김 | 한겨레아이들 | 2008년 | 242쪽 | 9,000원

| 분류 | 목적(정서 표현 및 정보 전달) | 분야(인문) | 시대(근현대) | 지역(세계 여러 나라) |
|---|---|---|---|---|
| 관련 교과 | 도덕 1 학년 | I. 삶과 도덕  3. 인간다운 삶의 자세 | | |
| | 국어 1-2 | 6. 문학과 독자 (1) 흰종이 수염 | | |
| 새 교육과정 | 도덕 9학년 | 세계평화와 인류애 – 타문화에 대한 편견 극복, 세계평화와 인류애의 실현 | | |

전쟁은 우리에게서 무엇을 빼앗아 가는가?
전쟁을 불러일으키는 여러 가지 원인은 무엇인가?
전 인류가 평화롭게 공존하는 삶은 불가능한가?

### ⇨ 어떤 책일까

평화운동가 즐라타 필리포빅과 어린이 평화교육에 앞장서고 있는 멜라니 챌린저가 1년에 걸쳐 수집한 아이들의 일기 모음집이다. 1차 세계 대전을 시작으로 베트남 전쟁, 보스니아 전쟁, 이라크 전쟁 등 오랜 시간, 다양한 지역에 걸쳐 일어난 전쟁을 직접 겪은 아이들의 일기와 총을 들고 전쟁에 직접 참여한 젊은이들의 경험이 녹아 있다.

경험을 그대로 전달해주는 일기 형식으로 되어 있어 전쟁을 겪은 아이들의 솔직하고 진실한 고백을 들을 수 있다. 아이들의 일기를 통해 절망과 고통의 순간들을 만나게 되며, 일상을 빼앗긴 삶이 얼마나 힘겹고 삭막한 것인지 알게 된다. 이 책을 통해 전쟁이 가져오는 참담함을 깨닫고 다른 사람들과의 공존과 평화를 꿈꾸어 보자.

### ⇨ 관련 매체에는 무엇이 있을까

**관련 매체** | 『님은 먼 곳에』 (영화), 『인생은 아름다워』 (영화)
**관련 도서** | 『로베르토』 (도나 조 나폴리)

### ⇨ 어떻게 읽을까

• 전쟁이 인권을 어떻게 짓밟는지 살펴보면서 읽어 보자.
• 여덟 개의 이야기에 나타난 시간적, 공간적 배경을 생각하면서 읽어 보자.
• 어린이들과 청소년들의 눈으로 바라본 전쟁의 실체를 파악하고, 평화와 공존을 위해서는 어떻게 살아야 할지 생각하며 읽어 보자.

### ⇨ 무엇을 토론할까

• 오랜 기간 휴전 상태에 놓인 남북한 관계, 햇볕정책과 포용정책이 우선인가, 핵실험과 미사일 발사에 대응해 전투 대세를 갖추어야 하는가?
• 전쟁이 발생하여 파병을 요구해 온다면 국가 간의 외교 명분과 실리 중 어느 것을 우선으로 할 것인가?

### ⇨ 무엇을 써 볼까

• 남과 북의 휴전 협정이 깨져 전쟁이 일어날 경우를 상상하여 일기 한 편을 써 보자.
• 여덟 편의 전쟁 일기를 보고 하나를 선택해 일기를 쓴 주인공에게 위로의 편지를 써 보자.

중학교 교과별 추천도서 | **75**

# 키싱 마이 라이프

이옥수 │ 비룡소 │ 2008년 │ 9,000원

| 분류 | 목적(정서 표현) │ 분야(인문) │ 시대(현대) │ 지역(한국) | |
|------|------|------|
| 관련 교과 | 도덕 1 학년 | I. 삶과 도덕 4. 청소년기와 중학생 시절 |
| | 기술가정 1학년 | I. 나와 가족의 이해 2. 성과 이성 교제 |
| 새 교육과정 | 도덕 2학년 | 청소년과 도덕 – 이성 교제와 성 도덕 |

청소년기 성에 대한 호기심은 유죄인가?

낙태는 개인의 선택권인가?

한순간의 실수와 그 책임의 한계는?

## ⇨ 어떤 책일까

신체적인 변화와 함께 사랑과 성에 눈을 뜨는 시기인 사춘기에는 미묘한 감정의 변화를 겪게 된다. 마음속에 일어나는 성에 대한 호기심과 욕구는 자칫 충동적인 행동으로 몰고 가 돌이킬 수 없는 일을 만들게 되기도 한다. 물론 책임감 없는 행동에 대해서는 반성할 기회를 주고 충고도 해주어야겠지만 그렇다고 이미 벌어진 일에 대해 무시와 냉대로 일관할 수는 없는 노릇이다.

열일곱 살 하연이는 고등학교 학생으로 공부도 열심히 하고 친구 관계나 가정 형편도 깊이 고민할 줄 아는 그런대로 괜찮은 아이이다. 하지만 남자 친구 채강이와 우연한 기회에 아기를 갖게 되고, 생명에 대한 애착 때문에 결국 아기를 낳기로 결심한다. 도피하거나 주저앉지 않고 삶의 주인으로서 살아가는 하연이의 꿋꿋함을 엿볼 수 있으며, 10대의 성정체성에 대해 진지하게 생각해볼 수 있는 책이다.

## ⇨ 관련 매체에는 무엇이 있을까

**관련 매체** │『주노』(영화)

**관련 도서** │『19세』( 이순원), 『호기심』(김리리 외)

⇨ **흥미로운 부분을 만나 보자**

**난 혼자다!**

"아이고, 얼마나 기가 막히겠냐. 나도 수연이 돌아다닐 때 어디 가서 애라도 밸까 봐 그게 제일 걱정이었는데……. 하연이 너, 엄마 말 잘 들어. 엄마가 네 언니한테도 숱하게 말했지만 만약 너희들이 남자애들하고 돌아다니다가 애라도 밴다면 엄만…… 같이 죽어 버릴 거야."

엄마가 내 눈길을 피해 얼른 돌아섰다. 역시 엄마는 내 고민을 해결해 줄 수 없다. 만약 내 뱃속에 아기가 있다고 하면 엄마는 그대로 기절해 버릴 거다. 아니, 엄마 말처럼 같이 죽자고 할지도 모른다. 그래, 어쩔 수 없이 난 혼자다. 혼자서 해결해야 한다. (94쪽)

**어머니의 사랑은 영원하다**

"아버지의 사랑은 무덤까지 가지만, 어머니의 사랑은 영원하다는 러시아 속담처럼 동서고금을 막론하고 모성애는 인류를 이어 온 자양분이다. 모성애, 자식에 대한 본능적인 어머니의 사랑! 너희들 바다에 사는 문어 알지? 문어는 바위 밑에 알을 낳고는 산소가 부족해서 알들이 죽을까 봐 쉬지 않고 바람을 불어넣는다. 그러고는 돌을 날라다 집 앞에 쌓아서 알을 보호하고, 알들이 부화하면 새끼들을 입으로 빨아들인 후 수면을 향해 내뿜어. 새끼들이 바다 표면으로 떠오르면 반짝이는 햇빛 때문에 다른 물고기들이 잘 알아볼 수 없어서 잡아먹히지 않고 살 수 있으니까. 그러고는 결국 힘이 다 빠진 어미는 지쳐서 죽게 돼. 문어의 모성애, 정말 위대하지 않나?"(110쪽)

**아름다운 선택**

그래, 그동안 힘들었지만 결국 나도 아름다운 선택을 한 거야. 생명을 살렸으니까. 원장님의 설명이 계속되는데 사감이 내 어깨를 툭 치며 소포를 건네주었다. 발신인은 정수연, 포장지를 가만가만 뜯었다. 예쁜 연두색 임부복이다. 무슨 글이라도 한 줄 있을 줄 알았는데 아무것도 없다. 선물을 받아들고도 섭섭한 마음이 들었다.(199쪽)

⇨ **다음의 방법으로 읽어 보자**

- 청소년기의 특징으로 무엇을 들 수 있는지 살펴보면서 읽어 보자.
- 청소년기에는 어떤 고민이 있는지 자신의 경우를 생각하면서 읽어 보자.
- 청소년기에는 성에 대한 호기심과 관심이 높아지고, 성적인 자극을 쉽게 받는다는 사실을 인지하고 읽어 보자.
- 올바른 성 지식과 태도를 갖기 위해서는 어떻게 해야 하는지 생각하면서 읽어 보자.
- 돌이킬 수 없는 실수를 했을 때는 어떻게 해야 현명한 것인지 판단하면서 읽어 보자.

⇨ **함께 토론해 보자**

■ **다음의 순서와 내용으로 이야기식 토의/토론을 해 보자**

**[ 배경 지식을 활용하여 책 맛보기 ]**

- 인간의 성장 과정을 영아기, 유아기, 청소년기, 장년기, 노년기로 구분할 때 가장 힘든 시기는 언제라고 생각하는가? 이유도 함께 들어 보자.
- 청소년기의 특징으로 무엇을 들 수 있나?
- 현재 여러분이 가장 고민하고 있는 것은 무엇인가?

**[ 내용을 점검하며 읽기 ]**

- 하연이는 어떻게 하여 채강이를 사귀게 되었나?
- 하연이의 가정환경은 어떠하며, 이런 환경은 자녀에게 어떤 영향을 미친다고 생각하나?
- 하연이가 아기를 지우려 했는데 지우지 못한 까닭은 무엇인가?
- 하연이의 뱃속에 있는 아기를 지키기 위해서 채강, 진아, 현규 세 친구는 어떤 일들을 했나?

- 미혼모들을 머물게 하는 고운 세상의 도움으로 하연이는 무사히 아기를 낳게 된다. 그 후의 이야기는 어떻게 될까?

**[ 인간의 삶이나 사회 문제와 연결하여 생각 넓히기 ]**
- 리틀맘이 점점 늘어가는 이유는 무엇이라고 생각하는가?
- 우리 사회에서 미혼모, 혹은 10대 리틀맘을 바라보는 시각은 어떠한가?
- 청소년들이 균형 잡힌 성장을 하기 위해서 가정과 학교에서 해야 할 일은 무엇인가?

**■ 다음 논제로 찬반을 나누어 토론을 해 보자**
- 청소년기에 이성과 가까이 지내는 것에 대해 어떻게 생각하는가?
  (논제 │ 청소년기의 이성교제는 바람직하다.)
- 미혼모로서 아기를 낳기로 한 하연이의 선택은 올바른 것인가?
  (논제 │ 하연이의 선택은 올바르다.)
- 낙태는 생존권의 문제이므로 법적으로 금지되어야 하는지, 여성의 몸에서 일어나는 일이기 때문에 개인의 결정권에 의해 선택하는 것이 당연한 것인지 토론해 보자.
  (논제 │ 낙태는 법적으로 금지되어야 한다.)

**⇨ 나의 생각을 글로 표현해 보자**
- 하연이가 아기를 낳은 후 어떻게 살아가게 될 지 뒷이야기를 상상해서 이어 써보자.
- 엄마는 하연이가 자기 친구가 아기를 가졌는지도 모르겠다는 말을 했을 때 무척 놀라면서 있을 수 없는 일이라고 한다. 하연이는 끝내 아기를 가졌다는 사실을 엄마에게 알리지 못하고 고운 세상에 몸을 의지하게 되었는데 만약 하연이가 엄마에게 자신의 입장을 알리고 이해를 바라는 편지를 쓴다면 어떤 내용일까? 여러분이 하연이 대신 편지를 써 보자.
- 낙태에 대해서 찬성하는지 반대하는지 한쪽의 입장을 선택해 근거를 들어 논술해 보자.

# 참고

〈**보건복지가족부 국가청소년위원회** http://summer.all4youth.net/〉

# 도덕을 위한 철학 통조림 2

김용규 | 주니어김영사 | 2006년 | 229쪽 | 9,500원

| 분류 | 목적(철학) | 분야(인문) | 시대(현대) | 지역(한국) | |
|---|---|---|---|---|---|
| **관련 교과** | **도덕 2학년** | I. 사회 생활과 도덕  2. 현대 사회와 시민 윤리 | | | |
| | **사회 2학년** | VII. 사회 생활과 법 규범 | | | |
| **새 교육과정** | **도덕 9학년** | 삶의 목적 – 자아 정체성, 행복한 삶 | | | |

*이익을 포기하면서까지 살아야 하는가?*

*사랑하는 것은 실존하는 것인가?*

*쾌락적으로 살아도 괜찮은가?*

### ⇨ 어떤 책일까

이 책은 철학 서적이지만 중학생 딸과 나누는 대화 형식으로 되어 있어서 부드럽게 잘 읽힌다. 주로 학생들이 갖는 문제의식에서 출발하며 이러한 문제의식은 딸이 질문을 하고 아빠가 대답을 하는 과정에서 구체적이고 재미있게 해결된다. 즉, 딱딱한 철학적 지식을 가공하여 말랑말랑하게 만들어 누구나 잘 소화할 수 있도록 했다.

통조림의 주원료로 실용주의, 실존주의, 쾌락주의, 급진적 구성주의 등의 철학 사상을 사용하여 맛있게 가공하였으며 고전 속에서 문학, 신화, 역사, 자연과학, 사고 실험 등의 재미나는 이야기들을 골라 함께 실어 영양이 풍부한 통조림을 만들었다. 맛좋고 영양가 높은 철학 통조림을 먹다 보면 참된 지식을 갖추고, 바른 삶의 길을 걷게 될 것이다.

### ⇨ 관련 매체에는 무엇이 있을까

**관련 매체** | 『풀로 엮은집』 (인터넷 사이트)
**관련 도서** | 『철학의 진리나무』 (안광복)

### ⇨ 어떻게 읽을까

• 철학은 일상생활과 밀접한 관련이 있는 학문이라는 생각을 갖고 읽어 보자.
• '딸'과 '아빠'의 대화에 공감하면서 읽어 보자.

### ⇨ 무엇을 토론할까

• 과정이 중요한가, 결과가 중요한가?
• '즐거운 삶'이 좋은 삶일까?
• 행복은 주어지는 것인가, 스스로 만들어가는 것인가?
• 욕망은 언제나 규제되어야 하는 것인가?

### ⇨ 무엇을 써 볼까

• 과정이 중요한지, 결과가 중요한지 한쪽 방향을 선택해 근거를 들어 논술해 보자.
• '인간이란 똑같은 상황이라도 각자 다른 세계를 만들어 내어 행복해 하기도, 불행해 하기도 해!'라는 말에 어울리는 사례를 실생활 속에서 찾아보자.

# 열등감을 희망으로 바꾼 오바마 이야기

헤더 레어 와그너 ¦ 명진출판사 ¦ 2008년 ¦ 320쪽 ¦ 12,000원

| 분류 | 목적(정보 전달) ¦ 분야(인문) ¦ 시대(현대) ¦ 지역(미국) | |
|---|---|---|
| 관련 교과 | 도덕 2학년 | I. 사회 생활과 도덕  3. 민주적 생활 태도 |
| | 기술가정 2학년 | V. 자원의 관리와 환경  2. 청소년의 일과 시간 |
| 새 교육과정 | 도덕 2학년 | 일과 배움 – 공부와 진로  계획과 성취 |

자신의 목표를 이루고 성공하는 삶을 위해서는 무엇이 필요한가?

오바마가 꿈꾸는 세상은 어떤 세상인가?

한 나라를 이끌어갈 지도자가 지녀야 할 덕목은 무엇인가?

### ⇨ 어떤 책일까

2007년 2월 민주당 대선 후보 출마 선언, 2008년 8월 민주당 대통령 후보 수락, 그리고 2008년 11월 미국 역사상 최초의 흑인 대통령으로 전 세계를 떠들썩하게 했던 오바마의 이야기를 담은 책이다. 물론 오바마가 미국 최초의 흑인 대통령이 되었다는 점도 중요하지만 그가 어떻게 해서 세계가 주목하고 다수의 미국인이 지지하는 리더가 되었는가에 우리는 더욱 주목해야 한다.

오바마의 출생과 복잡한 가정 환경, 그리고 그 속에서 겪어야 했던 정체성의 혼란, 오바마는 이 모든 것을 희망과 자신감으로 바꿔냈고 세계인들의 가슴에 희망을 상징하는 리더로 떠오르게 되었다. 오바마의 인생 이야기는 어떠한 어려움에 처하더라도 충분한 자기 고민을 거치고 긍정적인 마인드를 갖고 성실하게 대처한다면 반드시 자신의 목표를 이루고 이 사회에서 꼭 필요한 사람으로 거듭날 수 있다는 점을 시사해준다.

### ⇨ 관련 매체에는 무엇이 있을까

**관련 매체** ¦ 『크래쉬』 (영화)

**관련 도서** ¦ 『원문으로 읽고 듣는 오바마 명연설집』 (베이직 컨텐츠 하우스)

### ⇨ 흥미로운 부분을 만나 보자

#### 어머니의 힘

오바마에게 어머니라는 존재는 특별했다. 자식이 흑백혼혈이라는 평범하지 않은 상황에서, 남편 없이 혼자 아이들 키우는 게 쉬운 일이 아니었을 텐데도 오바마가 용기와 꿈을 잃지 않고 신념을 가지고 성장할 수 있도록 가르쳤다.

특히 어머니는 오바마에게 친아버지의 이야기를 자주 들려주면서 정신적 지주로 삼을 수 있도록 했다. 두 사람은 이혼한 후에도 오바마의 이야기로 자주 편지를 주고받았는데, 재혼한 남편 롤로의 몰락을 지켜보고 그와 갈등을 겪으면서 어머니 역시 아버지 오바마의 강한 신념과 의지에 기대고 싶었을지 모른다. 사실 친아버지가 가족봐 하버드를 택했을 때도 그를 이해해준 사람은 바로 어머니였다. 어머니는 친아버지가 품은 꿈이 개인의 출세보다 조국 케냐의 발전을 위한 것임을 잘 알고 있었기 때문이다. (38쪽)

#### 인생의 파트너를 만나다

출근하자마자 여름 근무기간 중 도움을 받고 조언해줄 파트너를 소개받았다. 미셸 로빈슨이라는 젊은 여자 변호사였다. 그녀는 오바마보다 세 살 어렸지만 대학을 졸업하자마자 하버드 로스쿨에 들어갔기 때문에 이미 변호사로 활동하고 있었다. 오늘날 그의 아내가 된 미셸과의 만남은 이렇게 시작된 것이다.

오바마는 그녀의 첫인상을 이렇게 떠올렸다.

"그녀는 키가 크고 멋진데다, 다정하고 사랑스러웠다. 특히 전문가다운 태도가 그녀의 맞춤 정장 블라우스와 잘 어울렸다."
(164~165쪽)

#### 오바마를 사랑하는 사람들

꿈은 역사를 바꿀 수 있는 힘도 가지고 있다. 지금 우리 눈에 보이는 오바마의 힘은, 어쩌면 가장 밑바닥에 서 있는 작고 힘없는 이들의 열망이 한데 모여 만들어진 꿈의 결정체이자, 거기서 뿜어져 나온 '꿈의 힘'일지도 모른다. 그를 사랑하는 사람들은 그의 꿈을 사랑하고, 그 꿈이 단지 오바마만의 꿈이 아닌 모두의 꿈이라는 것을 알고 있기 때문이다.(211쪽)

### ⇨ 다음의 방법으로 읽어 보자

- 오바마는 어린 시절 어떤 환경에서 자랐는지 살펴보면서 읽어 보자.
- 목표를 이루기 위해서는 어떻게 해야 하는지 살펴보면서 읽어 보자.
- 사회에서 '비주류'라 불리는 소수자들은 어떤 꿈을 갖고 있는지 살펴보면서 읽어 보자.
- 오바마가 대통령에 당선된 이유는 무엇인지 생각하며 읽어 보자.
- 세계 모든 사람이 바라는 대통령상으로 어떤 사람이 적합할지 생각하며 읽어 보자.

### ⇨ 함께 토론해 보자

#### ■ 다음의 순서와 내용으로 이야기식 토의/토론을 해 보자

#### [ 배경 지식을 활용하여 책 맛보기 ]

- 여러분은 훗날 어떤 일을 하고 싶은가? 꼭 '무엇이 되겠다'라는 구체적인 직업이 아니라 어떤 분야에 종사하고 싶은지, 그 이유는 무엇인지 생각해 보자.
- 지금까지 지내면서 여러분이 절망에 빠진 적이 있다면 언제였으며 어떻게 극복했나?
- 〈오바마 이야기〉는 열등감을 희망으로 바꾼 사례로 유명하다. 우리 주변의 인물, 혹은 역사 속의 인물 중에서 이런 사례를 찾아보자.

**[ 내용을 점검하며 읽기 ]**

- 오바마의 어린 시절, 어머니 앤은 오바마에게 어떤 영향력을 미쳤다고 생각하는가?
- 오바마가 여섯 살 때 하와이에서 인도네시아로 가게 된 이유는 무엇이며, 인도네시아에서의 삶은 오바마에게 어떤 의미가 있다고 생각하는가?
- 오바마가 선택한 지역 사회 운동가로서의 역할은 그가 앞으로 대통령 직책을 수행할 때 어떤 도움이 될 것이라고 생각하는가?
- 오바마가 하버드대학에 들어가서 했던 여러 가지 일들 중 가장 의미있다고 생각하는 것은 어느 것인가?
- 2008년 11월 미국 대통령으로 당선되어 전 세계를 떠들썩하게 만든 오바마가 열등감을 희망으로 바꿀 수 있었던 것은 과연 무엇 때문이었다고 생각하는가?

**[ 인간의 삶이나 사회 문제와 연결하여 생각 넓히기 ]**

- 오바마의 출생과 성장 과정, 그의 연설 내용 등을 통해 오바마가 꿈꾸는 세상은 어떤 것이라고 생각하는가?
- 오바마는 지역사회 운동가로 활동하면서 발생하는 문제들을 해결하기 위해서는 법학 분야의 지식이 필요하다는 것을 절감하고 세 곳의 로스쿨에 지원해 하버드로부터 입학허가서를 받게 된다. 미국의 대학 입학 제도와 우리나라 대학 입학 제도의 차이점을 살펴보고, 우리나라 대입 제도의 개선책을 마련해 보자.
- 한 나라의 지도자가 가져야 할 자질 중 가장 중요한 것은 어떤 것인가?

**■ 다음 논제로 찬반을 나누어 토론을 해 보자**

- 오바마의 친아버지가 어린 오바마와 오바마 어머니 곁을 떠난 것에 대해 어떻게 생각하는가? 개인의 행복을 위해 하와이에서 함께 지내야 한다고 생각하는가? 조국 케냐의 발전을 위해 하버드 대학으로 떠나야 한다고 생각하는가?
  (논제 ˈ 가족과 함께 하와이에서 지내야 한다.)
- 오바마는 대학 졸업 후 다국적 기업들을 대상으로 하는 컨설팅 회사의 부연구원으로 취직하여 차츰 경제적 여유와 안정을 누리게 되었다. 하지만 오바마는 몇 달 뒤 회사에 사표를 내고 지역 사회운동가가 되기를 결심했다. 여러분은 이런 상황에서 오바마 같은 결정을 내릴 수 있는가?
  (논제 ˈ 안정적인 생활을 원한다.)
- 인간은 환경을 지배할 수 있을까요? 아니면 환경이 인간을 지배하는 것일까?
  (논제 ˈ 인간은 환경을 지배할 수 있다.)

**⇨ 나의 생각을 글로 표현해 보자**

- 오바마의 인생 곡선을 그려 보자.
- 오바마의 성장 과정에서 가장 영향력을 미쳤다고 생각하는 세 사람을 골라 이들을 소개하는 글을 써 보자.
- 여러분이 대통령에 당선된 오바마라고 생각하고, 앞으로 어떤 방향으로 정치를 펼칠 것이며 어떻게 정책결정을 할 것인지 계획과 포부를 밝히는 글을 써 보자.

# 넬슨 만델라 평전

자크 랑 (윤은주) | 실천문학사 | 2008년 | 242쪽 | 9,000원

| 분류 | 목적(정보 전달) | 분야(인문) | 시대(근현대) | |
|---|---|---|---|---|
| 관련 교과 | 도덕 3학년 | I. 개인 가치와 도덕 문제  1. 삶의 설계와 가치 추구 | | |
| | 사회 3학년 | IV. 현대 사회의 변화와 대응 | | |
| 새 교육과정 | 도덕 9학년 | 인간 존엄성과 인권, 세계 평화와 인류애 | | |

27년 동안의 기나긴 수감 생활을 통해 만델라가 얻은 것은 무엇인가?

진정한 용서와 관용이란 무엇인가?

자유를 향한 끝없는 투쟁의 결과는?

### ⇨ 어떤 책일까

'문화대통령', '미테랑 대통령의 수양아들'이라는 별칭을 갖고 있는 자크 랑은 자신이 유력한 정치인이기에 만델라의 내면을 간파할 수 있었다. 정치인이자 한때 연극에 몸담았던 저자 자크 랑은 전체 5부의 희곡의 형식을 차용해 만델라를 신화와 희곡의 주인공으로 등장시켜 이야기를 끌어가고 있다.

하지만 저자는 영웅 넬슨 만델라를 결코 미화하지 않으며 그의 인간적인 모습을 그려 독자들이 공감하도록 한다. 인종 차별 없는 사회를 향하여 끊임없이 두드리는 그의 동력에 중심을 두기보다는 자신이 옳다는 확신을 갖고 있으면서도 두려움과 부끄러움을 느끼는 소시민적인 모습을 보여줌으로써 만델라가 우리 곁으로 더욱 친숙하게 다가올 수 있도록 하고 있다.

### ⇨ 관련 매체에는 무엇이 있을까

**관련 매체** | 『아프리카』(SBS 다큐멘터리 3부 | 남아공, 흑과 백의 합창)
『사라 바트만의 생애』(영화)

**관련 도서** | 『커피우유와 소보로빵』(카롤린 필립스)

### ⇨ 어떻게 읽을까

• 고대극에서 차용한 막의 형식으로 구성된 점을 고려하여 저자의 의도를 파악하며 읽어 보자.
• 넬슨 만델라의 인간적인 면모를 살피며 읽어 보자.
• 자유로운 삶, 편견과 차별 없는 삶이 왜 소중한지 생각하며 읽어 보자.

### ⇨ 무엇을 토론할까

• 인종 차별, 성차별, 지역 차별 등 사회적 차별현상은 인간의 노력으로 완전히 없앨 수 있는가?
• 백인과 흑인의 조화로운 삶은 가능한가?

### ⇨ 무엇을 써 볼까

• 넬슨 만델라가 27년 동안 감옥에 있으면서 스스로 지켜야 할 점을 10가지 정했다면 어떤 항목들일지 적어 보자.
• 넬슨 만델라의 인생 곡선을 그려 보자.

# 사람 사이에 삶의 길이 있고

도종환 외(강혜원) ¦ 사계절 ¦ 2007년 ¦ 250쪽 ¦ 8,500원

| 분류 | 목적(정서 표현) ¦ 분야(인문) ¦ 시대(현대) ¦ 지역(네덜란드) | |
|---|---|---|
| 관련 교과 | 도덕 3학년 | I. 개인 가치와 도덕 문제  II. 가정 · 이웃 · 학교 생활과 도덕 문제 |
| | 국어 2-1 | 4. 읽기와 토의 |
| 새 교육과정 | 도덕 9학년 | 삶의 목적 – 자아정체성, 행복한 삶 |

삶에서 가장 소중한 가치는 무엇인가?

다른 사람의 인생에서 어떠한 교훈을 얻을 수 있는가?

가까운 사람들과 추억을 쌓는 일은 왜 소중한가?

### ➪ 어떤 책일까

삶의 길목에 서 있는 청소년들에게 소중한 길잡이 역할을 하며, 삶의 자세를 가다듬는데 도움이 되는 책이다. 청소년기는 인생을 시작하는 시기이며, 가치관을 정립하는 시기이다. 청소년들보다 앞서 세상을 살아온 인생 선배들로부터 자신의 삶을 통해 깨달은 소중한 경험을 들어보고 어떤 가치관을 가지고 어떻게 살 것인지 생각해볼 기회를 갖는다면 훨씬 알찬 청소년기를 보낼 수 있을 것이다.

이 책에 실린 다양한 수필을 통해 어떻게 살 것이며, 어떤 삶의 자세를 가져야 하는지, 사람과 사람 사이에서 따뜻함을 나누며 함께 사는 일이 왜 중요한지에 대해 생각해보고, 더 너른 세상을 꿈꾸고 계획한다면 누구보다 멋지고 보람찬 청소년기를 보낼 수 있을 것이다.

### ➪ 관련 매체에는 무엇이 있을까

**관련 매체** ¦ 『죽은 시인의 사회』 (영화)

『말할 수 없는 비밀』 (영화)

**관련 도서** ¦ 『아주 가벼운 깃털 하나』 (공지영)

## ⮑ 흥미로운 부분을 만나 보자

### 당신은 풀 한 포기보다 떳떳하게 살았습니까

이제 머지않아 4월이 오고 꽃이 필 겁니다.

그러나 봄은 꽃이 피어서 비로소 오는 것이 아니고, 풀들이 푸르게 꿈틀거리는 그 속에 이미 봄이 들어 있는 것이라는 사실을 잊어서는 안 됩니다.

풀들에 의해 봄은 비롯되고, 꽃에 의해서 완성되는 것입니다.

꽃의 화려함만으로 봄의 크기를 가늠하려 하지 말고, 풀들의 끈질긴 생명력 속에 참된 봄의 힘이 내재되어 있음을 생각해야 합니다. (30쪽)

### 엄마가 최초의 여자 아니니?

실수는 한 번으로 끝냈다. 그 다음부터는 해마다 새로 들어와서 갖가지 유형으로 새록새록 난처한 짓을 하는 소년들에게 분개하지 않았다. 나중에 커서 대형 사고 일으키는 것보다는 초보 운전 때에 경미한 접촉 사고로 때우는 편이 낫지 않겠는가? 나는 철저히 '김빼기 작전'으로 대응하였다.

김 서린 유리창마다 발가벗은 여자를 그려 놓는 녀석도 있었다.

"누구 작품이야?"

밋밋한 음성으로……. 아이들은 숨죽이고

"그 여자 글래머네, 너네 어머니셔?"

화가의 얼굴이 새빨개졌다. 나는 결코 조롱하는 게 아니었다.

"너희나 나나 엄마 젖 먹고 자랐으니까, 엄마가 최초의 여자 아니니?"

그런 식이었다. 처녀 선생이니, 내 아들 어쩌고 할 계제는 못 되고, 우리 어머니라도 동원할 수밖에. (129~130쪽)

### 청구회의 추억

1966년의 이른 봄철, 민들레 씨앗처럼 가벼운 마음으로 해후하였던 나와 이 꼬마들의 가난한 이야기는 나의 불행한 구속으로 말미암아 더욱 쓸쓸한 이야기로 잊혀지고 말 것인가…….

언젠가 먼 훗날, 나는 서오릉으로 봄철의 외로운 산책을 하고 싶다. 맑은 진달래 한 송이를 가슴에 붙이고 천천히 걸어갔다가 천천히 걸어오고 싶을 따름이다. (250쪽)

## ⮑ 다음의 방법으로 읽어 보자

- 인생의 본질이 무엇인가 생각하면서 읽어보자.
- 저자들이 삶 속에서 가장 중요하게 여긴 것은 무엇인지 파악하면서 읽어보자.
- 청소년기의 고민은 무엇이며 그 고민을 상담해줄 멘토 역할로 적합한 사람은 누구인지 생각하면서 읽어보자.
- 나는 가까운 사람들과 어떤 추억을 만들었는지 떠올리면서 읽어보자.
- 훗날 나는 어떤 저자처럼 살고 싶은지 상상하면서 읽어보자.

## ⮑ 함께 토론해 보자

### ■ 다음의 순서와 내용으로 이야기식 토의/토론을 해 보자

#### [ 배경 지식을 활용하여 책 맛보기 ]

- 청소년기에 가장 많은 영향을 미치는 사람은 누구라고 생각하는가?
- 청소년기를 왜 '질풍노도의 시기'라고 하는지 자신 또는 가까운 친구의 경우를 예로 들어 설명해 보자.
- 청소년기는 인생에서 가장 중요한 시기라고 할 수 있습니다. 그 이유는 무엇인가?

**[ 내용을 점검하며 읽기 ]**

- 〈나는 어떻게 인생을 배웠던가〉에서 저자는 이느 기대기에게 어떤 교훈을 얻게 되었나?
- 〈사는 거야 어디서 살건〉에서 저자는 참으로 어려운 삶을 살았는데, 훗날 그가 동화를 쓰는데 이러한 어려움은 어떤 역할을 할까?
- 〈그 사나이의 눈물〉에서 아버지가 돌아가셨지만 곁에 계신 이유는 무엇인가?
- 〈내 손으로 아기 기르는 재미〉에서는 아빠가 아기를 돌보게 되는데 이런 경우 좋은 점은 무엇이라고 생각하는가?
- 〈외할매 생각〉에서 저자는 외할머니에 대한 어떤 추억을 갖고 있는가?

**[ 인간의 삶이나 사회 문제와 연결하여 생각 넓히기 ]**

- 종교란 '하나의 삶의 모습'임에도 특정 종교에서는 배타적인 언어를 사용하기도 한다. 여러분은 종교의 역할이 무엇이라고 생각하는가?
- 성범죄가 끊이지 않는 이유는 무엇이며 이를 막기 위해서는 어떻게 해야 하나?
- 올바른 가치관을 갖기 위해 청소년기에 해야 할 일은 무엇이라고 생각하는가?

**■ 다음 논제로 찬반을 나누어 토론을 해 보자**

- 참사랑은 타인을 위한 것인가, 자기 자신을 위한 것인가?
  (논제 ˡ 참사랑은 타인을 위한 것이다.)
- 현재 여러분의 학교에서 이루어지는 성교육은 성에 대한 바른 가치관을 정립하는데 도움이 된다고 생각하는가, 별로 도움이 되지 않는다고 생각하는가?
  (논제 ˡ 학교 성교육 바람직하다.)
- 노인을 집에서 모시는 것과 시설에 위탁하여 모시는 것 중에서 어느 것이 더 바람직한가?
  (논제 ˡ 노인은 집에서 모셔야 한다.)

**⇨ 나의 생각을 글로 표현해 보자**

- 여러분 주변의 성차별적 요소를 찾아보고 이를 없애기 위해서는 어떻게 해야 하는지 자신의 생각을 논술해 보자.
- 현재 여러분의 마음에 품고 있는 고민이 있다면 누구에게 털어놓을지 대상을 정해 입말투로 풀어 놓아 보자.
- 지금까지 살아오면서 내가 만난 사람 중에서 가장 마음에 남은 사람을 소개하는 글을 써 보자.

중학교
교과별
추천도서로
만든

# 사회

# 사회과 추천도서 목록 일람표

| 도서명 | 저자명 | 출판사 | 출판연도 | 관련교과 | 대단원 |
|---|---|---|---|---|---|
| 바람의 딸, 우리 땅에 서다 | 한비야 | 푸른숲 | 2006 | 사회 1학년 | I. 지역과 사회 탐구<br>II. 중부 지방의 생활  III. 남부지방의 생활 |
| 세상에서 가장 재미있는 세계지도 | 재미있는 지리학회 | 북스토리 | 2004 | 사회 1학년 | V. 아시아 및 아프리카의 생활<br>VI. 유럽의 생활 |
| 코페르니쿠스, 인류의 눈을 밝히다 | 미하일 일리인 | 서해 | 2005 | 사회 1학년 | VII. 아메리카 및 오세아니아의 생활 |
| 나의 권리를 말한다 | 전대원 | 뜨이돌 | 2008 | 사회 3학년 | I. 민주정치와 시민참여 |
| 앨버트로스의 똥으로 만든 나라 | 후투타 야스시 | 서해문집 | 2006 | 사회 1학년 | VII. 인간사회와 역사 |
| 교과서를 만든 지리속 인물들 | 서정훈 | 글담 | 2006 | 사회 1학년 | I. 지역과 사회탐구 외 |
| 동에 번쩍 서에 번쩍 우리 나라 지리 이야기 | 조지욱 | 사계절 | 2008 | 사회 1학년 | I. 지역과 사회탐구 외 |
| 말랑하고 쫀득한 세계사 이야기 | W 버나드 칼슨 | 푸른숲 | 2009 | 사회 1학년 | VI. 유럽의 생활 |
| 교과서에 나오는 유네스코 세계 문화유산 I 아시아 | 이형준 | 시공사 주니어 | 2009 | 사회 1학년 | V. 아시아 및 아프리카의 생활 |
| 거꾸로 읽는 세계사 | 유시민 | 푸른나무 | 2008 | 사회 2학년 | IV. 현대 세계의 전개 |
| 세계지도로 역사를 읽는다 | 타케미츠 마코토 | 황금가지 | 2001 | 사회 2학년 | I. 유럽 세계의 형성 |
| 소년병 평화의 길을 열다 | 사토 다다오 | 검둥소 | 2005 | 사회 2학년 | IV. 현대 세계의 전개 |

# 바람의 딸, 우리 땅에 서다

한비야 | 푸른 숲 | 2006년 | 350쪽 | 9,800원

| 분류 | | 목적(정보전달) | 분야(사회) | 시대(현대) | 지역(한국) |
|------|------|--------------------------------|------------|------------|------------|
| 관련 교과 | 사회 1학년 | I. 지역과 사회 탐구 II. 중부 지방의 생활 III. 남부지방의 생활 | | | |
| | 사회 고 1 | 국토와 지리 정보 | | | |

일제 시대 우리나라 지명이 어떻게 바뀌었을까?

우리가 흰색 옷을 즐겨입게 된 까닭은 무엇일까?

여행을 다니며 조심해야 할 것은 어떤 것들이 있을까?

### ⇨ 어떤 책일까

이 책은 전라남도 해남군 땅끝 마을에서부터 강원도 고성군 통일전망대까지 800km, 즉 2,000리에 이르는 우리 땅을 49일간 두 발로 걸으려 쓴 국토 종단기이다. 중국 속담 중에 '세상에서 제일 그리기 쉬운 것은 귀신, 제일 그리기 어려운 것은 동네 강아지'라며 우리나라 국토 종단기 쓰기의 어려움을 토로하면서도 국토 종단을 하며 겪은 여러 에피소드들, 그 과정에서 느낀 여러 감정들과 사람 사이에서 느껴지는 따뜻함을 누구라고 그곳에 가보고 싶어할 정도로 잘 표현하였다.

이 책은 저자가 직접 그린 그림을 수록하여 때로는 유쾌하게, 때로는 따뜻하게, 저자가 전해주는 우리 땅, 우리 사람들의 이야기를 더욱 실감나게 전해주고 도보 여행 정보를 제공하여 자신도 모르게 여행에 동참하게끔 이끌어주고 있다.

### ⇨ 관련 매체에는 무엇이 있을까

**관련 매체** 『월드비전』 (구호단체 사이트)

**관련 도서** 『한비야의 중국 견문록』 (한비야)

『바람의 딸, 걸어서 지구 세바퀴 반』 (한비야)

『지도 밖으로 행군하다』 (한비야), 『나의 문화유산 답사기』 (유홍준)

### ⇨ 어떻게 읽을까

• 각 지역을 여행하며 느낀 작자의 감정을 정리하면서 읽어 보자.

• 여행을 위해 준비해야 할 것들이 무엇이 있을지 생각하며 읽어 보자.

• 여행이 주는 즐거움은 무엇일지 상상하면서 읽어 보자.

### ⇨ 무엇을 토론할까

• 이 세상에 변해야 할 것과 변하지 말아야 할 것은 무엇이 있을까?

• 문화가 사람을 만들까, 사람이 문화를 만들어 갈까?

### ⇨ 무엇을 써 볼까

• 여행을 하며 부모님께 편지를 써 보자.

• '한 걸음의 힘'이 중요한 이유를 써 보자.

# 세상에서 가장 재미있는 세계지도

재미있는 지리학회 | 북스토리 | 2004년 | 224쪽 | 8,000원

| 분류 | 목적(정보전달) | 분야(인문) | 시대(현대) | 지역(전세계) | |
|---|---|---|---|---|---|
| 관련 교과 | 사회 1학년 | V. 아시아 및 아프리카의 생활  VI. 유럽의 생활  VII. 아메리카 및 오세아니아의 역사 | | | |
| | 사회 고 1 | 자연 환경과 인간 생활 | | | |

그런데 과연 우주에서도 국경선이 보일까?

덥지 않은 사막이 있는 곳은 어디일까?

펭귄과 바다표범이 무더운 적도 주변에서 사는 이유는?

### ⇨ 어떤 책일까

이 책은 지리와 관련된 재미있는 여러 가지 이야기를 모은 책이다. 국경선, 바다의 경계, 날짜변경선 등 지리적 경계에 대한 신기한 사실들을 그 유래와 함께 설명하고, 세계 곳곳의 마을의 지리적 특성에 대해 살펴보았다. 또한 강아니 바다, 산과 사막 같은 자연지리, 지형적 요소의 현재 상황이나 주목할 만한 변화에 대해 살피고, 그 원리를 설명하였다. 그 외에도 지명이나 국명, 기후와 기상, 지도와 국기, 명소 및 토산품에 대하여 잘 알려져 있지 않은 재미있는 지식을 제공하였다.
이 책은 교과서에선 찾아볼 수 없는 지구촌 곳곳의 비밀을 파헤친 책이다. 이 책을 통해 깊지는 않지만 세계에 대한 보다 많은 상식을 배우고, 보다 넓은 세계관을 가지게 될 것이다.

### ⇨ 관련 매체에는 무엇이 있을까

**관련 매체** | 『지리세계』 (지도 45닷컴)
**관련 도서** | 『대단한 지구여행』 (윤경철) 푸른길
　　　　　　 『세계지리 오디세이』 (장서우밍, 가오팡잉)
　　　　　　 『세계지도의 비밀』 (롬 인터내셔널)
　　　　　　 『대단한 세계지리』 (마르틴느 발로르)

### ⇨ 어떻게 읽을까

• 책 속에 등장하는 지역을 지도 속에서 찾아보면서 읽어 보자.
• 각 지역에 얽힌 역사를 조사해보면서 읽어 보자.
• 책에서 사용된 지리용어의 뜻을 해석하면서 읽어 보자.

### ⇨ 무엇을 토론할까

• 자연 환경이 인간에 주는 영향에는 어떠한 것이 있을까?
• 지리적 배경이 비슷하면 역사도 비슷한 경험을 하게 될까?

### ⇨ 무엇을 써 볼까

• 지구 반대편에 있는 나라를 찾아 그 나라의 또래 친구에게 안부의 편지를 써 보자.
• 지구촌 사람들이 서로를 더 가깝게 느낄 수 있는 방안을 논술해 보자.

# 코페르니쿠스, 인류의 눈을 밝히다

미하일 일리인 ¦ 서해문집 ¦ 2008년 ¦ 280쪽 ¦ 11,900원

| **분류** | 목적(정보전달) ¦ 분야(인문) ¦ 시대(중세) ¦ 지역(세계) |
|---|---|
| **관련 교과** ¦ **사회 1학년** | VII. 아메리카 및 오세아니아의 역사 |

금을 만드는 데 실패한 연금술이 남긴 금보다 소중한 보석은 무엇일까?

레오나르도 다빈치가 수많은 업적을 쌓은 이유는 무엇일까?

성 바실리 대성당에 숨겨진 비밀은 무엇일까?

### ⇨ 어떤 책일까

《코페르니쿠스, 인류의 눈을 밝히다》는 역경과 억압을 뚫고 새로운 세계를 발견해 가는 인류의 모습을 그리고 있다. 중세 사회는 종교가 지배하고 있었다. 모든 학문은 종교를 위해 존재했고, 종교의 권위에 흠집을 내는 어떤 행위도 용납하지 않았다. 그러나 인간의 진리를 향한 열정, 미지의 세계에 대한 호기심을 막을 수는 없었다. 종교의 폭압과 싸우면서 진실을 밝히려고 한 이들이 있었고, 미지의 세계를 용감하게 탐험한 이들이 있었다.

중세 인류가 중세의 암흑 시기에서도 한걸음씩 역사를 발전시키는 과정을 풍부한 시각 자료를 곁들여 옛날이야기처럼 쉽고 재미있게 서술하여 인간과 역사의 발전 과정을 자연스럽게 이해하게 해 주고, 그러한 이해를 바탕으로 우리가 만들어 갈 미래에 대한 고민의 출발점이 되어 줄 것이다.

### ⇨ 관련 매체에는 무엇이 있을까

**관련 매체** ¦ 『브레이브하트』 (영화)

**관련 도서** ¦ 『코페르니쿠스』 (하인츠 슈폰젤)

『원숭이 땅으로 내려오다』 (미하일 일리인)

『제우스, 올림포스 산으로 밀려나다』 (미하일 일리인)

### ⇨ 어떻게 읽을까

• 콜럼버스는 아메리카 인디언들에게 어떤 존재였을까 생각해 본다.

• 조르다노 브루노가 죽음을 맞으면서까지 지키려고 한 건 무엇이었을지 생각해 본다.

### ⇨ 무엇을 토론할까

• 세상을 혼란스럽게 할 수 있는 진실은 숨겨야 할까, 알려져야 할까?

• 역사는 누구에 의해 발전하는 것일까?

### ⇨ 무엇을 써 볼까

• 진실을 밝히기 위해 탄압받은 사람들에게 위로의 편지를 써 보자.

• 역사를 발전시킨다는 것은 어떤 의미가 있는지 써 보자.

# 나의 권리를 말한다

전대원 | 뜨인돌 | 2008년 | 240쪽 | 11,000원

| 분류 | 목적(사회적 상호작용) | 분야(사회) | 시대(현대) | 지역(한국) | | |
|---|---|---|---|---|---|---|
| 관련 교과 | 사회 3학년 | I. 민주정치와 시민참여 | | | | |
| | 도덕 1학년 | II. 가정 · 이웃 · 학교 생활 예절  1. 행복한 가정 | | | | |
| | 사회  법과 사회 | 권리를 통해 사회 읽기 | | | | |

왜 권리는 종종 사람의 위 아래를 구별할까?

왕으로까지 비유되는 소비자는 얼마나 왕 대접을 받고 있을까?

의무를 거부하는 자에게도 권리가 주어져야 하는 것일까?

---

### ⇨ 어떤 책일까

『나의 권리를 말한다』는 2007년, 한 재벌회장의 보복 폭행 사건에 대해 오마이뉴스 시민 기자가 쓴 하나의 기사로부터 시작되었다. '고물상 내 아버지는 못 누렸지만 김 회장이 100% 누린 피의자 인권'이라는 제목의 기사가 바로 그것이다. 이 기사는 '법이 가진 자를 옹호한다'라는 허탈감을 느낀 국민들에게 '피의자 권리'에 대한 개념을 일깨워 주며 독자들의 폭발적인 반응을 얻었다. 이 기사로부터 시작하여 개인에게 주어진 권리에 대해 다룬 것이 『나의 권리를 말한다』이다.

현직 고등학교 「법과 사회」 교사인 저자는 천부인권, 행복추구권, 교육권, 피의자 인권, 노동기본권, 거주권 등 14가지 권리 문제를 쉬운 구어체 문장으로 풀어냈다. 이는 한 사람이 태어나 살아가고 죽는 과정을 자연스럽게 따라가는 구조이다. 특히 한 사람의 가장으로서, 까칠한 교사로서, 사회학 공부를 하는 학생으로서 보고 느낀 바를 진솔하게 다루어, 주독자 대상인 청소년은 물론이고 성인들에게도 좋은 반응을 얻고 있다. 놓치고 살기 쉬운, 그러나 반드시 알고 살아야 하는 권리 문제를 누구나 쉽게 읽을 수 있는 교양서로 풀어냈다는 점에서 의의를 가지는 인문교양서다.

### ⇨ 관련 매체에는 무엇이 있을까

**관련 도서** | 『권리를 위한 투쟁』 (루돌프 폰 예링)

## 흥미로운 부분을 만나 보자

사람은 마땅히 존중받아야 할 고귀한 존재이고 태어남과 동시에 하느님으로부터 어느 누구에게도 침해받을 수 없는 인권을 보장받았습니다. 혹시 신을 믿지 않으신다면 자연적으로 부여받은 자연권의 개념으로 이해하셔도 됩니다. 우리가 앞으로 이야기할 문제들은 모두 이 전제로부터 출발합니다. 만약 이를 부인한다면 우리 사회의 근본부터 부정하는 일들일 수 있습니다. (34~35쪽)

푸코라는 학자는 군대와 학교가 유사한 모습을 띠는 이유를 잘 규명하였습니다. 그의 저서 『감시와 처벌』은 개개인의 몸을 규율하고 길들이는 시스템을 감옥을 통해 설명하고 있습니다. 이러한 규율 시스템은 단지 감옥에만 있는 것이 아니라, 학교와 군대, 병원, 공장 등 근대 사회가 만들어낸 각종 조직에서 공통적으로 나타납니다. (중략)
이 영화의 명장면은 찰리채플린이 컨베이어 벨트의 톱니바퀴에 끼어 돌아가는 장면입니다. 규율화된 조직사회 속에서 힘을 잃은 인간의 모습을 상징적으로 잘 표현하여, '영화 속 인상적인 장면'하면 빠지지 않습니다. (91~92쪽)

결국 소비자가 손해를 보지 않고 합리적인 소비를 하기 위해서는 많은 정보를 알고 있어야 합니다. 모르면 속을 수 있고, 권력을 넘겨주게 되며 비합리적으로 많은 돈을 지불하고 상품을 사게 됩니다. 그래서 소비자의 권리 중에서 가장 중요한 권리가 '제품에 대하여 충분하게 들을 권리'입니다. 충분하고 올바른 설명을 들어야만 소비자는 이 상품이 자신에게 필요한 물건인지 아닌지 여부를 판단할 수 있게 됩니다. (179쪽)

## 다음의 방법으로 읽어 보자

• 자신의 보장받고 있는 권리가 무엇이 있는지 정리하면서 읽어보자.
• 권리의 원리를 쉽게 설명할 수 있도록 정리하면서 읽어보자.
• 우리의 권리가 법적으로 잘 보장받고 있는지 분석하면서 읽어보자.
• 권리가 보장받게 된 역사적 사건과 연계해서 읽어보자.

## 함께 토론해 보자

■ 다음의 순서와 내용으로 이야기식 토의/토론을 해 보자
[ 배경 지식을 활용하여 책 맛보기 ]
• 우리나라 현대사에서 인권이 보장되지 않았던 시기는 언제였으며, 그 시기의 특징은 무엇이었는지 말해보자.
• 우리나라의 권리 보장과 다른 나라와 비교해보자.
• 다른 나라와는 다른 우리나라 역사의 특수성과 권리에 대해 말해보자.

[ 내용을 점검하며 읽기 ]
• 우리나라에서 모성권이 잘 보장받지 못하는 이유는 무엇일까?
• 이 책에서 나오는 권리 중에서 꼭 보장되어야 한다고 생각하는 것을 그 이유와 함께 말해보자.
• 권리를 보장해줄 때의 장·단점에 대해 말해보자.

[ 인간의 삶이나 사회 문제와 연결하여 생각 넓히기 ]
• 현재 우리의 권리 의식에 대해 자신의 생각을 말해보자.
• 권리와 의무에 대해 자신의 생각을 말해보자.
• 범죄자의 권리에 대해 자신의 생각을 말해보자.

■ **다음 논제로 찬반을 나누어 토론을 해 보자**

- 의무를 거부하는 사람의 권리는 인정해주어야 할까?
  (논제ᛁ 의무를 거부하는 사람의 권리를 인정해서는 안된다.)
- 범죄자의 인권은 보호해주어야 할까?
  (논제ᛁ 범죄자의 인권도 보호해야 한다.)
- 지식은 개인의 소유인가?
  (논제ᛁ 지식은 개인의 소유이다.)

⇨ **나의 생각을 글로 표현해 보자**

- 지금도 자신과 우리의 권리를 지키기 위해 국가와 싸우고 있는 사람들에게 자신의 생각을 전달하는 내용의 편지를 써보자.
- 국가가 발전하기 위해 권리는 어떤 역할을 해야할지 그 방안에 대해 논술해보자.
- 자신의 권리와 자신의 해야 할 의무가 대립할 때 어떻게 해야할 것인지 책속의 사례를 생각하며 써보자.

# 앨버트로스의 똥으로 만든 나라

후루타 야스시 | 서해문집 | 2006년 | 118쪽 | 8,000원

| 분류 | 목적(정보전달) | 분야(사회) | 시대(현대) | 지역(오세아니아) |
| --- | --- | --- | --- | --- |
| 관련 교과 | 사회 1학년 | VII. 인간사회와 역사 | | |
| | 사회 2학년 | IV. 현대 세계의 전개 2. 제 2차 세계대전과 전후의 세계 | | |
| | 사회 고 1 | 국민 경제와 합리적 선택 | | |

나우루 공화국은 어떻게 만들어진 국가일까요?

나우루 공화국은 어떻게 부자 국가가 되었을까요?

나우루 공화국이 위기를 겪게 된 이유가 무엇일까요?

### ⇌ 어떤 책일까

이 책은 바티칸과 모나코에 이어 세계에서 세 번째로 규모가 작은 독립국인 나우루 공화국의 이야기를 일러스트와 함께 담은 책이다. 앨버트로스라는 새의 똥이 쌓여 남태평양에서 생겨난 작은 섬이 두 차례의 세계대전을 거치면서 나우루 공화국으로 독립한 이야기, 비료의 원료가 되는 풍부한 인광석 덕분에 세계 최고 수준의 부자나라가 되어 국민들이 일하지 않아도 먹고 놀고 자며 살 수 있게 된 이야기 등을 담고 있다.

이 책은 100년 사이에 전혀 다른 모습으로 변해버린 나우루 공화국을 통해 정치, 자원, 노동, 그리고 인간을 행복하게 하는 진정한 조건을 생각할 계기를 마련해주고 있다.

### ⇌ 관련 매체에는 무엇이 있을까

**관련 매체** | 『세계를 보는 창 W』(TV프로그램)

**관련 도서** | 『환경의 역습 1 지구온난화』 (조영선)

『지구온난화 충격리포트』 (야마모토 류이치)

『낙원을 팝니다 – 지구의 미래를 경험한 작은섬 나우루』 (칼 N. 맥대니얼)

### ⇌ 어떻게 읽을까

• 나우루 공화국 사람들이 최근 100년 동안 어떤 변화를 겪었는지 정리하면서 읽어 보자.

• 나우루 공화국 사람들은 부자가 된 후 어떻게 살았는지 생각하면서 읽어 보자.

• 자신이 나우루 공화국의 대통령이었다면 어떤 정책을 펼칠 것인지 생각하면서 읽어 보자.

### ⇌ 무엇을 토론할까

• 나우루 공화국의 100년 동안의 경험이 주는 교훈은 무엇일까?

• 국토 개발과 발전, 그리고 전통문화 수호 중 어떤 것이 가치있는 것일까?

### ⇌ 무엇을 써 볼까

• 지구 온난화로 인해 국가전체가 없어질지도 모르는 나우루 공화국 국민에게 위로의 편지를 써 보자.

• 국가 발전과 사회복지가 모두 이루어질 수 있는 방안에 대해 논술해 보자.

# 교과서를 만든 지리 속 인물들

서정훈 | 글담출판사 | 2006년 | 220쪽 | 11,800원

| 분류 | 목적(정보전달) | 분야(기타) | 시대(고대 – 현대) | 지역(전 세계) |
|---|---|---|---|---|
| 관련 교과 | 사회 1학년 | I. 지역과 사회 탐구 | | |
| | 사회 고 1 | 자연 환경과 인간 생활 | | |

세계 최초로 세계 일주를 완성해낸 사람은 누구일까?
몽골 문화와 닮은 우리 문화는 어떤 것이 있을까?
아프리카의 최남단은 정말 희망봉일까?

### ⇨ 어떤 책일까

청소년에게 '지리'는 지루하고 재미없는 교과목으로 인식된다. 그것은 '지리'가 정말로 따분한 과목이라서가 아니라, 청소년들이 흥미롭게 읽을 '지리' 도서가 절대적으로 부족하기 때문이다. 이에 현직에서 직접 지리를 가르치는 지리 교사가 청소년 눈높이에 맞는 '지리 교양서'를 펴냈다.

"교과서를 만든 지리 속 인물들"은 청소년에게 익숙한 지리 속 인물들의 삶을 통해 지리에 대한 호기심과 재미를 먼저 키워준다. 그리고 지리 속 인물들의 탐험과 삶의 과정을 함께 경험하며 청소년들에게 꼭 필요한 지리 지식도 자세하게 짚어준다. 단순히 흥미 위주의 탐험가, 지리학자 이야기에 그치지 않고, 청소년이 꼭 알아야 할 교과서 속 지리 지식을 함께 읽을 수 있어, 인물사와 교과 지식을 통합적으로 살펴볼 수 있다.

딱딱하고 재미없던 '지리 지식'이 청소년의 독서 수준에 맞춰 쉽고 재미있게 서술되어 있으며, 많은 사진 자료와 일러스트, 자세한 지도 등을 곁들여 책읽기에 대한 부담감을 덜어주었다.

### ⇨ 관련 매체에는 무엇이 있을까

**관련 매체** 『지리세계』 (지도 45닷컴)
**관련 도서** 『교과서를 만든 인물 시리즈』 (송영심 외)
『세상에서 가장 재미있는 세계지도』 (재미있는 지리학회)

## ⮑ 흥미로운 부분을 만나 보자

옛날 사람들은 지구가 평평하다고 생각했습니다. 그 사람들에게는 상상 속의 큰 코끼리나 거북이가 지구를 등에 지고 있기 때문에 멀리 항해할 경우에는 떨어져 죽을 것이라는 공포감이 있었습니다. 하지만 마젤란 함대가 3년여 만에 다시 제자리로 돌아옴으로써 지구가 둥글다는 것이 증명되었으며 생각보다 훨씬 더 크다는 것도 알게되었습니다. (25쪽)

몽골 제국의 등장으로 유라시아 대륙이 하나로 통합되었습니다. 몽골은 유라시아 대륙의 역사를 하나로 녹여버리는 용광로와 같았습니다. 몽골인들이 역사 전면에 나서기 이전에는 동양과 서양은 각각 별개로 움직여 왔습니다. 이런 점에서 몽골 제국을 일으켜 세운 칭기즈칸은 진정한 세계사의 탄생을 알리는 선구자였으며 이때부터 동서 간에 대대적인 인적·물적 교류가 이루어지게 됩니다. (88쪽)

유럽인들이 그들만의 세계를 세상의 전부로 알고 있던 시절, 마르코 폴로는 기나긴 동방 여행을 마치고 새로운 세상에 대한 이야기 주머니를 풀어 놓았습니다. '나무 타는 검은 돌(석탄)', '불에 타지 않는 천(석면)', '황금의 나라 지팡구(일본)', '종이 화폐' 등 도저히 믿을 수 없는 내용을 보고 사람들은 마르코 폴로를 허풍쟁이라 비웃기도 했습니다. 하지만 동방에 대한 호기심이 커지면서 신세계가 열리는 데 많은 공헌을 했습니다. (152쪽)

## ⮑ 다음의 방법으로 읽어 보자
- 책에서 등장하는 인물들을 교과서에서 찾아 어떤 일을 했는지 정리하면서 읽어 보자.
- 책에서 등장하는 각 나라들의 지형, 환경, 역사, 문화 등을 정리하면서 읽어 보자.
- 지리 속 인물들의 활동으로 인해 끼쳐진 영향이 무엇인지 정리하면서 읽어 보자.
- 김정호의 지도 제작 원리가 새롭고 과학적인 시도였다는 것을 구체적인 예를 정리하면서 읽어 보자.

## ⮑ 함께 토론해 보자
### ■ 다음의 순서와 내용으로 이야기식 토의/토론을 해 보자
#### [ 배경 지식을 활용하여 책 맛보기 ]
- 전 세계적으로 지명이 인물의 이름을 따서 붙인 사례는 어떤 것이 있는지 말해 보자.
- 새로운 것을 처음 발견한(또는 알게된) 사람들은 처음에 어떤 평가를 받았는지 말해 보자.
- 오늘날의 세계지도와 오늘날의 우리나라 지도를 제작한 사람들이 어떻게 지도를 제작했는지 비교해 보자.

#### [ 내용을 점검하며 읽기 ]
- 허드슨은 왜 쉬운 길을 포기하고 얼음 바다인 어려운 길을 택했을까요?
- 많은 유럽인들이 새로운 땅을 찾아 간 이유가 무엇일까? 그들의 행위는 정당화될 수 있을까?
- 책 속에 등장하는 인물 중 가장 위대하다고 생각하는 인물을 선정하고 그 이유를 말해 보자.

#### [ 인간의 삶이나 사회 문제와 연결하여 생각 넓히기 ]
- 강대국이 식민지를 만드는 것에 대해 자신의 생각을 말해 보자.
- 탐험과 정복에 대해 자신의 생각을 말해 보자.

### ■ 다음 논제로 찬반을 나누어 토론을 해 보자
- 영토는 원래 살던 사람의 것인가, 힘 있는 사람의 것인가.
  (논제ㅣ침략행위는 어떠한 이유로도 정당화 될 수 없다.)
- 콜럼버스는 개척자인가, 정복자인가?
  (논제ㅣ신대륙은 원래부터 존재하던 곳이다.)

- 지명은 정복한 사람의 이름을 붙여야 할까, 원주민이 사용하던 이름을 붙여야 할까?

  (논제 I 세계 여러 나라 사람들이 알 수 있는 지명을 사용해야 한다.)

  (논제 I 원주민이 살아가던 방식을 단번에 바꾸라고 할 수는 없다.)

⇨ **나의 생각을 글로 표현해 보자**

- 세계를 무대로 활동한 탐험가에게 탐험가에 대한 느낌을 편지 형식으로 써 보자.
- 우리 사회를 개발하거나 개척할 때 환경을 파괴하지 않으면서 사용하기 편리하게 할 수 있는 방안에 대해 생각을 써 보자.
- 자신의 동네에 잘 알려지지 않은 곳을 탐험하고, 탐험한 곳에 새 이름을 지어주고 탐험한 느낌과 과정을 기록해 보자.

# 동에 번쩍 서에 번쩍 우리나라 지리이야기

조지욱 | 사계절 | 2008년 | 256쪽 | 12,000원

| 분류 | 목적(정보전달) | 분야(인문) | 시대(현대) | 지역(세계) | |
|---|---|---|---|---|---|
| 관련 교과 | 사회 1학년 | I. 지역과 사회 탐구 | | | |
| | 한국지리 고 1 | | | | |

서울과 도쿄는 왜 같은 시간을 쓸까?

대동여지도는 왜 우수한 지도일까?

대구는 왜 우리나라에서 가장 더울까?

### ⇨ 어떤 책일까

이 책은 지리에 대한 흥미를 북돋아 주고 지리를 보는 눈을 열어주는 지리 교양서이다. 이 책은 크게 국토 이야기, 지도 이야기, 기후 이야기, 지형 이야기, 자원과 산업 이야기, 인구와 도시 이야기, 개발과 환경 이야기, 북한 이야기 등 총 8개의 장으로 나뉘어져 있다. 각각의 장은 지리의 핵심을 보여주면서 흥미를 유발할 수 있는 테마를 선별, 재치있게 서술하였다.

이 책은 무미건조한 교과서식 체계를 넘어 전체 내용을 주제 중심, 문제 해결 중심으로 재편하였다. 실생활 경험에서 나오는 질문과 흥미거리를 중심으로 지리 교과서의 내용에 접근하여 학생들이 쉽게 이해할 수 있도록 하였다.

### ⇨ 관련 매체에는 무엇이 있을까

**관련 매체** | 『지리세계』 (지도 45닷컴)

**관련 도서** | 『세상에서 가장 재미있는 세계지도』 (재미있는 지리학회)

『대단한 지구여행』 (윤경철)

『세계지리 오디세이』 (장서우밍, 가오팡잉)

『세계지도의 비밀』 (롬 인터내셔널)

『대단한 세계지리』 (마르틴느 발로르)

　　서울과 도쿄는 같은 시간을 쓴다. 하지만 실제로 서울은 동경 127°에, 도쿄는 동경 140°에 자리잡고 있다. 경도 15°가 1시간이니까, 실제 서울과 도쿄의 경도 간격은 13°로, 거의 1시간 차이가 나는 거리에 두 도시가 있다. 그래서 도쿄에서 해가 4시에 지면 서울에서는 5시에 진다. 그런데 이상한 것은 우리나라가 동경 124°~132°에 걸쳐 있지만 우리의 시간을 결정하는 동경 135° 표준 경선은 일본을 지난다는 사실이다. (중략)

　　우리나라를 지나는 표준 경선은 127.5°이다. 그런데 이 선을 표준시로 쓰면 세계 표준시와 달리 30분 단위로 표준 시간을 정해야 한다. 따라서 지금 시간은 변경하면 혼란이 발생하고, 국제적으로도 엄청난 조정 과정이 필요하기 때문에 바꾸지 않고 그냥 쓰고 있다. (18~19쪽)

　　고산자 김정호는 청구도를 보완하여 1861년에 대동여지도 초판을 제작하였다. 대동여지도는 해안선의 모양이 실제에 가까워서 지금 당장 해안 지형을 답사할 수 있을 정도이며, 산줄기의 표현방법도 높은 산지는 선을 굵게, 낮은 산지는 선을 가늘게 하여 매우 과학적이다. (중략)

　　이 처럼 대동여지도를 하나하나 뜯어보면 김정호라는 지리학자가 얼마나 대단한지, 그리고 당시 우리나라의 지도 제작 기술이 얼마나 높은 수준이었는지 알 수 있다. (48~50쪽)

　　밀물과 썰물은 지구와 달, 태양이 서로 당기는 인력 때문에 하루에 두 번씩 해수면이 오르내리는 현상이다. 서해안에서 바다가 갈라지는 기적 현상이 일어나는 것도 알고 보면 밀물과 썰물 때문이다. 밀물과 썰물의 차가 큰 해안은 주로 갯벌이 발달하기 때문에 양식업이나 어업에 유리하지만 항구로 이용하기는 불편하다. (중략)

　　한편, 동해안은 수심이 깊고 조차가 거의 없지만 해안선이 단조로워서 물 살이 세다. 따라서 대부분의 동해안 항구는 방파제를 건설하여 이용하고 있다. (133~135쪽)


⇨ 다음의 방법으로 읽어 보자
• 이 책에 나오는 지리 용어를 정리하면서 읽어 보자.
• 우리나라 기후의 특징을 쉽게 설명 할 수 있도록 정리하면서 읽어 보자.
• 우리나라 지형이 어떻게 만들어졌는지 정리하면서 읽어 보자.
• 도시가 만들어지는 원리에 대해 생각하면서 읽어 보자.
• 이 책의 저자가 말하는 환경이야기에 대해 동의하거나 동의하지 않는 부분을 정리하면서 읽어 보자.


⇨ 함께 토론해 보자
■ 다음의 순서와 내용으로 이야기식 토의/토론을 해 보자
　[ 배경 지식을 활용하여 책 맛보기 ]
• 우리나라와 비슷한 위도, 경도에는 어떤 나라가 있는지 말해 보자.
• 태풍을 다른 지역에서는 무엇이라 부르며 어떤 특징이 있는지 비교해 보자.
• 인구 증가율이 낮은 국가의 정책에 대해 말해 보자.

　[ 내용을 점검하며 읽기 ]
• 서울에 없는 대나무 숲이 왜 같은 위도의 강릉엔 있을까?
• 우리나라에서 비가 가장 많은 지역은 어느 지역이며 이유가 무엇일까?
• 황사는 어떻게 우리나라로 오며 막는 방법은 무엇인지 자신의 생각을 말해 보자.
• 환경 파괴를 막기 위해 어떤 노력을 해야 할지 자신의 생각을 말해 보자.
• 지역 개발의 장단점에 대해 자신의 생각을 말해 보자.

[ 인간의 삶이나 사회 문제와 연결하여 생각 넓히기 ]

• 외국인 노동자에 대해 자신의 생각을 말해 보자.

• 일본과 같은 시간을 쓰고 있는 것에 대해 자신의 생각을 말해 보자.

• 님비와 핌피에 대해 자신의 생각을 말해 보자.

## ■ 다음 논제로 찬반을 나누어 토론을 해 보자

• 우리나라는 아기를 많이 낳아야 할까, 적게 낳아야 할까?

　(논제 ¦ 우리나라는 아기를 많이 낳아야 한다.)

• 환경보존이 우선일까, 개발이 우선일까?

　(논제 ¦ 환경 보존이 우선이다.)

• 단일 민족 의식을 지켜야 할까?

　(논제 ¦ 단일 민족의식을 지켜야 한다.)

## ⇨ 나의 생각을 글로 표현해 보자

• 환경을 보존하면서 국토를 잘 활용할 방안에 대해 논술해 보자.

• 지리와 문화의 상관관계에 대해 구체적인 사례를 들어 글을 써 보자.

• 우리나라 자원과 산업에 대한 내용을 중심으로독후감상문을 써 보자.

# 말랑하고 쫀득한 세계사 이야기 3

W.버나드칼슨 | 푸른 숲 | 2009년 | 291쪽 | 16,500원

| **분류** | 목적(정보전달) | 분야(사회) | 시대(근대 – 현대) | 지역(유럽, 미국) |
|---|---|---|---|---|
| **관련 교과** | **사회 3학년** | VI. 유럽의 생활 | | |
| | **세계사 고 2 · 3** | VI. 조선사회의 변동  1. 붕당정치와 탕평책 | | |

인류가 발명하고 발견한 새로운 과학기술이 어떻게 역사를 변화시켰을까?
미국이 식민지에서 산업강국으로 발전한 까닭은 무엇일까?
소련과 나치 독일이 몰락한 이유는 무엇일까?

### ⇨ 어떤 책일까

이 책은 유럽의 문화적 기반을 뒤흔든 종교 개혁으로 과학 혁명을 시작으로, 유럽과 미국에서 일
어난 산업혁명, 철강과 화학 · 전기 산업 분야에서 기술혁신을 이루어 낸 독일, 20세기 소비자 사
회의 변화 등을 살펴보는 책이다. 이 책은 인류의 기술 발달이라는 과학적인 면이 주가되어 인류
의 변화과정을 살피게 되니 인문학 쪽보다는 자연계 쪽에서 바라보는 세계사라는 신선한 느낌을
받을 수 있게 된다.
이 책은 테마를 가지고 세계사를 진행하고 있기 때문에 역사적 사건을 단순히 시대적 순서대로
나열하는 것이 아니라 시대와 시대, 사건과 사건 사이에서 숨겨진 인과고리를 절묘하게 짚어내
었기 때문에 그간의 세계사 책을 읽으며 가졌던 궁금증을 다소나마 해소시켜줄 것이다.

### ⇨ 관련 매체에는 무엇이 있을까

**관련 매체** 『타박타박 세계사』, 『역사속으로』 (TV프로그램)
**관련 도서** 『말랑하고 쫀득한 지리이야기』 (케네스 C. 데이비스)
　　　　　　『살아있는 세계사 교과서』 (전국역사교사모임)
　　　　　　『교실 밖 세계사 여행』 (김성환)

### ⇨ 어떻게 읽을까

• 시대별로 어떠한 기술이 발견, 발명 되었는지 정리하면서 읽어 보자.
• 기술의 발전으로 인해 인간의 삶에 어떠한 영향을 끼쳤는지 정리하면서 읽어 보자.
• 교과서를 보며 시간적 흐름을 정리하면서 읽어 보자.

### ⇨ 무엇을 토론할까

• 기술의 발전은 인간에게 축복일까, 재앙일까?
• 인간이 기계에 맞추어야 할까, 기계가 인간에 맞추어야 할까?

### ⇨ 무엇을 써 볼까

• 인류의 미래를 짊어진 과학자들에게 부탁의 편지를 써 보자.
• 기술의 발전을 인간에게 이롭게 하기 위한 방안은 무엇이 있을지 논술해 보자.

# 교과서에 나오는 유네스코 세계문화유산 | 아시아

이형준 | 시공주니어 | 2009년 | 368쪽 | 18,000원

| 분류 | 목적(정보전달) | 분야(인문) | 시대(고대 – 중세) | 지역(아시아) | | |
|---|---|---|---|---|---|---|
| 관련 교과 | 사회 1학년 | | V. 아시아 및 아프리카의 생활 | | | |
| | 세계사 고 2 · 3 | | 아시아 세계의 확대와 동서교류 | | | |

아시아의 유네스코 문화유산은 무엇이 있을까?
각 세계 문화유산은 어떤 역사적 배경에서 만들어진 것일까?
문화유산 중에서는 인류가 부끄러워 해야 할 유적지도 있다?

### ✑ 어떤 책일까
이 책은 교과서에 나오는 세계 문화유산들을 선정해 생생한 사진과 글을 통해 설명한 책으로 인류의 문화와 특성, 삶이 총체적으로 담긴 세계문화유산을 학생들의 눈높이에 맞춰 소개하였다. 이 책에서는 우리와 가까우며 우리 역사와 관계가 깊은 일본, 중국 뿐아니라 아시아이지만 멀게 느껴지는 이란과 우즈베키스탄, 지금 이 순간에도 테러와 전쟁이 계속되고 있는 이스라엘과, 아시아와 유럽의 경계에 있는 터키까지 아시아 주요 나라의 중요한 문화유산을 빠짐없이 소개하였다.
이 책은 각 문화유산을 소개하기에 앞서 그 문화유산이 속한 나라에 대한 전체적인 설명을 하고 있다. 이는 역사를 통해 문화유산을 이해하려는 노력이고, 뿐만아니라 건축기법, 문화적 특징, 그 문화유산을 만들게 된 사람들의 이야기까지 풍부한 정보를 수록하였다.

### ✑ 관련 매체에는 무엇이 있을까
**관련 매체** 『유네스코 세계문화유산』 (유네스코 세계문화유산 센터)
**관련 도서** 『교과서에 나오는 유네스코 세계문화유산 – 유럽편』 (이형준)
　　　　　　『세계문화유산 시리즈』 (세계문명사를 연구하는 모임)
　　　　　　『유네스코 세계문화유산 』 (베텔스만 유네스코 편집위원회)

### ✑ 어떻게 읽을까
• 각각의 문화유산이 만들어진 시대의 역사를 함께 공부하면서 읽어 보자.
• 우리나라에는 어떤 세계문화유산이 있는지 찾아 보자.
• 문화유산을 만들게 된 사람들의 마음을 생각하며 읽어 보자.

### ✑ 무엇을 토론할까
• 문화유산은 현재를 살아가는 우리에게 어떠한 의미가 있는 것일까?
• 문화유산은 어떠한 것이 가치가 있는 것일까?

### ✑ 무엇을 써 볼까
• 문화유산을 만든 사람들에게 고마은 마음을 표현하는 편지를 써 보자.
• 문화유산을 제대로 보호하고 보존하기 위한 방안을 논술해 보자.

# 거꾸로 읽는 세계사

유시민 | 푸른나무 | 2008년 | 400쪽 | 13,000원

| **분류** | 목적(정보전달) | 분야(사회) | 시대(현대) | 지역(전세계) | | |
|---|---|---|---|---|---|---|
| **관련 교과** | **사회 2학년** | IV. 현대 세계의 전개 | | | | |
| | **세계사 고 2 · 3** | 제국주의와 두 차례의 세계대전, 전후 세계의 발전 | | | | |

프랑스 정부는 왜 드레퓌스를 다시 재판하지 않으려 했을까?

1차 세계대전은 정말 총알 하나 때문에 일어났을까?

히틀러가 세계대전을 일으킨 것은 전쟁광이었기 때문일까?

### ⇗ 어떤 책일까

이 책은 세계사의 역사적인 사건을 통해 근대사를 조명한 책이다. 세계사 가운데 굵직하게 일어났던 사건들을 중심으로 정리한 것으로 교과서에서는 잘 다루지 않는 사회주의의 몰락과 베트남전, 일본의 역사왜곡과 독일의 통일에 이르기까지 현대사를 바라보았다. 저자는 세계 근현대사가 발전하는 과정에서 사람들의 용기와 열정 그리고 이상이 어떠했는지를 말하고자 한다. 그리고 에피소드와 인물 중심의 이야기를 통해 흥미를 끌면서 세계사적 의의를 들려주었다.

이 책은 독특한 시선과 냉철한 견해를 바탕으로 양식 없는 보수주의 자들의 교과서와 매스컴으로 주입한 맹목적 반공주의와 냉전 이데올로기에 대한 저항과 공정한 역사를 바라보는 눈을 기르게 하며, 현재를 낳은 용기있는 사람들을 기억하기 위해서 읽어볼 만하다.

### ⇗ 관련 매체에는 무엇이 있을까

**관련 매체** | 『타박타박 세계사』 (TV프로그램)

**관련 도서** | 『역사에세이』 (장수한)

『내 머리로 생각하는 역사이야기 』 (유시민)

『살아있는 세계사 교과서』 (전국역사교사모임)

『교실 밖 세계사 여행』 (김성환)

## ⇨ 흥미로운 부분을 만나 보자

무엇보다도 프랑스 국민들은 극심한 사회 혼란을 겪으면서 인권을 존중하는 것이 얼마나 중요한지를 뼈아프게 깨달았다. 드레퓌스 사건이 사회문제로 번진 것은 사람들이 처음부터 그가 결백하다고 믿었기 때문이 아니다. 문제는 공정한 절차를 따르지 않았고, 증거가 뚜렷하지 않은데도 유죄를 선고했다는데 있었다. (중략)

졸라는 양심에 따라 행동하는 참다운 지식인으로서 본보기를 보여주었다. 그래서 불합리한 사회제도에 맞서 사회를 개혁하는 일에 적극 뛰어든 것이 프랑스 지식인 사회의 자랑스런 전통으로 뿌리내렸다. (32~33쪽)

사라예보 사건은 전쟁에 불을 붙이는 도화선 구실은 했지만 전쟁의 원인이라고 할 수는 없다. 꼭 1941년이었을 필요도 없고 황태자가 반드시 죽었어야 할 필연적인 이유도 없다. 전쟁을 처음 시작한 나라가 오스트리아와 세르비아가 아니었어도 좋다. 하지만 자본주의 강대국들이 식민지를 넓히는 데 혈안이 되어, 남의 것을 빼앗는 것 말고는 다른 길이 없었기 때문에 전쟁을 피할 수가 없는 일이었다. 이렇게 보면 제 1차 세계대전은 '필연적으로 일어날 수밖에 없었던 사건'인 것이다. (중략)

오늘날까지도 '위대한 조국을 위하여'라느니 어쩌니 하는 달콤한 말로 민중을 현혹하여 싸움터로 내몰려는 집단이 곳곳에서 활개를 치고 있다. 과학기술은 발전하지만 인간정신에도 진보가 정말 없는 것일까? (78~79쪽)

4월 혁명은 '실패한 혁명'이 아니라 '미완(未完)의 혁명'이다. 4월의 주역들이 숱하게 변절하고 좌절하여 군사정권에 빌붙거나 체제에 적응해 버렸지만, 해마다 4월이 오면 수유리 묘지에 수천 수만의 참배객이 모여들어 최루탄 가스를 마셔가며 "4월 정신 계승하여 민주주의 이룩하자", "독재 지원 미국 반대"라는 구호를 외친 것이 바로 어제까지의 일이었다. (중략)

4월 혁명은 드골 정부를 주저앉힌 프랑스 학생운동과 미국 대륙을 휩쓴 대학생들이 베트남전 반대운동 등 세계 각국을 휩쓴 학생운동의 서곡이었다. (264~266쪽)

## ⇨ 다음의 방법으로 읽어 보자

- 각각의 주제에 해당하는 사건이 왜 일어났는지 생각하면서 읽어 보자.
- 대공황이 발생하는 과정을 정리하면서 읽어 보자.
- 우리나라에서는 부정적으로 여겨지는 공산주의가 중국을 지배하게 된 이유에 대해 생각하면서 읽어 보자.
- 전쟁을 통해 얻어지는 것과 잃는 것을 생각하면서 읽어 보자.

## ⇨ 함께 토론해 보자
### ■ 다음의 순서와 내용으로 이야기식 토의/토론을 해 보자
**[ 배경 지식을 활용하여 책 맛보기 ]**
- 대공황 같은 사례를 방지하기 위하여 내세운 경제 이론은 어떤 특징이 있는지 말해 보자.
- 자본주의와 공산주의의 장단점을 비교해 보자.
- 아돌프 히틀러 시기의 독일과 자본주의의 문제점에 대해 말해 보자.

**[ 내용을 점검하며 읽기 ]**
- 졸라는 왜 드레퓌스 사건을 진실을 밝히려 하였는가?
- 1차 세계 대전이 일어난 원인은 우연일까 필연일까?
- 미국에서 흑인들이 차별 받았던 내용 중 가장 충격적인 내용을 말해 보자.
- 독일의 통일을 보며 우리는 어떠한 노력을 해야 할지 자신의 생각을 말해 보자.
- 일본이 역사를 왜곡하는 이유에 대해 말해 보자. 그리고 그에 대해 우리는 어떻게 대처해야 할지 자신의 생각을 말해 보자.

**[ 인간의 삶이나 사회 문제와 연결하여 생각 넓히기 ]**

- 역사적으로, 또는 현재에 용기있게 행동한 인물에 대해 평가해 보자.
- 국가와 국가, 개인과 개인의 평등은 이루어져야 하는지에 대해 자신의 생각을 말해 보자.
- 역사가 진보하기 위해서는 어떠한 노력을 해야 할지 자신의 생각을 말해 보자.

**■ 다음 논제로 찬반을 나누어 토론을 해 보자**

- 드레퓌스 사건에서 진실을 숨기려던 사람들은 국가를 위해서일까, 개인을 위해서였을까?
  (논제 │ 드레퓌스 사건에서 진실을 숨기려던 사람들은 국가를 위해서 그랬다.)
- 내부고발은 옳은 것인가?
  (논제 │ 내부고발은 옳은 것이다.)
- 2차 세계대전의 발발원인은 히틀러 개인에게 있는가, 당시 사회에 있는가?
  (논제 │ 2차 세계대전의 발발원인은 히틀러 개인에게 있다.)
- 팔레스타인 사람들이 고향에서 쫓겨나는 이유는 정당한 것인가?
  (논제 │ 팔레스타인 사람들이 고향에서 쫓겨나는 것은 정당하다.)

**⇨ 나의 생각을 글로 표현해 보자**

- 히틀러의 모습을 보면서 진정 국가를 위한 지도자는 어떠한 인물이어야 하는지 구체적인 예를 들어가며 논술 해 보자.
- 진실을 밝히기 위해서는 어떠한 노력을 해야하는지 말해 보자.

# 세계지도로 역사를 읽는다

타케미츠 마코토 ¦ 황금가지 ¦ 2001년 ¦ 228쪽 ¦ 8,000원

| 분류 | 목적(정보전달) ¦ 분야(사회) ¦ 시대(고대 - 현대) ¦ 지역(전세계) | |
|------|------|------|
| 관련 교과 | 사회 2학년 | I. 유럽 세계의 형성 |
| | 세계사 고 2 · 3 | 3. 지각의 물질 3. 지표의 변화 |

약소 민족이 넓은 영토를 제패할 수 있었던 이유는 무엇일까?

강대국의 위협으로부터 문화와 긍지를 지킨 나라는 어디가 있을까?

종교 대립으로 분열된 나라는 어디가 있을까?

지금도 계속적으로 싸움이 계속되고 있는 지역은 어디가 있을까?

### ⇨ 어떤 책일까

이 책은 늘 변하고 있는 세계지도를 통해 세계사의 흥미 깊은 사건들을 소개한 책이다. 세계사에는 민족의 발전, 정복과 피정복이 있었으며 몽고, 이슬람, 오스만 투르크 등의 대제국이 탄생했다가 멸망해 갔다. 그러므로 각 민족의 세력권이나 국경은 시대에 따라 눈이 부실 정도로 변하고 있다. 그리고 그러한 역사적 전환의 시기에는 알렉산더 대왕, 클레오 파트라 등 우리에게 잘 알려진 흥미 깊은 영웅이 있다. 이러한 인물들을 지도를 통하여 흥망성쇠를 알아 볼 수 있을 것이다.

이 책은 지도를 단서로 삼아 민족의 공방을 중심으로 지금까지의 역사를 그렸다. 그 과정을 통해 현대 사회를 이룬 과거 인물들의 모습을 확인할 수 있을 것이다.

### ⇨ 관련 매체에는 무엇이 있을까

**관련 매체** ¦ 『타박타박 세계사』, 『역사속으로』 (TV프로그램)

**관련 도서** ¦ 『지도로 보는 세계사』 (조르주 뒤비의)

　　　　　『지도로 보는 세계사』 (미야자키 마사카쓰)

　　　　　『지도로 보는 세계전쟁사』 (바이잉)

　　　　　『지도로 보는 한국사』 (김용만)

⇨ **흥미로운 부분을 만나 보자**

로마시대 스위스는 게르만인에 대한 로마 제국의 방어적 거점을 맡고 있었는데 민족 대이동에 의해 게르만인이 스위스를 제압하자 그 지역은 프랑크 왕국이 되었고, 이어서 신성로마 제국의 영역에 포함되었다. (중략)

최대의 종교 전쟁이라고 불리는 독일의 〈30년 전쟁〉이 거의 끝나가던 1647년, 스위스의 모든 소국들이 무장 중립을 정한 〈방위 군사 협정〉이 만들어졌는데 이것은 그 시점에서 스위스 내부의 담합에 지나지 않았다. 그리고 30년 전쟁을 끝내는 조약인 웨스트파리아 조약에서 스위스의 독립이 국제적으로 인정을 받자 신성로마 제국의 경계는 스위스 동쪽으로 옮겨졌다. 1674년에 스위스는 유럽 국가들에 대해 무장 중립을 공식으로 선언했는데 이 방침은 현재까지 이어지고 있다. (80~83쪽)

622년, 마호메트가 메카에서 메디나로 이주한 것을 〈헤지라〉라고 하는데 이것이 이슬람교 탄생이라고 볼 수 있다. 교주인 마호메트는 630년에 아라비아 반도를 통일하고 동서로 정복 활동을 되풀이 했다. (중략)

쿠웨이트는 1961년 쿠웨이트 제후국으로 독립했고, 이라크는 1958년의 혁명에 의해 공화제가 되었다. 그리고 최근에 쿠웨이트를 병합시키려는 이라크의 계획이 있었던 것이다. (111~113쪽)

로마에 의해 본거지에서 쫓겨난 유태인들은 사방으로 흩어졌다. 그들은 국가를 잃었지만 유태교도 단결은 유지했기 때문에 중세에는 유럽 각지에서 유태인 집단의 활약을 엿볼 수 있다. (중략)

영국의 이러한 애매한 태도가 제1차 세계대전 이후의 팔레스타인의 혼란을 초래한 것이라고 할 수 있다. 1947년, 국제연합은 팔레스타인을 이스라엘과 아랍 국가로 분할하여 예루살렘은 국제관리하기로 결정했다. 그 결과 네 번에 걸친 중동 전쟁이 발생했다. 이 전쟁에 의해 현재의 이스라엘 영역이 확정되었다. (115~119쪽)

⇨ **다음의 방법으로 읽어 보자**
- 세계지도를 펴고 여러 나라들의 관계들을 정리하면서 읽어 보자.
- 국경에 새겨진 민족성쇠의 역사를 파악하면서 읽어 보자.
- 국기와 국가간의 관계가 지도와 역사에 어떠한 영향을 주는지 파악하면서 읽어 보자.
- 이 책에서 등장하는 지역이나 국가에 대한 정보 또는 신문기사를 찾아보면서 읽어 보자.

⇨ **함께 토론해 보자**

■ **다음의 순서와 내용으로 이야기식 토의/토론을 해 보자**

**[ 배경 지식을 활용하여 책 맛보기 ]**
- 2차 세계대전 당시 다른 나라에 지배받지 않은 나라가 얼마나 되는지 말해 보자.
- 독립국을 유지했던 국가들의 배경을 비교해 보자.
- 강대국의 위험 속에서 생존하려면 어떻게 해야할지 말해 보자.

**[ 내용을 점검하며 읽기 ]**
- 팔레스타인에서 왜 유태인과 아랍인은 싸움을 멈추지 않을까?
- 유고에서 분쟁이 일어난 이유가 무었을까?
- 열강이 만든 비극의 역사 중에서 가장 비극적인 사례를 말해 보자.
- 현재의 분쟁이 없어지게 하기 위해서는 어떠한 노력을 해야할지 자신의 생각을 말해 보자.
- 이 책에서 변화와 성공을 막는 가장 큰 요인으로 무엇을 말하고 있는가? (두려움)

[ 인간의 삶이나 사회 문제와 연결하여 생각 넓히기 ]

• 우리나라는 과연 통일이 되어야 할지 자신의 생각을 말해 보자.

• 6.25 전쟁의 책임은 과연 누구에게 있는지 자신의 생각을 말해 보자.

• 전쟁은 과연 필요한 것인지 자신의 생각을 말해 보자.

■ **다음 논제로 찬반을 나누어 토론을 해 보자**

• 티베트는 독립되어야 할까, 중국에 속해 있어야 할까.

　(논제ㅣ 티베트는 독립되어야 한다.)

• 다민족 국가는 해체되어야 할까 공존해야 할까.

　(논제ㅣ 다민족 국가는 해체되어야 한다.)

• 우리는 단일민족을 유지해야 할까, 다른 민족을 받아들여야 할까.

　(논제ㅣ 우리나라는 단일민족을 유지해야 한다.)

• 북한과 통일을 해야 할 것인가. (논제ㅣ 북한과 통일해야 한다.)

▷ **나의 생각을 글로 표현해 보자**

• 국경이라는 개념이 무의미해져가는 세계화의 추세 속에서 우리 민족이 살아남기 위한 방안에 대해 논술해 보자.

• 앞으로 우리 주변 또는 전세계적으로 전쟁이 일어나지 않게 하려면 어떠한 노력을 해야할지 민족 분쟁이 일어났던 사례로 비추어 논술해 보자.

# 소년병, 평화의 길을 열다

사토 다다오 | 김둥소 | 2007년 | 262쪽 | 11,000원

| **분류** | 목적(설득) | 분야(사회) | 시대(현대) | 지역(전세계) | | |
|---|---|---|---|---|---|---|
| **관련 교과** | **사회 2학년** | IV. 현대 세계의 전개 | | | | |
| | **공통사회 고 1** | 국토와 지리 정보 | | | | |

민족에 우열이 있을까?

종교는 전쟁의 원인이 될 수 있을까?

약육강식의 법칙은 사실일까?

### ⇨ 어떤 책일까

이 책은 2차세계대전을 전후하여 일어났던 전쟁들에 대해 소개하며 전쟁의 원인을 밝히며 전쟁 없이 평화롭게 살아가기를 제안한 책이다. 이 책의 저자는 소년병이었다. 저자는 일본이 만주를 침략하여 본격적인 군국주의의 길로 들어서기 한 해 전인 1930년에 태어나 군군수년으로 길러 졌다. 일본에서는 패전의 충격과 고통 속에서 저자와 같은 군국 소년들이 자연스럽게 전쟁의 참혹함과 어리석음을 깨달았다. 2차세계대전을 전후하여 수많은 전쟁이 일어났고 수 많은 국가들이 승리하였지만 여전히 전쟁은 끝나지 않았고 여전히 많은 전쟁 피해자들이 발생하고 있다는 점을 지적하였다.

### ⇨ 관련 매체에는 무엇이 있을까

**관련 매체** 『평화를 지키는 작지만 큰 힘』(인터넷 평화학교)

**관련 도서** 『현대사 다시 읽기』(한홍구)

　　　　　『나는 폭력의 세기를 고발한다』(박노자)

　　　　　『전쟁과 평화』(톨스토이)

　　　　　『평화는 힘이 세다』(로라자페)

### ⇨ 어떻게 읽을까

• 전쟁이 일어난 원인을 생각해보면서 읽어 보자.

• 평화롭게 살기 위해서는 어떤 노력을 해야할지 생각하면서 읽어 보자.

• 전쟁들로 인한 여러 피해사례를 조사해보면서 읽어 보자.

### ⇨ 무엇을 토론할까

• 전쟁을 막기 위한 방법에는 어떠한 것들이 있을까?

• 우리는 전쟁 피해자일까? 가해자일까?

### ⇨ 무엇을 써 볼까

• 베트남 전쟁에서 우리나라 군인에 의해 피해입은 사람들에게 사과의 편지를 써 보자.

• 세계화 시대에 모든 사람들이 갈등하지 않고 살 수 있는 방안에 대해 논술해 보자.

중학교
교과별
추천도서로
만든

# 국사

# 국사과 추천도서 목록 일람표

| 도서명 | 저자명 | 출판사 | 출판 연도 | 관련 교과 | 대단원 |
|---|---|---|---|---|---|
| 다시 발견하는 한국사 | 이한 | 뜨인돌 | 2008 | 국사 2.3학년 | 전단원 |
| 삼국시대 사람들은 어떻게 살았을까 | 한국 역사 연구회 | 청년사 | 2005 | 국사 2학년 | II. 삼국의 성립과 발전 |
| 국사시간에 세계사 공부하기 | 김정 | 웅진 | 2007 | 국사 2.3학년 | 전단원 |
| 식민지 소년 | 김하기 | 청년사 | 2007 | 국사 3학년 | VII. 개화와 자주운동 VIII. 주권 수호 운동의 전개 |
| 이야기가 있는 경복궁 나들이 | 강경선 외 | 역사넷 | 2000 | 국사 3학년 | V. 조선의 성립과 발전 |
| 미술로 보는 우리 역사 | 전국역사 교과서모임 | 푸른나무 | 2006 | 국사 2.3학년 | I. 우리나라 역사의 시작 VI. 조선사회의 변동 |
| 살아있는 한국사 교과서 2 | 전국역사 교과서모임 | 휴머니스트 | 2007 | 국사 3학년 | X. 대한민국의 발전 |
| 나의 문화유산 답사기 3 | 유홍준 | 창비 | 2000 | 국사 2학년 | II. 삼국의 성립과 발전 III. 통일신라와 발해 |
| 오 하느님 | 조정래 | 문학동네 | 2007 | 국사 3학년 | VII. 주권 수호운동의 전개 |

# 다시 발견하는 한국사

이 한 ㅣ 뜨인돌 ㅣ 2008년 ㅣ 381쪽 ㅣ 13,000원

| 분류 | 목적(정보전달) ㅣ 분야(사회) ㅣ 시대(고대 - 중세) ㅣ 지역(한국) | |
|---|---|---|
| 관련 교과 | 국사 2 · 3학년 | 전단원 |
| | 국사 고 1학년 | 우리 역사의 형성과 발전 |

부여에서 심한 가뭄이 들면 왕의 목을 자른 이유는?

온달은 정말 바보였을까?

고려 무신정권 시절 무신들은 왜 스스로 왕이 되지 않았을까?

### ⇨ 어떤 책일까

이 책은 단군신화부터 고려시대까지의 역사 중에서 흥미진진하면서도 시대의 흐름과 맥을 짚는 데 중요한 59가지 테마를 골라 이야기를 풀어간 책이다. 문익점이 목화씨를 숨겨와 퍼뜨렸다는 것이 사실이 아니라는 것, 가야의 조상들이 진시황을 두려움에 떨게했던 흉노족이라는 사실, 이차돈은 법흥왕의 왕권강화를 위한 희생 제물이었다는 것 등 역사에 숨겨진 사실과 상식을 바꿀 수 있는 내용이 많다.

이 책은 역사 속 사건을 통해 역사에 대한 새로운 시각을 제시하고 생각하고 탐구하면서 역사에 흥미를 가질 수 있도록 하였고, 책 사이사이에 역사 가상 극장을 만화로 삽입해 도움이 읽는 재미를 더해 주고 있다.

### ⇨ 관련 매체에는 무엇이 있을까

**관련 매체** 『시간여행 역사속으로』(TV프로그램)

**관련 도서** 『교실 밖 국사 여행』(역사학 연구소)

　　　　『하룻밤에 읽는 한국사』(최응범)

　　　　『삼국시대 사람들은 어떻게 살았을까』(한국역사학연구회)

### ⇨ 어떻게 읽을까

• 교과서에는 어떤 내용이 있는지 비교하면서 읽어 보자.

• 책에서 등장하는 여러 인물들을 자세히 조사하면서 읽어 보자.

• 책 제목에서 질문하는 내용에 스스로 답을 하면서 읽어 보자.

### ⇨ 무엇을 토론할까

• 같은 역사적 사실을 두고 다양한 역사 해석은 가능한가?

• 발해는 우리나라 역사인가?

### ⇨ 무엇을 써 볼까

• 당시 귀족들에 의해 바보가 된 온달에게 위로의 편지를 써 보자.

• 객관적인 역사를 쓰기 위한 방안에 대해 논술해 보자.

# 삼국시대 사람들은 어떻게 살았을까

한국역사연구회 | 청년사 | 2005년 | 378쪽 | 18,000원

| 분류 | 목적(정보전달) | 분야(사회) | 시대(고대) | 지역(한국) | |
|---|---|---|---|---|---|
| 관련 교과 | 국사 2학년 | II. 삼국의 성립과 발전 | | | |
| | 세계사 고2·3 | 고대의 사회구조와 사회생활 | | | |

삼국 간에 말이 통했을까?

우리나라 최초의 성씨는 무엇이었을까?

시장에서 기우제를 지낸 이유가 무엇이었을까?

---

### ⇨ 어떤 책일까

이 책은 고대인들이 무엇을 먹고 입고 어디에서 잠을 잤는지 생생한 삶의 모습을 접할 수 있게 한 책으로 그들이 어떤 과정을 거쳐서 오늘날 우리와 비슷한 모습으로 살게 되었는지 알게 해준다. 이 책에서 우리는 원시, 고대 사회만이 간직하고 있는 고유한 특질을 비롯하여 오늘날 우리로서는 상상하기 힘든 고대사회의 건강성을 만날 수 있고, 고대인들의 삶에 깃들인 역사적 의미도 하나하나 곱씹어 볼 수 있을 것이다.

이 책은 고대사는 아득히 먼 옛날의 '좋은 역사'가 아니라 바로 우리 곁에서 살아 숨쉬고 있는 '산 역사'라는 사실을 깨닫게 해준다. 계층간 갈등의 뿌리를 비롯하여 남북 분단의 극복 주체인 민족의 형성, 급변하는 국제 질서에 슬기롭게 대응하던 고대인들의 지혜 등을 보면서 '고대사는 바로 현재 역사의 시작이었구나'라는 깨달음을 얻을 것이다.

### ⇨ 관련 매체에는 무엇이 있을까

**관련 매체** | 『시간여행 역사속으로』 (TV프로그램 역사스페셜)

**관련 도서** | 『조선 사람들은 어떻게 살았을까』 (한국역사연구회)

『고려 시대 사람들은 어떻게 살았을까』 (한국역사연구회)

『일상으로 본 조선시대 이야기 1,2』 (정연식)

『옛날에도 일요일이 있었나요』 (민병덕)

### 흥미로운 부분을 만나 보자

고대 사회의 지배계급은 관복(官服)으로 오채(伍彩) 찬란한 비단옷을 입었으나 일반 백성들은 흰색 의복을 입었다. (중략) 〈고려도경〉에 보면 당시 여자 옷에는 색깔을 들이지 않는 풍습이 있었고, 나라에서 꽃무늬 있는 비단 옷을 금지하자 백성들이 잘 따랐다고 한다. 특히 여자들은 흰 모시 저고리에 노란 치마를 입었는데 귀족부터 일반인까지 동일하였다고 한다. (40~42쪽)

김춘추가 연개소문이나 선도해와 대화를 나눌 때 통역이 필요했을까, 아니면 통역 없이도 서로 이야기할 수 있었을까? (중략) 적어도 어떤 사람이 쓰는 말을 가지고 고구려 사람인가를 구별해 내기가 어려울 정도로, 혹은 별다른 준비 없이 신라 사람이 고구려 승려의 불교 강연을 들을 수 있을 정도로 두 언어가 비슷했다. (251~252쪽)

성씨는 삼국시대부터 사용되기 시작했지만, 이 시기에는 아직 사농층이 매우 제한되어 있었다. 조선시대에 만들어진 족보에는 많은 성씨가 삼국시대 혹은 그보다 더 일찍부터 있었던 것처럼 쓰여 있지만, 여기에는 전설적인 요소가 많다. 더욱이 족보라고 하는 것은 윤색되기 쉬운 특징을 갖고 있기에, 그 기재 내용을 사실로 확인하기란 대단히 어렵다. 족보류의 기록을 제외한다면, 삼국에서 사용된 성씨는 얼마되지 않는다. (중략)
세 나라 모두 각기 20개 안팎의 성씨가 사용되었다는 말이 된다. 이 성씨들은 대부분 왕족과 귀족들의 전유물이었다. 삼국의 성씨 가운데는 왕이 하사한 성씨가 많았는데, 신라에서 육부 제도를 갖추면서 각 부에 성씨를 하나씩 내려주었다고 하는 것이 그 대표적인 예이다. (318~319쪽)

### 다음의 방법으로 읽어 보자
• 고대인과 현재 우리의 생활모습을 비교 대조해가면서 읽어 보자.
• 삼국시대의 사회기풍을 통하여 당시의 사람들은 무엇을 중요하게 생각했는지 정리하면서 읽어 보자.
• 삼국시대의 세 나라와 중국, 일본 간의 관계는 어땠을지 정리하면서 읽어 보자.
• 고대인들의 의 · 식 · 주는 어땠는지 정리하면서 읽어 보자.

### 함께 토론해 보자
■ 다음의 순서와 내용으로 이야기식 토의/토론을 해 보자
[ 배경 지식을 활용하여 책 맛보기 ]
• 한반도에서 최초로 옷을 입기 시작한 것이 언제이고 어떤 옷을 입었는지 말해 보자.
• 다른 지역 고대의 무덤과 우리나라 고대의 무덤을 비교해 보자.
• 다른 나라의 성과 우리나라의 성을 비교해 보자.

[ 내용을 점검하며 읽기 ]
• 옛날 사람들도 음주가무를 즐겼을까?
• 왜 기술이 좋은 장인들이 대우를 받지 못하게 되었을까?
• 고대 사람과 우리의 생활 모습이 비슷한 점을 찾아 보자.

[ 인간의 삶이나 사회 문제와 연결하여 생각 넓히기 ]
• "고구려나 발해가 중국 역사의 일부이다"라는 중국의 주장에 대해 어떻게 생각하는가?
• 자신이 역사가라면 지금 현재 남북으로 분단되어 있는 현실을 어떻게 평가할 것인가?
• 옛날 오래전의 역사를 연구하고 공부해야 할 이유에 대해 자신의 생각을 말해 보자.

■ **다음 논제로 찬반을 나누어 토론을 해 보자**

• 고대 삼국은 서로 영향을 주고 받았을까?

　(논제 ¦ 모든 나라는 서로 영향을 주고 받는다.)

• 우리의 문화는 개인 중심의 문화일까?

　(논제 ¦ 우리는 농경사회로서 집단을 중시하는 문화이다.)

• 불교를 도입하려 한 것은 백성들의 마음을 평안하게 하기 위해서 였을까, 정치적인 목적이었을까?

　(논제 ¦ 정치적인 목적 때문에 불교를 도입했다.)


⇨ **나의 생각을 글로 표현해 보자**

• 자신이 삼국시대에 살고 있는 신라 귀족이라고 생각하고, 오늘 무슨 일이 있었는지 가상으로 일기를 써 보자.

• 고구려 사람들을 우리의 조상으로 인식할 수 있게 하는 방안은 무엇인가?

• 북한과 통일하기 위해서는 어떤 노력을 해야할까?

# 국사 시간에 세계사 공부하기

김정 | 웅진주니어 | 2007년 | 222쪽 | 12,000원

| 분류 | 목적(정보전달) | 분야(인문) | 시대(고대 - 현대) | 지역(전세계) |
|---|---|---|---|---|
| 관련 교과 | 국사 2 · 3학년 | | 전단원 | |
| | 국사 고 1학년 | 한국 근현대사 고 2 · 3 | 전단원 | |
| | 세계사 고 2 · 3 | | 전단원 | |

우리나라 고인돌과 이집트의 피라미드에는 어떤 공통점이 있을까?

신라의 삼국 통일과 프랑크 왕국의 서유럽 통일 사이에는 무슨 관계가 있을까?

고려의 무신 정권과 일본의 무사 권력은 어떤 차이가 있을까?

### ⇨ 어떤 책일까

이 책에서는 우리나라 고인돌과 이집트 피라미드의 공통점을, 고려의 무신 정권과 일본 무사 권력의 차이점을, 사회주의 붕괴와 한국의 IMF 사이의 연관성을 알아보고 있다. 국사 시간에 세계사 공부하기는 국사와 세계사 사이의 연결 고리를 찾아 주는 역할을 하고 있다.

개정 교육과정의 역사 교육은 국사와 세계사를 통합하는 과목이 될 것이라고 한다. 이 책은 이런 흐름에 맞춰 통합 역사 교육을 최초로 시도한 책이다. 국사와 세계사의 흐름을 함께 살펴봐야 진정한 역사의 의미를 찾고, 생각하는 힘도 커질 것이다.

### ⇨ 관련 매체에는 무엇이 있을까

**관련 매체** | 『타박타박 세계사』 『역사 속으로』 (TV프로그램)

**관련 도서** | 『살아있는 한국사 교과서 1』 (전국역사교사 모임)

　　　　　 　『살아있는 세계사 교과서』 (전국역사교사모임)

⇨ **흥미로운 부분을 만나 보자**

거대한 피라미드와 스핑크스는 당시 이집트 문명이 상당히 발달했다는 것, 그 곳 지배자의 권력이 아주 강했다는 것을 알려준다. 그들은 고인돌을 만든 지배자와는 비교할 수 없을 정도로 강했다. 피라미드는 고인돌보다 먼저 만들어졌지만 더 발전된 모습을 하고 있다. 이집트가 우리나라보다 먼저 국가를 이루었기 때문이다. 그렇다고 기분 나빠 할 일이 아니다. 시간의 차이가 있을 뿐, 우리나라도 세계사의 흐름에 맞추어 문명으로 진입했으니 말이다. 우리나라 곳곳에 서 있는 고인돌이 바로 그 증거이다. (16쪽)

외국의 무사권력은 고려의 무신 정권과 닮은 점도 있지만 다른 점도 많았다. 고려에서는 권력이 문신 손에서 무신 손으로 넘어갔을 뿐 중앙집권적 국가 체제에는 변함이 없었다. 반면 유럽과 일본에서는 무사들이 각 지방을 차지해서 권력을 나누어 갖는 지방 분권 체제가 나타났다. 또 힘센 무사가 약한 무사에게 땅을 주고 그 대가로 충성을 약속 받는 주종 관계도 나타났다. (중략)
유럽과 일본의 봉건제도는 힘센 무사가 약한 무사에게 땅을 선물하면서 시작되었다. 약한 무사는 그 대가로 충성을 맹세했다. 그리고 각 무사들은 자기 땅에서 영주가 되어 그 땅을 독립적으로 다스렸다. 따라서 이 시대 권력은 중앙에 모여 있는 중앙 집권이 아니라 각 영주에게 분산되어 있는 지방 분권이었다. (64~68쪽)

동아시아 3국의 운명을 이렇게 갈렸다. '관건은 개항 이후 주체적으로 노력했는가, 그렇지 않았는가?'였다. 청나라와 조선은 정치적 안정과 근대적 개혁을 완성하지 못한 채 반식민지와 식민지로 떨어졌고, 일본만은 재빠르게 근대적 개혁에 착수하여 제국의 길로 나아갔다. (120쪽)

⇨ **다음의 방법으로 읽어 보자**
• 국사 교과서에 이 책의 내용을 정리하면서 읽어 보자.
• 삼국시대에 불교가 전파된 이유와 인도에서 불교가 창시된 이유의 공통점과 차이를 정리하면서 읽어 보자.
• 개항의 시기 한 · 중 · 일 삼국이 대응했던 방법을 비교 대조하면서 읽어 보자.
• 우리나라 경제가 발전하게 된 이유를 세계 경제의 상황과 연결하여 정리하면서 읽어 보자.

⇨ **함께 토론해 보자**
■ **다음의 순서와 내용으로 이야기식 토의/토론을 해 보자**
[ **배경 지식을 활용하여 책 맛보기** ]
• 고인돌과 피라미드와 비슷한 유물이 또 어떤 것이 있는지 말해 보자.
• 우리 역사속에서 프랑스 혁명과 비슷한 사건을 찾아보고 서로 비교해 보자.
• 우리나라 역사의 보편성에 대해 말해 보자.
• 우리나라 역사의 특수성에 대해 말해 보자.

[ **내용을 점검하며 읽기** ]
• 고려가 머나먼 이슬람 상인들과 교류할 수 있었던 배경은 무엇일까?
• 조선이 영국과 같이 제국주의 국가로 성장하지 못한 이유는 무엇일까?
• 개화기에 있었던 여러 사건 중 가장 공감하는 사건을 그 이유와 함께 말해 보자.

[ 인간의 삶이나 사회 문제와 연결하여 생각 넓히기 ]

• 영 · 정조의 정책에 대해 자신의 생각을 말해보자.

• 비폭력적 저항 운동에 대해 자신의 생각을 말해보자.

• 6.25 전쟁과 관련하여 미군과 중국군의 역할에 대해 자신의 생각을 말해보자.


## ■ 다음 논제로 찬반을 나누어 토론을 해 보자

• 신라의 통일은 진정한 삼국통일인가?

  (논제 ' 신라의 통일은 진정한 삼국통일이다.)

• 동학 농민 운동은 성공인가?

  (논제 ' 동학 농민 운동은 성공이다.)

• 한반도의 남북 분단은 우리 민족만의 문제인가.

  (논제 ' 한반도의 남북 분단은 우리 민족만의 문제이다.)


## ⇨ 나의 생각을 글로 표현해 보자

• 국사와 세계사의 연계성에 대해 독후감상문을 써 보자.

• 세계의 다른 문화를 받아들일 때 어떠한 태도여야 하는지 논술해 보자.

• 세계사의 흐름에 맞추어 살아간다는 것은 어떻게 사는 것인지 구체적인 방안을 제시하시오.

# 식민지 소년

김하기 | 청년사 | 2007년 | 222쪽 | 8,800원

| 분류 | 목적(정서표현) | 분야(사회) | 시대(근대 – 현대) | 지역(한국) | |
|---|---|---|---|---|---|
| 관련 교과 | **국사 3학년** | VI. 개화와 자주운동  VII.주권 수호 운동의 전개 | | | |
| | **한국 근현대사 2 · 3학년** | 민족 독립 운동의 전개 – 현대 사회의 발전 | | | |

일제 시대 시절 일본은 우리나라 사람들에게 어떤 교육을 했을까?
힘든 식민지 시절을 버틸 수 있도록 한 강 선생님은 무엇을 가르치시려고 했을까?
외경이 누나는 왜 서둘러 결혼을 했을까?

### ⇨ 어떤 책일까

이 책은 작가가 어린 시절 겪었던 일제 강점기의 경험을 토대로 지은 소설이다. 주인공 '나(김덕경)'은 일제시대를 살아온 식민지 소년이다. 이 소년에게 비친 세상은 아름다운 고향과 고통스런 학교, 둘로 나눌 수 있다. 그 시절 학교는 그 자체가 군대였고, 선생님은 교관이었다. 일본인 선생은 우리 말과 우리 이름을 금지한 채, 일본 군대의 전쟁 성과를 부풀려 말하고, 선배는 군대에 끌려가 죽기도 한다.
이 책은 분단의 현실을 거슬러 올라 민족 비극의 원인이라 할 수 있는 일제강점기에 대해 생생하게 들려 주고 있다. 성장소설이 지닌 친근한 구성과 자료 수집을 바탕으로  중립된 시각으로 서술한 것이 특징이다.

### ⇨ 관련 매체에는 무엇이 있을까

**관련 매체** | 『종군위안부 7년간의 기록』, 『한국전쟁 영상기록』(KBS 스페셜)
**관련 도서** | 『살아있는 근현대사 교과서2 』(전국역사교사모임), 『20세기 우리 역사』(강만길)

### ⇨ 어떻게 읽을까

• 일제강점기 시절 일본은 우리 민족을 일본인으로 만들기 위해 어떤 교육을 했는지 정리하면서 읽어보자.
• 일제강점기 일본인들은 우리 민족을 어떤 시각으로 바라보았을까 상상하면서 읽어 보자.
• 우리나라에 대한 자긍심을 일깨우기 위해 노력한 강 선생님은 어떤 내용을 가르치셨는지 정리하면서 읽어 보자.

### ⇨ 무엇을 토론할까

• 일제강점기는 우리에게 절망의 시대였을까?
• 식민지 시절 일본인의 교육은 우리에게 어떤 영향을 끼쳤을까?

### ⇨ 무엇을 써 볼까

• 일제강점기를 경험한 주변의 할머니, 할아버지에게 위로의 편지를 써 보자.
• 자신이 김덕경이었다면 조선인으로서 당했어야 할 모욕에 어떻게 대처했을지 써 보자.

# 이야기가 있는 경복궁 나들이

강경선 외 ┊ 역사넷 ┊ 2000년 ┊ 270쪽 ┊ 9,000원

| 분류 | 목적(정보전달) ┊ 분야(인문) ┊ 시대(중세) ┊ 지역(한국) | |
|---|---|---|
| 관련 교과 | 국사 3학년 | V. 조선의 성립과 발전 |
| | 국사 고 1 | 통치 구조와 정치 활동 – 근세의 정치 |

그 옛날 광화문 앞은 어떤 모습이었을까?

근정전 앞 뜰에 있는 고리는 무슨 역할을 한 것일까?

근정정으로 올라가는 남쪽 계단은 왜 올라가기 힘들게 하였을까?

### ⇨ 어떤 책일까

이 책은 경복궁과 관련되어 다양한 학술활동 및 취미활동을 하고 있는 다섯 명의 선생님들이 모여 경복궁에 관한 이야기 보따리를 풀어놓은 책이다. 광화문부터 동궁까지 경복궁 구석구석을 풍부한 사진자료와 함께 이해하기 쉽게 안내하였으며, 본문에서 이야기 하지 못한 궁금한 것, 눈여겨 보아야 할 것을 골라서 퀴즈로 만들기도 하였다. 답사를 하면서 퀴즈를 풀어보아 답을 예상하거나 추리해 보는 것은 색다른 경복궁 보기에 도움이 될 것이다.

이 책은 보통의 딱딱하고 어려운, 국어사전 처럼 간략하기만한 내용에서 벗어나 좀 더 쉽고 재미있게 쓰려고 노력한 흔적이 보이고 답사하는 사람들이 자기발로 궁궐을 돌아다니며, 그곳에서 스스로 역사와 전통의 향기를 맡으며 즐거워할 수 있게 안내하듯 쓰여졌다.

### ⇨ 관련 매체에는 무엇이 있을까

**관련 매체** ┊ 『경복궁』『궁궐 길라잡이』 (TV프로그램 역사스페셜)

**관련 도서** ┊ 『나의 문화유산 답사기』 (유홍준)

『조선의 집 동궐에 들다』 (한영우)

『경복궁에 대해서 알아야할 모든 것』 (양택규)

『우리 궁궐 이야기』 (홍순권)

## ⇨ 흥미로운 부분을 만나 보자

이 결과 경복궁은 총독부를 뒤따라 일본의 국가 조상신을 향하여 다소곳이 줄을 서 있는 모습이 되었다. 일본 제국주의자들의 음흉한 경복궁 길들이기였다. (25쪽)

궁궐은 왕이 사는 집이다. 왕이 평상시에 사는데 아무런 불편이 없어야 할 것이다. 그렇다면, 대궐 안 모든 전각을 연결시킬 수는 없겠지만 적어도 왕이 자주 이용하는 '거둥길'은 비를 맞지 않게 해 놓던지 버선발로 걸어다닐 수 있게 만들었을 것이다. 한달에 몇 번씩 공식 행사를 하는 근정전이야 굳이 연결하지 않아도 되겠지만, 왕이 살던 강녕전을 중심으로 왕이 하루에 한 번씩은 드나들었을 사정전이나 교태전이 행각이나 회랑으로 연결되어 있지 않았다면 불편이 이만저만 아니었을 것이다. (152쪽)

왕비의 하루는 웃전에 드리는 문안 인사로부터 시작되었다. 문안은 해가 뜨기 전에 해야 했기 때문에 새벽부터 일어나 준비를 해야했다. 문안 인사에 늦지 않기 위해 어린 비빈들은 밤에도 마음 놓고 잠을 자지 못했다고 한다. (중략)
왕비가 후원에 나갈 때는 나인들이 메는 가마를 탄다. 평소에 다른 전각으로 갈 때도 왕비는 걷는 법이 없었다 한다. 잠이 모자라니 왕비가 혹 가마 속에서 졸지는 않았을까. (199쪽~200쪽)


## ⇨ 다음의 방법으로 읽어 보자

• 이 책을 들고 직접 경복궁을 답사하면서 읽어 보자.
• 조선의 유교적 특징이 드러나는 장소 및 물건들을 리하면서 읽어 보자.
• 왕이나 왕비를 배려하기 위한 흔적들을 찾아 정리하면서 읽어 보자.


## ⇨ 함께 토론해 보자

■ 다음의 순서와 내용으로 이야기식 토의/토론을 해 보자

**[ 배경 지식을 활용하여 책 맛보기 ]**
• 조선의 다른 궁궐은 어떤 것이 있는지 말해 보자.
• 경복궁과 다른 국가의 궁궐을 비교해 보자.
• 경복궁 이외의 다른 궁궐들은 왜 필요했는지 말해 보자.

**[ 내용을 점검하며 읽기 ]**
• 근정전 앞 뜰은 왜 거친 돌을 깔아 놓았을까?
• 근정전 월대 옆의 큰 밥그릇 처럼 생긴 '드므'가 만들어진 이유가 무엇일까?
• 경복궁의 모든 건물 중 가장 잘 만들었다고 생각하는 건물을 그 이유와 함께 말해 보자.
• 자신이 경복궁을 만드는 사람이라면 만들고 싶은 것은 어떠한 것이 있는지 말해 보자.

**[ 인간의 삶이나 사회 문제와 연결하여 생각 넓히기 ]**
• 아직도 남아있는 일제 잔재에 대해 자신의 생각을 말해 보자.
• 문화재 보존에 대해 자신의 생각을 말해 보자.
• 왜 우리의 문화재가 소중한 것인지 자신의 생각을 말해 보자.

■ **다음 논제로 찬반을 나누어 토론을 해 보자**

• 중국의 자금성과 유럽의 커다란 성채는 경복궁보다 더 가치 있는 것일까?

　(논제 ¦ 모든 문화재는 그 나라, 그 지역에서 가장 가치가 있는 것이다.)

• 왕의 권위를 보이기 위해 흥선 대원군이 추진한 경복궁 중건은 잘 한 것일까?

　(논제 ¦ 백성이 어렵게 살게 하는 왕의 권위는 불필요하다.)

• 경복궁 앞에 있는 일본이 옮겨놓은 불교 문화재는 그냥 두어야 할까?

　(논제 ¦ 문화재는 원래 그 자리에 있을 때 가장 아름답다.)


↩ **나의 생각을 글로 표현해 보자**

• 경복궁을 다시 만들라고 지시한 흥선대원군에게 편지를 써 보자.

• 경복궁이 우리나라를 대표할 수 있는 문화재가 되게 하기 위한 방안을 제시해 보자.

• 경복궁과 같은 궁궐을 지으려면 어떤 노력을 필요로 하고, 그에 따른 영향은 어떤 것이 있을지 예상하여 써 보자.

# 미술로 보는 우리 역사

전국역사교사모임 | 푸른나무 | 2006년 | 208쪽 | 8,800원

| 분류 | 목적(정보전달) | 분야(인문) | 시대(원시 – 중세) | 지역(한국) | |
|---|---|---|---|---|---|
| 관련 교과 | **국사 2학년** | Ⅰ. 우리나라 역사의 시작 Ⅵ. 조선사회의 변동 | | | |
| | **국사 고 1** | 민족문화의 발달 | | | |

청동 거울은 왜 만들어졌을까?

각 시대(나라)마다 대표적인 문화재로는 무엇이 있을까?

각각의 미술품은 어떤 집단이, 어떠한 목적으로 만든 것일까?

### ⇨ 어떤 책일까

이 책은 미술을 통해 우리의 역사를 살펴보는 책이다. 미술품을 통하여 과거 역사의 단면을 눈으로 직접 볼 수 있도록 해주고 그 시대의 분위기를 느낄 수 있고, 그것이 만들어진 시기의 사회상을 조명해봄으로써 그 시대의 전체 역사상에 대한 생각으로까지 나아갈 수 있다. 이러한 문화유산을 단순한 미술품이 아닌 우리 조상들의 숨결이 배어 있는 것으로 문화유산을 통해 그 시대의 사회상을 파악할 수 있도록 하였고, 어느 시기 최고의 문화만을 무조건 우수하다고 강조하는 관점에서 벗어나 가회 변화 발전의 노력을 미술을 통해 엿볼 수 있게 하였으며, 어느 시기이건 그 시기의 사회 수준을 반영하는 독특한 문화가 성장 발달하여 시기가 바뀌면 문화의 내용도 바뀐다는 것을 강조하고 있다.

### ⇨ 관련 매체에는 무엇이 있을까

**관련 매체** | 『국가 문화유산 포털』 (TV프로그램 역사스페셜)

**관련 도서** | 『한권으로 읽는 왕조실록』 (박영규)

　　　　　 『유물로 읽는 우리역사』 (이덕일)

### ⇨ 어떻게 읽을까

• 각 시대의 사회상 또는 시대적 배경을 정리하면서 읽어 보자.

• 시대의 변화에 따른 미술품의 변화가 어떻게 이루어지는지 정리해 보자.

• 미술품을 만들 때 어떤 마음이었을지 상상해보면서 읽어 보자.

### ⇨ 무엇을 토론할까

• 미술품은 크고 웅장한 것이 가치있을까?

• 현재를 살아가는 우리 시대를 상징하는 미술품은 무엇이 있을까?

### ⇨ 무엇을 써 볼까

• 미술품을 만들어 준 선조들에게 고마움의 편지를 써 보자.

• 자신이 생각하는 가장 가치있는 미술품을 선정하고 그 이유를 써 보자.

# 살아있는 한국사 교과서 2

전국역사교사 모임 | 휴머니스트 | 2007년 | 273쪽 | 15,000원

| 분류 | 목적(정보전달) | 분야(사회) | 시대(근대 – 현대) | 지역(한국) | |
|---|---|---|---|---|---|
| 관련 교과 | 국사 3학년 | | VI. 개화와 자주운동  X. 대한민국의 발전 | | |
| | 한국 근현대사 고 2 · 3 | | 근대사회의 전개 – 현대 사회의 발전 | | |

우리나라에서 근현대사가 전개되는 동안 여성들은 어떤 일을 겪었는가?

우리 역사와 함께 한 현장을 살펴 보자.

우리 근현대사와 관련된 인터넷 홈페이지는 어떤 곳이 있을까?

### ⇨ 어떤 책일까

이 책은 역사지식을 많이 제시하기 보다는 20세기의 지난 역사를 되돌아 보고, 21세기 새로운 미래를 어떤 모습으로 가꿀 것인지 생각해 보는 데 주안점을 둔 대안교과서이다. 이 책이 지향하는 것은 우리 역사를 이야기하듯 쉽고 재미있게 들려주는 교과서, 때로는 나직하게 속삭이고 때로는 끓어오르는 분노를 주먹을 불끈 쥐게 만드는 교과서, 역사 속의 인물들이 교과서 밖으로 걸어나와 학생들에게 말을 건네는 교과서, 무엇보다도 학생들 스스로 저마다의 눈으로 관찰하고 나름대로 느낌을 이야기 할 수 있는 살아있는 교과서이다.

이 책은 본문 못지 않게 '여성과 역사', '청소년의 삶과 꿈', '역사의 현장' 등 특별꼭지들에 정성을 기울여 생동감을 느끼게 해 주었다.

### ⇨ 관련 매체에는 무엇이 있을까

**관련 매체** | 이 책의 곳곳에 들어 있는 관련 단체 홈페이지

**관련 도서** | 『살아있는 한국사 교과서 1』 (전국역사교사 모임)

『국사 시간에 세계사 공부하기』 (김정)

『20세기 우리 역사 』 (강만길)

『한국현대사』 (서중석)

『함께 보는 한국 근현대사』 (역사학 연구소)

⇨ 흥미로운 부분을 만나 보자

양반입네 하는 집일수록 청춘 과부의 새 시집가기는 불가능하였다. 그에게는 평생 동안 한숨과 눈물만이 기다리고 있었다. 그리고 죽은 뒤에는 그를 위해서가 아니라, 그의 가문을 위해 작은 홍살문을 하나 세워줄 뿐이다. (중략)

여성들도 사람으로서 존중되고, 여성들이 뭇남성들을 지도하며 새 세상을 만들기에 참가할 수 있는 세상을 활짝 열기 위하여 농민들은 "청춘 과부의 재가를 허용하라"고 외쳤다.　(39쪽)

1948년 9월, 일제시대 반민족 행위를 하였던 친일 민족 반역자를 처벌하기 위해 '반민족행위 처벌에 관한 특별법'이 만들어졌다. 이 법에 따라 국회의원 10명으로 반민족 행위 특별 조사위원회가 구성되었다. 아울러 특별 재판부를 두어 반민족 행위자들을 재판하게 하였다. (중략)

위원회는 4개월 동안 약 300여 명을 반민족 행위자로 체포하였다. 그러나 이승만과 친일파들은 법률의 제정과 조사 위원회의 활동을 방해하였다. 결국 1949년 8월, '반민족 행위 특별 조사 위원회 해체안'이 국회를 통과함으로써 반민특위는 이렇다 할 성과 없이 해산되고 말았다. (190쪽)

적갈색 묵직한 문을 열고 이시다 선생이 들어왔다. 상의는 보고 있던 소설을 재빨리 책상 속에 넣는다. 교실 안의 소음은 어느새 사라져 버렸다. "기립!" 반장의 구령에 따라 나무의자의 부딪는 소리를 내며 학생들이 일어섰다. "경례!" 절을 하고 "착석!" 앉는데, 한동안은 나무의자 끌어당기는 소리가 꼬리를 이었다. (중략)

뺨을 연달아 갈긴다. 그러더니 선자를 벽면 쪽으로 끌고 가서 벽에다 머리를 짓찧기 시작하였다. 쓰러지니까 발로 차고 짓밟고 이시다는 완전히 짐승이 되었다. 학생들 속에서 고함과 울부짖는 소리가 났다. 일본 학생들만 차갑게 구타 장면을 지켜보고 있었다. 무서운 폭행이었다. '황국 신민화 교육, 짓밟히는 청소년들'(154~155쪽)

⇨ 다음의 방법으로 읽어 보자
• 독립이 된 후 대한민국이 어떠한 과정을 거쳐 건국되었는지 정리하면서 읽어 보자.
• 우리나라가 일제 식민지가 되기 전 주권을 지키기 위한 노력을 비교 대조하면서 읽어 보자.
• 일제 강점기 시절 우리의 독립을 이끌었던 세력들을 정리하면서 읽어 보자.
• 박정희 대통령 시절 어떠한 정책을 사용하였는지 구체적인 사례를 정리하면서 읽어 보자.

⇨ 함께 토론해 보자
■ 다음의 순서와 내용으로 이야기식 토의/토론을 해 보자
[ 배경 지식을 활용하여 책 맛보기 ]
• 조선 후기 우리나라, 또는 아시아로 다가왔던 나라는 어느 나라이고 왜 왔는지 말해 보자.
• 개항 하던 당시의 우리나라와 중국, 일본의 모습을 비교해 보자.
• 개항 이후 한, 중, 일 세 나라는 어떻게 대처했는지 말해 보자.

[ 내용을 점검하며 읽기 ]
• 1894년, 전라북도 고부의 농민들은 왜 봉기를 일으켰을까?
• 을사조약을 맺을 무렵, 오산학교를 설립한 이승훈이 주장한 주권을 되찾을 방법의 핵심 내용은 무엇인가?
• 일제 강점기, 나라를 되찾기 위한 여러 독립 운동 방법 중 자신이 공감하는 방법을 말해 보자.
• 박정희 대통령의 정책의 장단점에 대해 자신의 생각을 말해 보자.

**[ 인간의 삶이나 사회 문제와 연결하여 생각 넓히기 ]**

• 통일에 대해 자신의 생각을 말해 보자.
• 의문사 진상규명 위원회의 활동이 갖는 의미에 대해 자신의 생각을 말해 보자.
• 친일파 청산에 대한 자신의 생각을 말해 보자.

■ **다음 논제로 찬반을 나누어 토론을 해 보자**

• 일본으로부터 독립하기 위해서는 무력으로 맞서 싸워야 했을까, 당시 상황에서 일제강점은 피할 수 없는 일이었나?
  (논제 ┃ 당시 상황에서 일제강점은 피할 수 없었다.)
• 독립 후 우리나라는 미국이나 소련의 도움이 필요했을까, 일제 강점의 역사는 우리나라의 근대화를 촉진시켰나?
  (논제 ┃ 일제 강점의 역사는 우리 나라 근대화를 촉진시켰다.)
• 과학 기술의 발전은 인류에게 행복인가?
  (논제 ┃ 과학기술의 발전은 인류에게 행복이다.)

⇨ **나의 생각을 글로 표현해 보자**

• 오늘날 정치인들은 존경하는 인물로 김구를 꼽곤한다. 김구가 존경받는 이유가 무엇일까. 독후감상문 형식으로 글을 써 보자.
• 다음과 같은 사람의 입장이 되어서 1945년 8월 15일 하루의 일기를 써 보자.
  독립운동가 ┃ 친일파 ┃ 농민 / 학생
• 정치의 수준에 따라 선진국이 결정되는가? 만일 그렇다면 혹은 그렇지 않다면 구체적 예를 들어 선진국의 기준을 논해 보자.

# 나의 문화유산 답사기 3

유홍준 | 창작과 비평사 | 1997년 | 382쪽 | 9,500원

| 분류 | 목적(정보전달) | 분야(인문) | 시대(고대 – 현대) | 지역(백제 – 통일신라 – 조선 – 한국) |
|---|---|---|---|---|
| 관련 교과 | 국사 3학년 | II. 삼국의 성립과 발전 III. 통일신라와 발해 | | |
| | 국사 고 1 | 민족문화의 발달 | | |

백제의 문화는 어디에 무엇이 남아있을까?

작가는 불국사 건축물의 아름다운 모습 7가지를 무엇이라 하였을까?

안동 문화권에 남아 있는 조선시대 양반의 문화는 어떠하였을까?

섬진강, 지리산 주변에 있는 옛 절은 어떤 아름다움을 간직하고 있는가?

### ⇨ 어떤 책일까

작가는 우리나라의 산천을 돌아다니며 그곳에 있는 유물에 대해 역사적 배경과 지리적 특징, 그 고장 나름대로의 문화를 아울러 설명한다. 이 세상의 모든 문화 유적•유물은 어쩌다가 우연히 생겨난 것이 아니라 반드시 역사적 이유가 있는 것이다. 그러므로 유물•유적을 보면 역사를 알 수 있는 것이고 이 책을 읽다보면 자신도 모르게 과거로 돌아가 그것을 만드는 모습을 직접 본 것과 같은 착각을 하게 할 정도이다. 더구나 각종 유물과 관련된 에피소드는 그것에 대한 친근감을 느끼게 하기에 부족함이 없다.

### ⇨ 관련 매체에는 무엇이 있을까

**관련 매체** | 『국가 문화유산 포털』 (TV프로그램 역사스페셜)

**관련 도서** | 『나의 북한 유산 답사기 1, 2』 (유홍준)

『답사 여행의 길잡이 시리즈』

『한국의 미 특강』 (오주석)

### ⇨ 어떻게 읽을까

• 어떤 국가나 지역 문화의 특징이 어떠한지 정리하면서 읽어 보자.

• 문화재나 유적을 통하여 옛날 우리 나라의 역사가 있었을지 상상해 보자.

• 책을 읽은 후 답사 계획을 세워 보자.

### ⇨ 무엇을 토론할까

• 옛 문화는 전통으로서 계속 계승되어야 하는가, 현재를 기준으로 필요에 따라 바뀌어야 하는가?

• 문화재는 어떠한 것이 가치있는 것일까?

### ⇨ 무엇을 써 볼까

• 책의 내용 중 하나의 문화재(또는 지역)를 골라 읽은 소감을 써 보자.

• 문화재를 가치있게 보존하고 지켜나가기 위해, 사람들이 꾸준히 문화재에 대해 관심을 갖게 하기 위해 어떠한 노력을 해야할지 써 보자

# 오 하느님

조정래 | 문학동네 | 2007년 | 244쪽 | 9,500원

| **분류** | 목적(정서표현) | 분야(인문) | 시대(현대) | 지역(세계) | |
|---|---|---|---|---|---|
| **관련 교과** | **국사 3학년** | | VII. 주권 수호 운동의 전개 | | |
| | **세계사 고 2 · 3** | | 제국주의와 두 차례의 세계대전 | | |

신길만은 어떻게 하여 미군의 포로가 되었을까?

전쟁의 비인간적인 모습은 어떻게 나타나게 될까?

국적이 바뀔 때마다 신길만은 어떤 기분이었을까?

### ⇨ 어떤 책일까

계간 『문학동네』 2006년 겨울호, 2007년 봄호에 걸쳐 2회 분재되었던 것을 단행본으로 묶은 이 소설은 역사 밖에 존재했던 개인, 인간 존재로 눈을 돌려 그들의 역사를 '기록'함으로써, 역사에서 소외되어 있던 그들의 자리를 찾아주고 있다.

소설 속에서 주인공 신길만은 스무 살 꽃다운 나이에 일본군에 징집되어 관동군 고바야시 부대의 일원으로 국경 전투에 투입된다. 한 장의 빛바랜 흑백사진에서 출발한 소설 『오 하느님』의 스토리 시간은 2차 세계대전이 시작되고 끝나는 칠 년 정도의 역사적 시간과 거의 일치한다. 책속의 인물들은 자신들의 기구한 삶이 다하는 그날까지도 전혀 의식할 수조차 없겠지만 세계사의 한복판에 내던져져 있었던 것이다. 그들은 역사의 가장 중요한 순간에 그 자리에 있었지만, 역사가 그들을 위해 배당한 자리는 없었다. 이 책은 '소설'이라는 또하나의 '기록'의 형식을 빌려 바로 이들의 자리를 찾아주고자 한다.

### ⇨ 관련 매체에는 무엇이 있을까

**관련 매체** | 『노르망디의 코리안』 (SBS 다큐멘터리)

### ⇨ 어떻게 읽을까

• 제2차 세계대전의 흐름을 알아 보고 당시 한국과 세계열강과의 지정학적 관계를 파악한다.
• 역사의 거대한 소용돌이에 휘말린 개인의 운명을 통해 전쟁의 참혹함을 생각해 본다.

### ⇨ 무엇을 토론할까

• 사람과 짐승의 차이점은 무엇일까?
• 사람이란 과연 믿을 수 있는 존재일까?

### ⇨ 무엇을 써 볼까

• 주인공 신길만에게 위로의 편지를 써 보자.
• 인간의 가치가 떨어지지 않게 하기 위한 방안을 논술해 보자.

중학교
교과별
추천도서로
만든

과학

# 과학과 추천도서 목록 일람표

| 도서명 | 저자명 | 출판사 | 출판연도 | 관련교과 | 대단원 | 중단원 |
|---|---|---|---|---|---|---|
| 안텍 우주에 작업 걸다 | 란카 케저 | 푸른숲 | 2008 | 과학 2학년 | 8. 지구와 별 | (8) 별들의 고향 |
| 위험한 행성 지구 | 브린 버나드 | 주니어김영사 | 2008 | 과학 2학년 | 3. 지구와 별 | (2) 지구는 얼마나 클까 |
| 조선과학 왕조 실록 \| 물리편 1 | 정완상 | 이치 | 2008 | 과학 3학년 | 4. 물의 순환과 날씨변화 | (8) 일기는 어떻게 예측할까 |
| 조선과학 왕조 실록 \| 물리편 2 | 정완상 | 이치 | 2008 | 과학 3학년 | 4. 물의 순환과 날씨변화 | (3) 구름은 일기예보관 |
| 상대성 이론 | 미쓰시 이와오 | 실천문학사 | 2008 | 과학 1학년 | 10. 힘 | (10) 농구공이 튕기는 이유는 |
| 패션이 물리천지 | 송진웅 외 | 이치 | 2008 | 과학 2학년 | 1. 여러 가지 운동 | (5) 버스에서 생긴일 |
| 세바퀴로 가는 과학 자전거 | 강양구 | 뿌리와이파리 | 2006 | 과학 3학년 | 2. 일과 에너지 | (5) 디딜방아는 어떤 에너지를 이용할까 |
| 한발 빠른 과학 교과서 | 아트 서스만 | 서해문집 | 2009 | 과학 1학년 | 2. 빛 | (1) 빛이 주는 선물은 |
| 물리학자는 영화에서 과학을 본다 | 정재승 | 동아시아 | 2009 | 과학 1학년 | 10. 힘 | (8) 피라미드를 만든 힘은 |
| 그리스 로마 신화 사이언스 | 이정모 | 휘슬러 | 2004 | 과학 2학년 | 3. 지구와 별 | (8) 별들의 고향 |
| 과학시간에 사회공부하기 | 강윤재 외 | 웅진주니어 | 2008 | 과학 1학년 | 6. 생물의 구성 | (1) 맨눈으로 볼 수 없는 것도 보인다 |
| 과학이 밝히는 범죄의 재구성 | 박기원 | 살림 | 2008 | 과학 3학년 | 3. 물질의 구성 | (3) 원소는 어떻게 알아낼 수있을까 |
| 하리 하라의 과학 고전 카페1 | 이은희 | 글항아리 | 2008 | 과학 3학년 | 8. 유전과 진화 | (4) 멘델의 법칙은 항상 적용되는가 |
| 하리 하라의 과학 고전 카페2 | 이은희 | 글항아리 | 2008 | 과학 3학년 | 8. 유전과 진화 | (9) 기린이 긴 목을 갖게 된 까닭은 |
| 과학 선생님, 프랑스 가다 | 한문정 외 | 푸른숲 | 2007 | 과학 1학년 | 환경과 인간의 삶 | |
| 101일간의 과학사 일주 | 박영수 | 영교출판 | 2008 | 과학 2학년 | 3. 지구와 별 | (1) 지구는 정말로 둥근 모습일까 |
| 교과서 밖에서 배우는 과학상식 | 송은영 | 맑은 창 | 2008 | 과학 2학년 | 7. 상태 변화와 에너지 | (1) 녹은 마가린을 식히면 어떻게 될까? |
| 미술관에 간 화학자 | 전창림 | 랜덤하우스 코리아 | 2008 | 과학 3학년 | 3. 물질의 구성 | (8) 물질의 기본적인 성분은 |

# 과학과 추천도서 목록 일람표

| 도서명 | 저자명 | 출판사 | 출판 연도 | 관련 교과 | 대단원 | 중단원 |
|---|---|---|---|---|---|---|
| 종의 기원 | 박성관 | 홍신문화사 | 2008 | 과학 3학년 | 8. 지구와 별 | (8) 유전에는 어떤 규칙이 있는가 |
| 프랑켄슈타인 | 메리 셸리 | 문예출판사 | 2008 | 과학 1학년 | 환경과 인간의 삶 | |
| 논리학 실험실 | 후쿠자카 가즈요시 | 바다 | 2008 | 과학 2학년 | 5. 물질 변화에서의 규칙성 | (6) 질량보존의 법칙과 모형 |

# 안텍, 우주에 작업걸다

린카 케저(유영미) | 푸른숲 | 2008년 | 11,000원

| 분류 | 목적(우주의 정확한 이해) | 분야(과학) |
|---|---|---|
| 관련 교과 | 과학 2학년 | 8. 지구와 별 (8)별들의 고향 |
| | 기술가정 1학년 | 1. 기술의 발달과 미래 (2) 기술의 발달과 미래의 기술 |
| 새 교육과정 | 과학 7학년 | 지구환경 |

'머리'가 아닌 '마음'으로 만나는 우주

마리아 테레지아 행성?

아빠! 우주 여행은 가능할까요?

### ⇨ 어떤 책일까

이 책은 과학 지식을 열네 살짜리 사춘기 소년이 내적 성장 과정 속에서 절묘하게 녹여낸 것으로, 우주에 대한 호기심을 해결해 가는 과정에서 타인과의 관계를 되돌아보고 이해하는 방법을 배워 나가는 독특한 형식으로 이루어진 과학 교양서이다. 청소년들이 궁금해 하는 신비로운 우주의 비밀뿐만 아니라 성장통을 앓고 있는 10대들의 일상도 함께 담은 이 책은, 과학적 지식 외에도 어른이 된다는 것은 그저 나이가 들어가는 것이 아니라 자신의 고민들을 스스로 해결해 가는 책임감을 겪으면서 성장한다는 것을 알려준다. 특히 톡톡 튀는 문체로 전개되는 흥미진진한 이야기로 전개되어 학교 공부에 필요한 과학 지식을 즐겁게 배울 수 있게 도와 준다

### ⇨ 관련 매체에는 무엇이 있을까

**관련 매체** | 『스타트렉』 (영화)

**관련 도서** | 『레오나르도가 조개화석을 주운날』 (스티븐 J. 굴드)

## ⤳ 흥미로운 부분을 만나 보자

안텍은 우리 주위에서 흔히 볼 수 있는 평범한 소년이다. 아빠의 여자 친구인 비너스 아줌마를 퉁명스럽게 대하고, 뭔가를 알아가는 것에는 도통 관심이 없는 아빠를 부끄러워하기도 하며, 두 소녀를 동시에 좋아하는 자신의 마음에 갈피를 잡지 못한다. 그러나 안텍은 결국 고민과 갈등 속에서 자신의 마음을 찬찬히 들여다보고 가장 최선이라 생각되는 길을 찾아나간다. 이 책은 그러한 성장 과정에 우주에 대한 호기심과 그것을 해결해 가는 모습을 가장 중요한 배경으로 삼고 있다.

안텍은 별에 대해 아는 사람을 '점성술사'라고 말할 정도로 우주에 대해 관심이 없다. 그러나 우연히 달을 보며 시작된 과학적 의문은 우주 전체에 대한 호기심으로 발전하고, 그 의문에 답을 구하는 사이 멀리하려고만 생각했던 비너스 아줌마를 향해 마음의 문을 열게 된다. 과학적인 지식은 안텍에게 밤하늘의 달이 왜 날마다 다른 모습으로 나타나는지, 밀물과 썰물은 어떻게 생기는지에 대한 해답을 알려 준다. 그러나 안텍이 그 과정에서 얻은 더 큰 깨달음은 우주에 대해 알아가는 과정만큼이나 사람을 알아간다는 것에도 많은 애정과 노력이 필요하다는 사실이다. 즉 그것은 각각 다른 방향으로 펼쳐진 두 개의 길이 아니라, 서로에게 포함되고 영향을 주는 하나의 길이라는 것을 말하고 있는 것이다.

## ⤳ 다음의 방법으로 읽어 보자

• 이 책의 주인공 안텍은 세상을 조금씩 배워 나가는 학생이다. 안텍의 모습을 통해 이 책을 접근해 보자.
• 아빠의 여자친구 비너스 아줌마가 알려주는 천문학은 어떤 내용일까 메모하면서 읽어 보자.
• 비너스 아줌마와 안텍의 관계는 시간이 흘러가면서 어떠한 관계로 이어지는지를 체크해 보면서 읽어 보자.

## ⤳ 함께 토론해 보자
### ■ 다음의 순서와 내용으로 이야기식 토의/토론을 해 보자
#### [ 배경 지식을 활용하여 책 맛보기 ]

• 달은 왜 항상 같은 면만 보일까요?
• 유성은 무엇이며, 어떠한 과정에 의해 생겨날까요?
• 금성은 우주관측선이 착륙을 하지 못할정도로 뜨겁다고 한다. 하지만 지구에서 금성을 바라보면 밝은 흰색으로 보인다. 그 이유가 무엇일까?
• 샛별은 어떠한 행성을 말하는가?

#### [ 내용을 점검하며 읽기 ]

• 태양의 에너지원은 무엇인가? 태양은 왜 노란색으로 보일까?
• 수성과 금성 그리고 지구, 화성을 지구형 행성이라고 한다. 그렇다면 목성형 행성에는 어떠한 행성이 있을까?
• 화성은 물이 흘렀던 흔적과 산소가 있었다는 흔적이 있다. 그렇다면 화성에는 인간과 다른 생명체가 살고 있을까?
• 별의 모양을 가지고 고대 사람들은 별자리라는 이름을 붙였다고 한다. 그렇다면 별자리의 이름을 붙일때 어떠한 소재를 주로 사용하였나?

#### [ 인간의 삶이나 사회 문제와 연결하여 생각 넓히기 ]

• 우리의 과학적 지식에서 비추어 볼 때 마리아 테레지아라는 이름의 낯선 행성은 어떤 행성일까?
• 우리의 일상 생활에서 볼 때 하늘에서 떨어지는 것은 암석 파편만 일까?

■ **다음 논제로 찬반을 나누어 토론을 해 보자**

• 명왕성은 태양계 가족이 아닌가요?

   (논제 ¦ 명왕성은 태양계 행성이 아니다)

• 화성에는 생명체가 살고 있는가?

   (논제 ¦ 화성에는 생명체가 살고 있지 않다)

⇨ **나의 생각을 글로 표현해 보자**

• 달은 어떻게 공전하는지 글로 표현해 보자.

• 달의 위치와 모양변화를 달의 공전과 연관하여 글로 표현해 보자.

# 위험한 행성 지구

브린 버나드(임지원) | 주니어김영사 | 2008년 | 143쪽 | 9,500원

| 분류 | 목적(지구과학의 정확한 이해) | 분야(과학) |
|---|---|---|
| 관련 교과 | 과학 2학년 | 3. 지구와 별 (2)지구는 얼마나 클까 |
| | 기술가정 1학년 | V. 자원의 관리와 환경 1. 자원의 활용과 환경 (1) 자원의 개념과 종류 |
| | 국어 2-1(읽기) | 1. 감상하며 읽기 (3) 소음공해 |
| 새 교육과정 | 과학 7학년 | 토양과 환경 |

자연재해가 인류에게 미치는 영향은?

인간은 지구에 어떻게 적응했을까?

인간의 삶의 터전, 지구의 미래는?

### ⇨ 어떤 책일까

청소년의 삶을 보다 풍요롭게 만드는 다양한 텍스트의 글읽기를 제공하는『청소년교양』시리즈. 청소년들이 좀 더 깊게 사고하는 힘을 키우고, 좀 더 넓게 세계를 바라보는 안목을 갖출 수 있도록 도와준다. 역사, 과학, 의학, 철학 등 폭넓은 분야의 도서들을 소개하고 있다. 제2권 〈위험한 행성 지구〉는 지구 역사를 바꾼 자연 재해에 관하여 정리한 것으로 우연적으로 발생한 자연재해가 어떻게 인간의 삶을 변화시키고 지구라는 행성에 적응하며 살게 했는가에 관하여 전한다. 미노아 문명을 멸망시키고 그리스를 서양 문명의 원류로 바꾼 지진해일과 백년 전쟁의 흐름을 바꾼 우박세례, 도시를 완전히 폐허로 만들고 공황상태로 몰아넣은 일본 관동 대지진 등 9가지 재앙을 통한 지구의 움직임을 그리고 인간의 미래에 끼칠 영향을 살펴본다.

### ⇨ 관련 매체에는 무엇이 있을까

**관련 도서** | 『터미네이트』 (영화)

『딥 임펙트』 (영화)

『아마게돈』 (영화)

**관련 도서** | 『지오그래피』 (케네스 C. 데이비스)

## 🔷 흥미로운 부분을 만나 보자

1274년 중원을 지배하던 원나라 황제 쿠빌라이 간은 징발한 고려군 3만5천명을 포함한 4만명으로 일본 정벌에 나서 단숨에 규슈까지 진격하지만 태풍에 밀려 퇴각하고 만다. 태풍의 정체는 열대성 저기압이지만 일본인들은 이를 '가미카제(신풍 · 신성한 바람)'라 여기게 된다. 칸은 7년 뒤 4만명의 몽골 · 고려 · 중국인 연합군에 남중국인 10만명까지 보내 설욕을 시도하지만 태풍의 공격에 또다시 전멸하고 만다. 이 '가미카제의 전설'이 일제의 악명 높은 '가미카제 자살특공대'를 낳은 것이다. 1923년 9월 이틀 사이에 500여 차례의 여진이 강타한 관동대지진은 일본 제국주의를 잉태한 또 하나의 자연재해다. 흉흉해진 민심은 '우물에 독을 타 일본인들을 죽이려 했다'는 거짓 소문에 광분해 조선인 대학살 사태를 빚는다. 유럽의 1차 세계대전 특수를 타고 아시아 첫 근대국가로 승승장구하던 일본은 지진 후폭풍을 돌파하고자 호전적인 팽창정책을 펴 끝내는 제2차 세계대전을 일으킨다.

지구상에 생명이 탄생해 살아가는 것은 정말로 기적과 같은 일이다. 우주에 수많은 별과 행성이 있지만, 생명이 사는 세계는 지구 말고는 아직까지 단 하나도 발견되지 않은 것만 보더라도 이것이 얼마나 희귀한 일인지 짐작할 수 있다. 행성에 생명이 살아갈 수 있는 조건들을 따져보면, 지구는 정말로 축복받은 세계라 할 수 있다. 그러나 이러한 지구마저도 결코 안전한 장소가 아니다. 우리의 발 밑 깊은 곳에서는 뜨거운 마그마가 부글부글 끓고 있어 언제 땅 밑이 갈라지며 지진이 일어나거나 화산이 폭발할지 알 수 없다. 또 언제 커다란 소행성이나 혜성이 충돌하여 큰 재앙이 일어날지 알 수 없다. 종잡을 수 없는 기상이나 장기적인 기후 변화도 나라나 문명을 흥하게 하거나 망하게 한다.

## 🔷 다음의 방법으로 읽어 보자

• 인간과 인간의 삶의 터전인 지구에 있어, 인간의 고유능력 밖인 자연재해라는 '우연'에 의한 지배가 어떻게 인간의 삶을 변화시키고 지구라는 행성에 적응하며 살게 되었는지를 생각하면서 읽어 보자.
• 자연재해로 바뀌게 된 역사를 메모해 가면서 읽어보자.
• 지구상에 생명이 어떻게 탄생하였는지를 생각해 보면서 읽어보자.

## 🔷 함께 토론해 보자

■ **다음의 순서와 내용으로 이야기식 토의/토론을 해 보자**

**[ 배경 지식을 활용하여 책 맛보기 ]**
• 화산이 폭발하는 장면을 본적이 있나? 있다면 어떠한 형태로 폭발하는지 묘사해보자.
• 공룡들이 왜 사라져 버렸는지 그 정확한 원인은 무엇일까?
• 지진해일은 어떻게 일어나는가? 설명해보자.

**[ 내용을 점검하며 읽기 ]**
• 지진에 의해 쓰나미가 일어난다고 한다. 이러한 지진해일의 피해를 찾아 설명해 보자.
• 토네이도는 무엇일까? 그리고 토네이도는 어떻게 발생하여 소멸하는지 그 과정을 찾아 보자.
• 가뭄은 왜 생기는가? 그 이유를 찾아 설명해 보자.
• 눈사태를 방지하기 위한 대책에는 어떤 것이 있는지 찾아 보자.
• 화산지진해일의 발생과 대책은 무엇이 있을까?

[ 인간의 삶이나 사회 문제와 연결하여 생각 넓히기 ]

• 아프리카 악숨의 파멸은 예정되어 있었다고 한다. 그 이유는 무엇 때문이었을까? 그 이유를 찾아 설명해보자.

• 지구 온난화의 원인과 앞으로의 대책은 어떤 것이 있을까? 지구온난화의 원인을 찾아 설명해 보자. 그리고 앞으로의 대책에 대하여 예를 들어 설명해보자.

■ 다음 논제로 찬반을 나누어 토론을 해 보자

• 악숨의 파멸은 예정되어 있었는가?
  (논제 │ 악숨의 파멸은 예정되어 있었다.)

• 사는 방식을 바꾸는 것이 환경파괴를 막는 최선인가?
  (논제 │ 사는 방식을 바꾸는 것이 환경파괴를 막는 최선이다.)

⇨ 나의 생각을 글로 표현해 보자

• 악숨의 파멸은 예정돼 있었다. 우기가 길어진 상태가 몇 백 년에 걸쳐 지속되자 사람들은 점차 농업을 확대했고, 그 결과 나무를 베어냈다. 이 같은 관행으로, 6세기에 이르러 악숨 땅에는 가장 가파른 산등성이와 가장 깊은 계곡을 제외하고는 숲이 모두 사라졌다. '인간은 자연의 적인지'에 대해 자신의 생각을 쓰시오.

• 마지막 9번째 재앙에 해당하는 지구 온난화는 어떻게 발생하며, 지구에 어떠한 피해를 주는지 서술해 보자.

# 조선과학왕조실록 | 물리편1

정완상 지음 | 정일문 그림 | 이치 | 2008년 | 183쪽 | 8,800원

| 분류 | 목적(물리의 정확한 이해) | 분야(과학) |
|---|---|---|
| 관련 교과 | 과학 3학년 | 4. 물의 순환과 날씨변화 (8) 일기는 어떻게 예측할까 |
| | 기술가정 1학년 | 1. 기술의 발달과 미래 (1) 인간과 기술 |
| 새 교육과정 | 과학 9학년 | 기상 |

행주 물풍선 대첩
황진이가 과학 천재였다면?
세종대왕이 물리의 운동법칙과 같은 과학 원리를 발견했다면?

### ⇨ 어떤 책일까

이 책은 조선시대의 역사적 사건을 과학으로 재구성한 책이다. 역사적 사건에 '과학'을 대입하였으나 상황에 따라 전개되는 사건들은 모두 허구이고 조선왕조를 조선과학왕조로 설정하여 다시 쓴 책이다. 그러나 이 책에 등장하는 주요 인물들은 역사책에서 많이 보았던 친근한 실존 인물들로 어린이들이 과학에 쉽게 접근할 수 있도록 구성되었다. 이 책에서는 조선왕조실록에 나오는 왕자의 난과 함흥차사라는 주제에 관성의 법칙이라는 과학 원리를 이용하여 이야기를 풀어가고 있으며 세종대왕의 보드와 바퀴신의 발명, 회전 법칙을 이용한 예종의 탈수기 발명, 빛의 굴절 법칙으로 중전에 오른 장희빈 등 다양한 이야기가 실려 흥미로운 이야기를 제공하고 있다

### ⇨ 관련 매체에는 무엇이 있을까

**관련 매체**『신기전』 (영화)
**관련 도서**『과학 불가사의』 (박종규)

### ⇨ 어떻게 읽을까

- 세종대왕이 물리의 운동법칙과 같은 과학 원리를 발견했는지 살펴보자
- 이순신 장군이 과학을 이용해서 왜군을 물리쳤는지 살펴보자

### ⇨ 무엇을 토론할까

- 벽계수의 마음을 빼앗은 황진이는 어떻게 상대속도를 이용했을까
- 왜적을 물리친 행주 물 풍선 대첩은 어떻게 물 풍선을 이용하여 전쟁에서 승리했을까

### ⇨ 무엇을 써 볼까

- 트럭이 힘을 받았는데도 움직이지 않은 이유는 무엇일지 그 이유를  글로 써보자

# 조선과학왕조실록 | 물리편2

정완상 지음 | 정일문 그림 | 이치 | 2008년 | 168쪽 | 8,800원

| 분류 | 목적(물리의 정확한 이해) | 분야(과학) | |
|---|---|---|---|
| 관련 교과 | 과학 3학년 | 4. 물의 순환과 날씨변화 (3) 구름은 일기예보관 | |
| | 기술가정 1학년 | 1. 기술의 발달과 미래 (1) 인간과 기술 | |
| 새 교육과정 | 과학 7학년 | 놀이기구속 과학원리 | |

움직이는 개구리 요리?

전기를 이용한 '홍경래의 난'

'장희빈과 인현왕후' 볼록렌즈의 성질을 이용하다?

### ⟳ 어떤 책일까

이 책은 조선시대의 역사적 사건을 과학으로 재구성한 책이다. 역사적 사건에 '과학'을 대입하였으나 상황에 따라 전개되는 사건들은 모두 허구이고 조선왕조를 조선과학왕조로 설정하여 다시쓴 책이다. 그러나 이 책에 등장하는 주요 인물들은 역사책에서 많이 보았던 친근한 실존 인물들로 등장시켜 어린이들이 과학에 쉽게 접근할 수 있도록 구성되었다. 조선왕조실록에 나오는 인조반정이라는 주제에 빛의 반사법칙이라는 과학 원리를 이용하여 이야기를 풀어가고 있다. 장희빈과 인현왕후, 홍경래의 난 등 다양한 이야기가 실려있다.

### ⟳ 관련 매체에는 무엇이 있을까

**관련 도서** | 『투마로우』 (영화)

**관련 도서** | 『손안의 박물관』 (이광표)

### ⟳ 어떻게 읽을까

• 왕자의 난과 함흥차사라는 주제에 나타난 과학원리는?

• 인조반정을 성공적으로 이끈 반란군은 빛의 반사법칙을 어떻게 이용했는지를 살펴 보자

### ⟳ 무엇을 토론할까

• 빛은 왜 물속으로 들어가면 꺾일까?

• 물감의 삼원색은 빨강, 노랑, 파랑이고 이 모든 색깔의 물감을 섞으면 흰색이 되지 않고 검은색이 될까?

### ⟳ 무엇을 써 볼까

• 신기루가 왜 생기는지를 물리법칙을 이용하여 서술하라.

# 상대성 이론

미쓰시 이와오(김수영) | 실천문학사 | 2008년 | 216쪽 | 8,500원

| 분류 | 목적(물리의 정확한 이해) | 분야(물리) | |
|---|---|---|---|
| 관련 교과 | 과학 1학년 | 10. 힘 (10)농구공이 튕기는 이유는 | |
| | 사회 3학년 | II. 민주시민과 경제생활 2. 경제체제의 변천과정 (2) 산업의 변화와 사회발전 | |
| 새 교육과정 | 과학 7학년 | 놀이기구 속의 과학원리 | |

언제까지 우주는 팽창하나?

우주에 생명체가 존재하는가?

속도의 한계는 초속 30만 킬로미터일까?

## ⇨ 어떤 책일까

아인슈타인이 시작한 새로운 이론은 원자력을 예언하고 우주의 구조를 해명하고 철학의 세계에 까지 큰 충격을 주었다. 이 책은 아인슈타인이 발견한 상대성 이론에 관하여 이해하기 쉽게 정리한 것으로 특수 상대성이론의 입문과 일반 상대성 이론의 입문, 아인슈타인의 생애를 흥미롭게 풀어내고 있다. 또한 아인슈타인이 시작한 새로운 이론이 원자력을 예언하고 우주의 구조를 해명하고 철학의 세계에 까지 큰 충격을 주는 세기의 위대한 학설이라는 점에서, 그것에 대해 조금이라도 알고 가려는 청소년들에게는 쉽게 이야기식으로 전개되어 있는 책이다.

## ⇨ 관련 매체에는 무엇이 있을까

**관련 매체** 『나비효과』(영화)

**관련 도서** 『페르마의 마지막 정리』(사이먼 싱)

『과학의 문을 연 아르키메데스』(진 벤딕)

## ⇨ 어떻게 읽을까

• 우주는 언제까지 팽창할 것인지 생각해 보자.

• 우주에 끝이 있다면 그 바로 앞은 어떤 모양일까 생각해 보면서 읽어 보자.

• 별자리라는 멋진 아이디어를 생각한 것은 누구일까?

## ⇨ 무엇을 토론할까

• 우주의 끝은 어떤 모습일까?

• 대우주의 에너지는 변하지 않을까?

• 빛은 왜 휠까?

## ⇨ 무엇을 써 볼까

• 1945년 8월 6일 히로시마 원자폭탄 투하와 관련하여 과학의 발달과 사회와의 관계를 아인슈타인의 업적을 논거로 들어 자신의 견해를 글로 표현해 보자

# 패션이 물리천지

송진웅, 조광희, 곽성일, 김소희, 남정아, 박미화 | 이치 | 2008년 | 230쪽 | 12,000원

| 분류 | 목적(물리의 정확한 이해) | 분야(물리) | |
|---|---|---|---|
| 관련 교과 | 과학 2학년 | 1. 여러 가지 운동 (5)버스에서 생긴일 | |
| | 기술가정 3학년 | III. 전기전자기술 2. 가전기기의 종류와 점검 (1)가전기의 종류 | |
| 새 교육과정 | 과학 7학년 | 음식 속의 과학 | |

일상 속에서 물리현상을 설명할 수 있을까?

쫄쫄이와 전신수영복은 어떤 차이가 있을까?

배낭은 왜 무거운 물건이 어깨 근처에 오도록 짐을 싸야할까?

### ⇨ 어떤 책일까

이 책은 우리가 주변에서 입고, 걸치고, 메는 생활 용품들 속에 함께 하고 있는 물리를 알려준다. 물리의 특성상 이상화되고 추상적인 세계에서 물리의 법칙들이 더 잘 들어맞지만, 우리 주변에 볼 수 있는 생활 속 상황에서도 물리는 과학적 현상을 설명할 수 있는 여전히 매력적인 도구이다.

물리가 좋아, 물리를 전공하고 남에게 물리를 가르쳐주고 싶어 안달이 난 저자들이 뭉쳐 패션에서 시작하는 생활 소재를 빌어, 자신들의 물리 사랑을 표현하고 있다. 그들은 헤드폰, 보석, 야광 팔찌, 선글라스나 마스크, 머리끈 등 손을 뻗으면 주변에서 쉽게 만질 수 있는 물건들에도 과학이 숨어 있었음을 알려주고 싶어 한다. 이 책은 총 20개의 꼭지로 이루어져 있으며, 모든 꼭지에는 몸에 걸치는 생활 착용품이 소개 된다. 머리, 얼굴, 몸, 팔다리에 걸쳐진 물리를 찾아보는 것도 재미있다.

### ⇨ 관련 매체에는 무엇이 있을까

**관련 도서** | 『아이큐』 (영화)

**관련 도서** | 『아인슈타인도 몰랐던 과학이야기』 (로버트 L. 월크)

## ⇨ 흥미로운 부분을 만나 보자

뾰족 구두를 신은 사람이 대리석 바닥 위를 걸어갈 때 나는 '또각' 소리처럼 유독 자신에게만 크게 들리는 느낌을 받지 않았는가? 그 이유는 무엇일까? 그것은 머리뼈로 전달되는 소리가 크게 들리기 때문이다. 즉, 소리를 듣는 방식에는 공기를 통해 듣는 공기전도 방식과 뼈를 통해 듣는 골전도 방식이 있는데, 이 경우는 머리뼈에 가해진 진동이 뼈를 통해 외이와 중이를 거치지 않고 바로 내이에 있는 달팽이관에 자극이 전달되기 때문이다. 베토벤도 귀가 안 들리기 시작한 이후로는 이런 식으로 소리를 들었다고 하지 않은가! 귀를 너무 혹사하여 듣기에 어려움이 있는 사람이라면 '골 때리는' 골전도 헤드폰을 걸쳐보자. 조금만 물리를 알면 몸이 편해질 수 있다.

소음을 줄여주는 장치는 없을까? 눈을 덜 작게 만들어주는 안경은 어떤 원리일까? 쫄쫄이와 전신수영복은 어떤 차이가 있을까? 배낭은 왜 무거운 물건이 어깨 근처에 오도록 짐을 싸야할까? 등의 호기심은 우리 주위에서 늘 있는 질문들이다. 책을 읽을 때, 가능한 상상력을 동원하며 읽으면 더욱 흥미를 느낄 것이다. 과학기술이 빠르게 발전하면서 우리 삶에 영향을 주고 있지만, 달리 보면 과학은 우리 인간이 세상을 바라보는 하나의 관점이기도 하다.

## ⇨ 다음의 방법으로 읽어 보자

• 귀에 걸치거나 머리에 쓰는 물건 속에 숨어있는 과학을 생각하면서 책을 읽으면 어떨까?
• 평상시 몸에 걸칠 수 있는 물건들 중에서 과학적 원리가 숨어있는지를 생각하면서 읽으면 어떨까?
• 과학 기술이 우리의 삶에 어떠한 영향을 주고 있는지를 메모해 가면서 읽어보자.

## ⇨ 함께 토론해 보자

### ■ 다음의 순서와 내용으로 이야기식 토의/토론을 해 보자

#### [ 배경 지식을 활용하여 책 맛보기 ]

• 여러분은 썬그라스를 써본적이 있는가? 썬그라스를 쓰면 사물이 어떻게 보일까?
• 헤드폰을 귀에 꼽고 음악을 들은 적이 있는가? 다양한 형태의 헤드폰이 많이 있다. 어떠한 형태의 헤드폰이 귀에 착용했을 때 음악소리가 더 잘 들릴까?
• 야광팔찌를 차 본 적이 있는가? 야광팔찌는 얼마동안 야광을 나타낼까?

#### [ 내용을 점검하며 읽기 ]

• 머리에 걸치는 물건에서 물리법칙을 이용한 물건은 무엇이 있는가?
• 얼굴에 걸치는 물건에서 물리법칙을 이용한 물건은 어떠한 것이 있는가?
• 몸에 걸치는 물건에서 물리법칙을 이용한 물건은 어떠한 것이 있는가?
• 팔 다리에 걸치는 물건에서 물리법칙을 이용한 물건은 어떠한 것이 있는가?

#### [ 인간의 삶이나 사회 문제와 연결하여 생각 넓히기 ]

• 휴대폰은 어떠한 원리로 작동되는지 찾아보자 또한 많은 사람들이 사용하는 휴대폰은 학생들에게 꼭 필요할까?
• 자외선은 대기권 어디에서 흡수될까? 자외선에 의한 피해는 무엇이 있을까?
• 많은 경기장에서 관중들은 야광팔찌를 사용한다. 경기장에서 팬들이 응원하는 야광팔찌는 꼭 필요한 것일까?

### ■ 다음 논제로 찬반을 나누어 토론을 해 보자

• 학생들에게 휴대폰은 필요하다?/ 필요하지 않다? (논제 ‖ 학생들에게 휴대폰은 필요하다.

## ⇨ 나의 생각을 글로 표현해 보자

• 물리적 원리를 알고 진정한 멋스러움이 무엇인지 자신의 생각을 글로 표현해 보자.
• 우리 주변의 숲이 황폐화되는 원인을 살펴보고 숲을 지키기 위해서는 어떻게 해야 할지 자신의 글로 표현해 보세요에게 위로하는 이메일을 써 보자.
• 물리적 원리를 알고 진정한 멋스러움이 무엇인지 자신의 생각을 글로 표현해 보자.

# 세바퀴로 가는 과학자전거

강양구 | 뿌리와이파리 | 2006년 | 10,000원

| 분류 | 목적(물리의 정확한 이해) | 분야(물리) |
| --- | --- | --- |
| 관련 교과 | 과학 3학년 | 2. 일과 에너지 (5) 디딜방아는 어떤 에너지를 이용할까 |
| | 기술가정 1학년 | 1. 기술의 발달과 미래 (2) 기술의 발달과 미래의 기술 |
| 새 교육과정 | 과학 9학년 | 에너지 전환 및 활용 |

생활속의 과학이야기

세상과 통하는 과학 이야기

눈먼 과학에서 성찰하는 과학 이야기

### 어떤 책일까

현대과학기술의 실마리와 실천을 담은 '세 바퀴로 가는 과학자전거' 이 책은 과학 전문 기자인 저자가 2004년부터 2005년까지 한국과학문화재단에서 내는 인터넷 매체「사이언스타임스」에 연재했던 내용들을 다듬어 엮은 것이다. '세 바퀴로 가는 과학자전거'는 일상생활에서 친숙하게 사용하는 제품들을 통해 과학 기술이 어떤 과정을 통해 오늘과 같은 모습을 띠게 됐는지 설명하고 오늘날 과학기술이 해결해야 할 문제들을 소개한다. 또한 수많은 과학기술문제를 해결하기 위한 방안도 제시한다.

### 관련 매체에는 무엇이 있을까

**관련 매체** 「타임머신」 (영화)

**관련 도서** 「있다면 없다면」 (정재승)

### 어떻게 읽을까

• 과학의 발달사는 우리 주변에서 찾을 수 있는 사물들을 중심으로 발달되어 왔다는 사실을 생각하면서 읽어보자

### 무엇을 토론할까

• 과학기술 역사 속에는 왜 복잡한 정치, 경제, 사회적 요인들이 얽히고 설켜 있는가?

• 2004년 남아시아에서는 엄청난 지진해일 피해의 이유는?

### 무엇을 써 볼까

• 유전자 조작 식품을 개발하여 먹게하는 이유는 무엇일지 글로 표현해 보자

• 세계 인구를 충분히 먹여 살릴 식량을 생산하는데도 왜 수많은 사람들이 굶주리는가를 글로 표현해 보자

# 한발 빠른 과학 교과서

아트 서스만(고광윤) ¦ 2008년 ¦ 312쪽 ¦ 12,900원 ¦ 서해문집

| 분류 | 목적(과학의 정확한 이해) ¦ 분야(과학) | |
|---|---|---|
| 관련 교과 | 과학 1학년 | 2. 빛 (1)빛이 주는 선물은 |
| | 기술가정 7학년 | IV. 컴퓨터와 생활 1. 인터넷의 활용 (2) 정보의 검색 |
| 새 교육과정 | 과학 7학년 | 지구환경 |

2+2는 힙합이다?
결혼 50주년 댄스파티에서 춤추는 사람들을 보면
에너지가 무엇인지 알 수 있다?

### ⇨ 어떤 책일까

딱딱하고 재미없는 과학을 흥미롭게 풀어낸『한발 빠른 과학교과서』. 이 책은 미국의 저명한 과학
교육자인 저자가 일상생활의 다양함과 기발한 생각을 통해 과학을 새로운 시각으로 풀어낸다.
"한발 빠른 과학교과서"는 과학을 배우는 이유에서부터 물질의 개념과 에너지, 중력과 우주, 진
화와 지구의 미래에 이르기까지 과학의 전반적인 내용을 원리를 통해 이해하고 체계적으로 연결
하면서 익힐 수 있도록 도와준다.

### ⇨ 관련 매체에는 무엇이 있을까

**관련 매체** ¦『매트릭스』(영화)
**관련 도서** ¦『세상 밖으로 날아간 수학』(이시하라 기요타카 / 김이경 옮김)

### ⇨ 흥미로운 부분을 만나 보자

우리는 모두 2+2는 4라고 배웠다. 전체는 부분의 합 이상이라고 하니까, 2+2는 6이라고 할지도 모르겠다. 하지만 액체인 물과 기체인 수소의 차이는 6과 4의 차이와는 다르다. 이건 단순히 양만 다른 게 아니다. 성질이 다르다. 수뿐만 아니라 사물 자체가 지닌 성질에서 차이가 난다. 액체인 물은 힙합이 의자와 다르듯이 기체인 수소와 다르다. 소금은 힙합이 숙제와 다르듯이 금속인 나트륨과 다르다. 힙합이 오렌지와 다르듯이 여러분은 위장과 다르다. 우리는 전체가 부분과 '질적'으로 다르다는 말로 이런 사실을 표현한다. 이런 질적 차이는 단순한 양의 차이보다 훨씬 중요하다.

### ⇨ 다음의 방법으로 읽어 보자

- 나는 진화에 대해 어떤 입장인가? 이 책 속의 내용과 비교하면서 읽어 보자.
- 생명, 지구, 우주 등 체계를 포함한 모든 것이 어떻게 연결되는지를 메모하면서 읽어보세요
- 체계를 이해하고, 모든 것이 체계로서 연결된다는 사실을 이해하면서 읽어보자.

### ⇨ 함께 토론해 보자

■ **다음의 순서와 내용으로 이야기식 토의/토론을 해 보자**

**[ 배경 지식을 활용하여 책 맛보기 ]**

- 우리가 흔히 부르는 물질은 무엇을 말하는가?
- 단단한 물질은 왜 단단할까?
- 일상생활에서 사용하는 전기는 어떻게 만들어 질까?

**[ 내용을 점검하며 읽기 ]**

- 에너지의 형태에 대해 아는 대로 이야기해 보자
- 행성을 구성하는 원소에는 어떤 것이 있을까
- 별을 구성하는 물질은 무엇이며, 별은 어떻게 탄생할까?
- 우리가 생활하고 있는 이 세계는 어떠한 물질로 이루어져 있을까?
- 우리 태양계가 있는 우리 은하는 어떤 모습을 이루고 있을까?

**[ 인간의 삶이나 사회 문제와 연결하여 생각 넓히기 ]**

- 생명, 지구, 우주 등이 어떻게 만들어졌으며, 어떤 형태를 이루고 있는지에 대한 인간의 과학적인 호기심은 계속되고 있습니다. 이러한 끊임없는 과학적인 사실들을 우리는 왜 배워야 할까? 과학이 없어도 우리는 세상을 살아갈 수 있지 않을까?
- 2+2는 왜 4가 아니고 힙합일까? 힙합이 의미하는 것은 무엇일까?
- 물질은 원소로 이루어져 있다고 한다. 이러한 원소는 어디에서 왔을까?

■ **다음 논제로 찬반을 나누어 토론을 해 보자**

- 중력은 지구에서만 존재할까?/ 중력은 지구를 포함한 모든 곳에서 존재할까?
  (논제ㅣ중력은 지구에서만 존재한다.)
- 지구 생명체는 단순한 유기체에서 진화했을까?/ 지구의 생명체는 복잡한 유기체에서 진화했을까?
  (논제ㅣ지구의 생명체들은 단순한 유기체에서 진화했다.)

## ⇨ 나의 생각을 글로 표현해 보자

- 앞으로 지구의 미래는 어떻게 진행될 지를 구체적 사례를 들어 글로 표현해 보자
- 진화에 대한 자신의 생각을 정리해 보자
- 과학을 배우는 이유에 대해 자신의 생각을 정리해 보자


## ⇨ 읽은 책에 대해 나의 생각을 표현해보자

- 과학자들은 종종 모형을 만들어서 연구 대상을 파악하려고 한다. 예를 들어 러더퍼드는 얇은 금박에 아원자 탄환을 발사하는 실험을 한 다음에, 양전하를 띤 핵을 가진 원자모형을 만들었다. 모형은 생각하는 바를 분명하게 해주고, 다른 사람에게 생각을 명확히 전달할 때 도움이 된다. 이처럼 모형을 사용한 예를 책에서 찾아보고 모형을 사용했을 때의 긍정적, 부정적 측면을 글로 표현해 보자
- 앞으로 지구의 미래는 어떻게 진행할 지를 구체적 사례를 들어 글로 표현해 보자
- 과학을 배우는 이유에 대해 자신의 생각을 글로 표현해 보자

# 물리학자는 영화에서 과학을 본다

정재승 | 동아시아 | 2008년 | 240쪽 | 12,000원

| 분류 | 목적(과학의 정확한 이해) | 분야(과학) |
|---|---|---|
| 관련 교과 | 과학 1학년 | 10. 힘 (8)피라미드를 만든 힘은 |
| | 기술가정 3학년 | IV. 산업의 이해 1. 산업의 이해 (1) 정보-통신산업 |
| 새 교육과정 | 과학 7학년 | 놀이기수 속 과학원리 |

왜 영화에서 항상 주인공이 이기는 걸까?

소의 트림이 지구온난화를 유발한다?

뇌를 먹으면 머리가 좋아진다?

### ⇨ 어떤 책일까

많은 사람들이 과학을 친근하게 받아들이고 일상에서도 쉽게 과학에 대한 대화와 토론이 이루어졌으면 하는 저자의 마음이 담긴 이야기들이다. 영화에 등장하는 100여개의 '과학상의 실수'에 대해 재미있고 흥미롭게 이야기하고 있다. 또 '읽을 거리'라는 코너가 마련되어 짧고 재미있게 읽을 만한 내용이 추가되었다. 영화와 직접적인 관련이 없더라도 영화를 보면서 떠올랐던 여러 가지 단상이나 과학 관련 정보들이 소개되어 있다.

### ⇨ 관련 매체에는 무엇이 있을까

**관련 매체** | 『바이센티니얼 맨』 (영화)

　　　　　『매트릭스』 (영화)

　　　　　『할로우 맨』 (영화)

**관련 도서** | 『수학 콘서트』 (박경미)

자신이 마음먹은 곳으로 순식간에 이동할 수 있는 이 능력을 사람들은 한번이라도 가지고 싶다고 생각해 보았을 것이다. 직장에 출근하기 위해 지하철의 출근인파에 부대끼며 지하철 두 번과 버스 한번을 갈아타야 할 때, 가족과 직장에 묶여 어디로 훌쩍 떠나고 싶지만 시간을 도저히 내지 못할 때, 사람들은 순간이동이란 환상의 나래를 펼친다. 순간이동을 위해서는 인간의 몸을 구성하고 있는 원자들에 대한 정보를 모두 저장한 후, 초고속으로 원하는 장소로 전송해야 한다. 그리고 이렇게 전송된 원자들의 정보를 다시 원래대로 재구성해야 한다. 그런데 아타깝게도 인간의 몸을 구성한 원자들의 정보량은 10의 28제곱 KB이다. 지구상의 모든 책의 정보량이 10의 12제곱 KB 정도라고 하니 이를 저장하려면 엄청난 하드디스크가 있어야 한다.

최초로 종교적 테두리에서 벗어나, 자연 그 자체를 이해하려 했던 자연 철학자들 중 하나였던 아낙시만드로스는 바빌로니아와 이집트에서 전해오던 '만물은 공기, 물, 흙으로 이루어졌다'는 3원소설에 불을 더하여 4원소설을 주장하였다. 이 생각은 후에 플라톤에게 영향을 미치게 된다. 플라톤은 신이 처음 우주의 근원이 되는 공기, 불, 물, 흙을 만들고 이를 기초로 해서 모든 물질을 만들었다고 보았다. 그리스 철학자들은 달 아래의 세계와 달 위의 세계가 서로 다른 물질로 만들었다고 보았다. 그리스 철학자들은 달 아래의 세계와 달 위의 세계가 서로 다른 물질로 이루어져 있으며, 서로 다른 물리 법칙이 적용된다고 믿었다. 인간이 살고 있는 달 아래 세계는 4원로로 이루어진 불완전한 세계이지만, 달 위의 세계는 제5원소가 더해진 완전한 세계라고 생각했던 것이다. 특히 플라톤은 세계를 완전하게 만드는 제5원소는 '정12면체로 이루어진 기하학적 구성물'이라고 주장했다.

- 이 세계는 무엇으로 이루어져 있을까?를 생각해 보면서 읽어보자.
- 4원소란 무엇인지 메모해 가면서 읽어보자.
- 프랑스 감독 뤽 베송은 영화〈제5원소〉에서 플라톤과는 다른 해답을 제시하고 있는데 이를 생각해 보면서 읽어보자.
- 물리학자들이 이 우주의 탄생과 기원을 설명하는 이론을 만들면서 이론의 예술적 아름다움을 가장 중요하게 생각했던 것처럼 영화에 나오는 과학적 상상력을 머리 속에 그려보면서 읽어보자.

■ 다음의 순서와 내용으로 이야기식 토의/토론을 해 보자
[ 배경 지식을 활용하여 책 맛보기 ]
- 2050년 우리는 뭘 하며 놀고 있을까?
- 과학자들은 최면과 전생을 어떻게 과학적으로 설명할까?
- 중생대를 지배하던 공룡들은 왜 멸종하였을까?

[ 내용을 점검하며 읽기 ]
- 투명한, 그래서 텅 빈 과학자의 비극은 무엇을 말하고 있나?
- 굴착기 기사들이 NASA 우주선을 몰고 지구를 구할 수 있다고 한다. 어떠한 방법을 통해 지구를 구하게 될까?
- 쥬라기 공원에는 쥬라기 공룡이 없다고 한다. 왜 공룡이 없을까?
- 비행기 내에서는 휴대폰사용이 금지되어 있다. 하지만 날아가는 비행기 안에서도 다른사람과 휴대폰을 통해 통화를 할 수 있을까?
- 스타워즈와 같은 영화속 '우주 전쟁'을 보면 실감이 난다. 하지만 이러한 우주전쟁 영화속에 숨겨진 진짜같은 거짓은 무엇일까?

**[ 인간의 삶이나 사회 문제와 연결하여 생각 넓히기 ]**

• 영화가 환경을 파괴한다면 어떠한 이유에서 일까?

• 유너바머와 네오 러다이트 운동은 과학기술을 반대하는 사람들의 모임이다. 이러한 운동에 우리들은 적극 참여해야 하는지 발표해 보자.

• 날씨를 맘대로 조작한다면 어떤 일들이 벌어질까?

• 휴먼 게놈 프로젝트가 학계에 발표되었습니다. 그래서 앞으로 지구상에 살고 있는 생명들의 유전자 설계도가 만들어 진다고 한다. 이러한 휴먼 게놈 프로젝트라는 생명의 설계도는 필요할까?

■ **다음 논제로 찬반을 나누어 토론을 해 보자**

• 헬리콥터는 360도 회전할 수 없다?

　(논제 ¦ 헬리콥터는 360도 회전할 수 있다.)

• 우주여행은 할리우드 영화에서나 가능한 얘기일까?

　(논제 ¦ 우주여행은 할리우드 영화에서나 가능한 얘기는 아니다.)

⇨ **나의 생각을 글로 표현해 보자**

• 자신이 생각하는 카오스의 조건을 구체적 사례를 들어 논술해 보자.

• 유너바머와 네오 러다이트 운동, 어떠해야 할 것인지 자신의 생각을 정리해 보자.

⇨ **읽은 책에 대해 나의 생각을 표현해 보자.**

• 걷잡을 수 없는 환경오염, 대량소비로 인한 자원고갈, 기계문명이 가져다 준 비인간적인 사회, 인간 정서의 황폐화, 개인주의 만연과 사회 윤리의 부재, 핵전쟁의 공포 등 산업사회의 모든 폐허 속에는 과학 기술이 그림자처럼 숨어있다. 과연 과학 기술에 인류의 미래에 대한 희망이 있는 걸까?를 자신의 글로 표현해 보자.

• 과학자적 입장에서 영화를 감상하면 어떨지에 대해 자신의 생각을 글로 표현해 보자.

# 그리스로마 신화 사이언스

이정모 | 휘슬러 | 2004년 | 282쪽 | 12,800원

| 분류 | 목적(물리의 정확한 이해) | 분야(물리) | |
|---|---|---|---|
| 관련 교과 | 과학 2학년 | 3. 지구와 별 (8) 별들의 고향 | |
| | 기술가정 1학년 | III. 미래의 기술 1. 기술의 발달과 미래 (2) 기술의 발달과 미래의 기술 | |
| 새 교육과정 | 과학 7학년 | 지구환경 | |

다이달로스의 자동으로 움직이는 인형(로봇)?

몇 명의 병사 만으로도 수많은 적을 물리 칠 수 있는 성벽?

크레타의 궁전이 실제로 발굴되면서 다이달로스의 미궁도 발굴되었을까?

### ⇨ 어떤 책일까

서양을 이해하기 위해 반드시 읽어야 할 고전으로는 하나는 성경, 그리고 또 하나는 그리스 로마 신화이다. 밤하늘의 별만큼이나 수많은 이야기로 가득 한 그리스 로마 신화는 먼 옛날 사람들의 꿈과 삶, 그리고 문화를 고스란히 담고 있다. 그러나 신화는 막연히 상상력으로만 만들어진 이야기가 아니라 당시의 생활과 과학이 반영되어 있는 "현실"이기도 하다. 이 책은 과학 원리를 신화의 세계를 통해 알기 쉽게 전개하면서, 과학의 핵심 원리와 신화 속에 반영된 서양의 문화 코드를 독자에게 전달한다.

### ⇨ 관련 매체에는 무엇이 있을까

**관련 매체** | 『트로이』, 『율리시스』, 『오딧세이』, 『헤라클레스』 (영화)

**관련 도서** | 『벌핀치의 그리스로마신화』 (벌핀치)

### ⇨ 어떻게 읽을까

• 우라노스와 그의 아들 크로노스 신화 이야기를 통해 출아법이란

• 다이달로스의 자동으로 움직이는 인형(로봇)은 무엇일까

• 몇 명의 병사만으로도 수많은 적을 물리칠 수 있는 성벽은 존재하는지에 대하여 살펴보며 읽어보자

### ⇨ 무엇을 토론할까

• 우주의 기원 카오스는 무엇인가?

• 우주의 탄생-빅뱅이론은 무엇인가?

### ⇨ 무엇을 써 볼까

• 제우스의 권력획득과정에서 말하고 있는 정보와 네트워크의 구조를 책의 내용을 근거로 하여 서술하시오.

# 과학시간에 사회공부하기

강윤재, 손향구 | 웅진주니어 | 221쪽 | 2008년 | 12,000원

| **분류** | 목적(과학과 사회의 관계 정립) | 분야(과학) |
| --- | --- | --- |
| **관련 교과** | **과학 1학년** | 6. 생물의 구성 (1)맨눈으로 볼 수 없는 것도 보인다 |
| | **기술가정 1학년** | III. 미래의 기술 2. 생명 기술과 재배 (1) 생명기술의 이해 |
| **새 교육과정** | **과학 7학년** | 우리 주변의 식물 |

생명의 기원을 알 수 있을까?

종의 기원을 통해 생명의 진실을 밝힐 수 있을까?

21세기에 또 다른 종의 기원은 어떤 모습일까?

---

### ⇨ 어떤 책일까

'과학 시간에 사회 공부하기'는 사슬처럼 얽혀 있는 여러 지식의 연결 고리를 찾아봄으로써 지식의 폭을 넓힐 수 있도록 한 책이다. 국사와 세계사, 과학과 사회, 지리와 역사 등 서로 연관되어 있는 지식을 함께 보여줌으로써 통합 교과 학습에도 도움을 준다. 과학과 사회와의 관계 속에서 애매모호하게 여겨지던 경계를 넘어 과학과 사회 통합 교과 학습을 가능하게 한다. 과학은 사회에 끊임없이 영향을 미쳤으며 사회는 과학이 발전할 수 있는 원인이며 결과였음을 강조한다. 과학의 사회적 의미와 역할, 사회 구성원의 과학적 책임을 되짚어 본다.

이 책은 과학 사회 전공자가 설명하는 전문 교양서이다. 때문에 독자들은 고대부터 현대까지 다양한 과학의 이론들이 사회적으로 이용된 다양한 예를 통해 사회 분야에 쉽게 접근할 수 있다. 과학의 원리를 조목조목 충실하게 다루면서 과학이 언제나 철학사상과 함께 하는 사회적 활동이었음을 알 수 있도록 시대 배경에 대한 풍부한 설명을 수록한다.

### ⇨ 관련 매체에는 무엇이 있을까

**관련 매체** | 『쥬라기 공원』 (영화)

**관련 도서** | 『로빈슨 크루소 따라잡기』 (박상준, 박경수)

옛날사람들은 지구가 우주의 중심이며 태양을 비롯한 여러 행성이 지구 주위를 돌고 있다고 생각하고 천동설을 주장했다. 세월이 흐르고 관측 데이터가 쌓이고 천문학 지식이 깊어지면서 지동설이 설득력을 갖게 되었다. 우주의 중심이 지구에서 태양으로 바뀐 것이다. 그 무렵 유럽은 '르네상스' 문화가 자리를 잡았다. 자연 세계를 있는 그대로 보고 거기에 있는 규칙성을 찾고자 노력했던 르네상스인들에게 프톨레마이오스보다는 코페르니쿠스가 더욱 매력적으로 다가온 것이다. 과학이론이 사회의 영향을 받는다는 것을 처음으로 체계화한 사람은 20세기의 과학사학자 토마스쿤이다. 과학적인 연구는 사회적인 가치와 맥락을 같이 하고 있다는 것이다.

자연환경을 예를 들면, 지진으로 인해서 사람의 성격도 바뀐다는 것이다. 일본에서는 워낙에 지진이 잦으므로 인해서 건물을 지을 때 항상 지진을 대비하고 우리나라와 같은 경우는 지진이 자주 일어나지 않음으로 지진에 대한 대책이 그만큼 미약한 것이다. 이것을 두고 한국인에 비해 일본인들이 준비의식이 철저하고 한국인은 문제가 터지고 나면 그제 서야 행동하고 단결의식이 부족하다고 이야기하며 심지어는 열등하다는 결론으로 까지 치닫게 되는데 학자들은 이런 연유를 환경결정론이라고 부르며 위험성을 경고하고 있다. 환경결정론이란 지리적 환경이 국민성이나 문화를 결정하는데 어느 정도의 몫을 담당한다는 것이다. 그래서 어떤 사회의 문화와 삶을 이해하려면 문화를 둘러싼 지리적 요인을 반드시 고려해야한다는 것이다.

⟴ **다음의 방법으로 읽어 보자**

- 원자론이나 지동설, 진화론을 수용하는데 왜 그렇게 오랜 시간이 걸렸을까을 생각해 보면서 읽어 보자.
- 과학 기술은 어떻게 다양한 방식으로 사회와 관계를 맺는지를 생각해 보면서 읽어 보자.
- 컴퓨터가 인간의 생활 방식을 어떻게 바꾸었는지를 생각해 보면서 읽어 보자.

⟴ **함께 토론해 보자**

■ **다음의 순서와 내용으로 이야기식 토의/토론을 해 보자**

**[ 배경 지식을 활용하여 책 맛보기 ]**

- 천동설이란 무엇을 말하나요? 그렇다면 지동설과 어떠한 차이점이 있을까?
- 지동설이 주장되었을 때의 사회적 반응은 어떠했을까?
- 석유는 우리생활에서 어떻게 사용될까?
- 체세포 복제로 인간도 복제할 수 있을까?

**[ 내용을 점검하며 읽기 ]**

- 만유인력 법칙이란 어떠한 원리를 말하는 법칙일까?
- 현대 생활에서 전동기는 많은 부분에서 사용되고 있습니다. 이러한 전동기는 어떠한 원리로 움직일까?
- 화석연료는 인류문명발전에 큰 공헌을 했다. 하지만 이러한 화석연료는 앞으로도 인류발전에 큰 공헌을 할까? 그렇지 않다면 어떠한 이유일까?
- 진화론은 어떠한 이론인가?
- 체세포 복제는 생명윤리라는 관점에서 긍정적일까? 아니면 부정적일까?

**[ 인간의 삶이나 사회 문제와 연결하여 생각 넓히기 ]**

- 천동설이 지배하는 시대에서 지동설이 주장 되었을 때 쉽게 인정하려 하지 않은 상황속에서 어떻게 행동할지 말해 보자.
- 지금의 일상생활에서 석유는 필수적인 에너지원이다. 이러한 석유가 신의 축복일까? 아니면 인류 파멸의 시작일까?
- 체세포 복제에 관한 여러분의 생각은 어떠한가? 생명윤리와의 관계성을 고려하여 논술해 보시오.

■ **다음 논제로 찬반을 나누어 토론을 해 보자.**

- 석유는 인류의 밝은 미래를 가져다 준다? 가져다 주지 않는다?
  (논제 | 석유는 지구의 미래를 어둡게 한다.)
- 생명 윤리 입장에서 체세포 연구는 계속되어야 하는가, 중단해야 하는가?
  (논제 | 체세포 연구는 계속 되어야 한다.)

**나의 생각을 글로 표현해 보자**

- 우리 주변에서 사회가 과학에 미친 예들을 살펴보고, 과학발전에 사회가 왜 중요  한지를 글로 표현해 보자.
- 과학과 사회의 올바른 관계에 대한 방안에 대해 자신의 생각을 표현해 보자.
- 자신이 생각하는 이상적인 과학자의 역할을 구체적 사례를 들어 글로 표현해 보자.

# 과학이 밝히는 범죄의 재구성

박기원 | 살림 | 2008년 | 185쪽 | 9,000원

| 분류 | 목적(과학 원리의 정확한 이해) | 분야(과학) |
|---|---|---|
| 관련 교과 | 과학 3학년 | 3. 물질의 구성 (3)원소는 어떻게 알아낼수있을까 |
| | 기술가정 3학년 | IV. 산업과 진로 3. 산업재해와 안전 (2) 산업안전 |
| 새 교육과정 | 과학 9학년 | 이온과 우리생활 |

사건을 해결하기 위한 단서를 찾아라

사건 해결을 위한 과학적 증명 과정은 어떻게 되는가?

범죄수사에 사용되는 과학원리는?

#### ⇨ 어떤 책일까

과학 수사에 관한 내용을 담은'과학이 밝히는 범죄의 재구성'이란 이 책은 국립과학수사연구소에 근무하는 저자가 실제 벌어진 범죄 사건을 재구성해 수사하는 과정을 설명하면서 사건을 해결해가는 과정과 과학수사기법, 원리와 방법을 추리소설처럼 흥미롭게 풀어낸다. '과학이 밝히는 범죄의 재구성'은 주인공인 앤과 큐 두 수사관을 통해 7가지 사건을 해결하는 과정을 담았다. 미궁에 빠진 사건들을 다양한 각도와 단서를 통해 진실을 밝혀내고 그 안에서 보여지는 과학의 흐름을 통해 과학을 쉽게 이해할 수 있도록 했다.

#### ⇨ 관련 매체에는 무엇이 있을까?

**관련 매체** | 『CSI 과학 수사대』 (영화)

**관련 도서** | 『과학이 밝히는 범죄의 재구성 2』 (박기원)

『과학이 밝히는 범죄의 재구성 3』 (박기원)

## 흥미로운 부분을 만나 보자

사건의 범인은 교통사고로 사람을 죽이고 시신을 강에다 빠뜨렸다고 진술했다. 사건은 범인의 진술과 일치하는 피해자의 시신을 찾으면서 종료될 뻔했으나, 부검 결과 피해자의 장기 속에서 플랑크톤이 나오면서 새로운 국면을 맞는다. 피해자의 체내에서 플랑크톤이 발견되었다는 것은 피해자가 강 속에서 물을 흡입했다는 것이고, 즉 산 채로 물에 빠졌다는 새로운 진실이 드러난 것이다. 이렇듯 플랑크톤은 사건을 해결하는 중요한 단서다. 단서를 찾아내면, 사건 속에 숨은 1인치의 과학을 찾을 수 있다. 또한 유기된 사체에서 구더기를 발견한 장면에서는 파리의 생태를 배울 수 있다. 파리의 생태를 알면 유기된 사체의 사망 시간을 추정할 수 있다.

드라마에서 펼쳐지는 것처럼 "과학이 사건 수사에 쓰이고 있을까?" "에이, 저거 거짓말 아니야?" 사람들은 종종 뉴스나 드라마에서 소개되는 범죄 사건이 과학의 힘으로 해결될 때마다 궁금증을 갖곤 한다. "과연 실제 현장에서 과학은 어느 정도 범위에서 쓰이고 있을까?"를 생각하며, 주인공인 앤과 큐라는 수사관이 7가지 사건을 해결하는 과정을 따라가면 더욱 흥미롭게 이야기 전개를 이해할 수 있을 것이다. 또한 앤과 큐의 추리를 따라가다 보면 첨단과학수사 기법을 만날 수 있고, 그에 따라 미궁에 빠진 사건들이 해결될 때면 통쾌한 기분을 느낄 수 있을 것이다.

## 다음의 방법으로 읽어 보자

• 사건을 해결하기 위한 기본적인 수사 방법에는 어떠한 것이 있는지를 생각하면서 읽어 보자.
• 어린이 납치한 범인은 치밀한 수사를 빠져나가기 위해 어떠한 방법을 사용했는지를 추론하며 읽어보자.
• 유전자 감식이나 혈흔 검사에 관한 정보를 얻으면서 읽어보자.

## 읽고 토론해 보자.
### 다음의 순서와 내용으로 이야기식 토의/토론을 해 보자
[ 배경 지식을 활용하여 책 맛보기 ]
• 플랑크톤은 무엇일까, 플랑크톤은 어떤환경에서 잘 번식할까?
• 사람의 장기 속에도 플랑크톤이 살 수 있을까?
• 파리는 어떻게 생겨날까, 그리고 얼마나 살 수 있을까?
• 자살과 타살의 정의는 무엇일까?

[ 내용을 점검하며 읽기 ]
• 교통사고가 나면 어떻게 그 원인을 규명할까?
• 살인은 반드시 증거를 남긴다고 한다. 그 이유를 찾아 보자.
• 시체의 사망 시간을 추정할 수 있을까, 있다면 그 이유를 찾아 설명해 보자.

[ 인간의 삶이나 사회 문제와 연결하여 생각 넓히기 ]
• 범죄수사에서 과학수사가 많이 이용되고 있다고 한다. 최근에 일어나는 범죄수사에서 과학수사가 해결한 과학적 방법들은 무엇이 있었는지 찾아 설명해 보자.
• 과학수사가 모든 범죄수사에서 이용될 수 있을까, 있다면 그 이유가 무엇인지 살펴보자.

### 다음의 순서와 내용으로 이야기식 토의/토론을 해 보자
• 유전자 감식이나 혈흔 검사에 관한 정보는 앞으로 일어날 범죄수사에 대비하여 정보화 할 수 있는가?
  (논제 | 유전자 감식이나 혈흔 검사에 관한 정보는 앞으로 일어날 범죄수사에 대비하여 정보화 할 수 있다)
• 과학수사는 모든 범죄수사에 사용될 수 있는가?
  (논제 | 과학수사는 모든 범죄수사에 사용될 수 있다)

- 과학기술의 발달과 더불어 범죄는 날로 지능화 되어 가고 있다. 이를 해결하기 위한 방안과 구체적인 사례를 들어 자신의 글로 표현해 보자.
- 외국은 과학수사에 관한 책과 실험 교구들이 만들어져 청소년들과 일반인들이 보고 활용할 수 있도록 되어있다. 하지만 한국은 과학수사에 대한 이해가 너무나 부족하다. 그 이유는 무엇인지 서술해 보자.

# 하리하라의 과학고전 카페 1

이은희 ｜ 글항아리 ｜ 2008년 ｜ 287쪽 ｜ 11,000원

| 분류 | 목적(물리의 정확한 이해) ｜ 분야(물리) | |
|------|------|------|
| 관련 교과 | 과학 3학년 | 8. 유전과 진화 (4) 멘델의 법칙은 항상 적용되는가 |
| | 기술가정 1학년 | III. 미래의 기술 2. 생명기술과 재배 (1) 생명 기술의 이해 |
| 새 교육과정 | 과학 9학년 | 호르몬과 신체변화 |

모든 것은 절대적이지 않다?

지구는 쇠퇴하고 있다?

절대적인 과학이란 없다?

---

### ⇨ 어떤 책일까

우리 사회에서 과학교양이 무르익지 못하는 이유가 바로 과학의 존재이유와 성장과정, 과학을 통해 열어갈 미래의 비전이 농축되어 있는 과학명저들에 대한 학습이 부족하기 때문이다. 이 책은 20세기 이후 세계를 뒤흔들어놓은 위대하면서도 논쟁적인 명저 19권을 선택해 핵심주장과 메시지를 명쾌하게 설명한다. 현대사회의 핵심을 이루는 과학적 주장이 어떤 과정을 거쳐 탄생했는지, 어떤 반론과 사회적 갈등을 이겨내고 지금의 고전의 자리에 올랐는지 명쾌하게 보여준다. 명저들의 주장과 함께 그에 대한 반론까지 유기적으로 엮어 설명했으며, 우리 사회현상 속으로 확산시켜서 이해하도록 돕고 있다. 딱 부러진 문제의식과 설명이라는 차원에서 깊은 공감을 불러일으키는 책이다.

### ⇨ 관련 매체에는 무엇이 있을까

**관련 매체** ｜ 『바이센테니얼 맨』( 영화)

**관련 도서** ｜ 『이기적 유전자』 (리처드 도킨슨/홍영남 옮김)

### ⇨ 어떻게 읽을까

• 인류 역사를 뒤바꾼 세 가지 힘은 무엇인지 상상해 보면서 읽어 보자.

• 열역학 법칙을 통하여 지구와 인류의 미래를 생각해 보면서 읽어 보자.

### ⇨ 무엇을 토론할까

• 20세기 중반에 일어났던 제이콥스 증후군에 대한 오해가 왜 일어나게 되었는가?

### ⇨ 무엇을 써 볼까

• 생물농축현상을 예를 들어 글로 표현해 보자.

# 하리하라의 과학고전 카페 2

이은희 | 글항아리 | 2008년 | 319쪽 | 11,000원

| **분류** | 목적(과학사의 정확한 이해) | 분야(과학) |
|---|---|---|
| **관련 교과** | **과학 3학년** | 8. 유전과 진화 (9)기린이 긴 목을 갖게 된 까닭은 |
| | **기술가정 8학년** | III. 미래의 기술 1. 기술의 발달과 미래 (2) 기술의 발달과 미래의 기술 |
| **새 교육과정** | **과학 9학년** | 호르몬과 신체변화 |

인간은 진화한다?

불확정성의 원리란?

생명의 지적 설계자가 존재한다?

### ⇨ 어떤 책일까

이 책은 현대사회의 핵심을 이루는 과학적 주장이 어떤 과정을 거쳐 탄생했는지, 어떤 반론과 사회적 갈등을 이겨내고 지금의 고전의 자리에 올랐는지 명쾌하게 설명하고 있다. 진화론을 옹호하고 지적 설계론을 비판한 리처드 도킨스의 〈눈먼 시계공〉, 인간의 지성이 어떻게 탄생했는지를 탐구한 칼 세이건의 〈에덴의 용〉, 지식의 경계를 허무는 거대한 과학철학적 기획을 다룬 에드워드 윌슨의 〈통섭〉 등을 설명하고 있다. 명저들의 주장과 함께 그에 대한 반론까지 유기적으로 엮어 설명했으며, 우리 사회현상 속으로 확산시켜서 이해하도록 돕고 있다. 딱 부러진 문제의식과 설명이라는 차원에서 깊은 공감을 불러일으키는 책이다.

### ⇨ 관련 매체에는 무엇이 있을까

**관련 매체** | 『가타카 〈GATTACA〉』 (영화)

**관련 도서** | 『신중한 다윈씨』 (데이비드 괌멘)

### ⇨ 어떻게 읽을까

• 아인슈타인이 하이젠베르크를 공격하게 만든 불확정성의 원리가 무엇인지 생각해 보면서 읽어 보자.

• 하이젠베르크는 왜 자신의 책에 '부분과 전체'라는 제목을 붙였는지 생각해 보면서 읽어 보자.

### ⇨ 무엇을 토론할까

• 도킨스의 '생존기계' 개념은 무엇인가?

• X선 회절사진과 관련한 왓슨의 업적 뒤에 숨겨진 행위에 대해서 토론해 보자.

### ⇨ 무엇을 써 볼까

• 도킨스의 생존기계 개념을 참조하여 인간이 자연으로부터 불연속적인 존재일 수 없다는 매즐리시의 주장을 뒷받침하는 글을 써 보자.

# 과학 선생님, 프랑스 가다

한문정, 김태일, 김현빈, 이봉우 | 푸른숲 | 2007년 | 265쪽 | 12,000원

| 분류 | 목적(과학 지식 습득) | 분야(과학) | |
|------|------|------|------|
| 관련 교과 | 과학 1학년 | 환경과 인간의 삶 | |
| | 기술가정 7학년 | 환경 친화적 삶의 방식 | |
| 새 교육과정 | 과학 7학년 | 개인과 가정, 산업 생활의 이해와 적응에 필요한 지식과 기능을 습득하게 함 | |

31가지 보물은 무엇일까?
산소를 발견한 사람은 누구일까?

### ⤳ 어떤 책일까

현직 과학 교사들과 아이들이 직접 찾아간 세계 과학문화의 현장! 첫 번째 목적지인 프랑스에서는 근대 서양과학사의 발자취를 따라가는 한편, 교과서 속 과학자들과 과학 원리들을 온몸으로 체험하고 생각할 기회를 마련했다. 이 책은 과학 교육의 주요 화두인 살아 있는 과학, 체험 위주의 교육이 어떤 것인지 보여 준다. 프랑스를 대표하는 과학관과 박물관들은 물론, 퀴리와 파스퇴르, 라부아지에 등 주요 과학자들의 실험실, 노트르담 성당, 에펠 탑, 그리고 길거리 구석구석에 이르기까지 프랑스에서 만나는 과학의 모든 것을 담았다. 여행길에서 마주친 에피소드와 감상이 녹아 있어, 여행기로서의 즐거움도 놓치지 않았다. 일상생활, 여행, 놀이 속에서 자연스럽게 익히는 신나는 과학! 교과서 속 실험과 원리를 오감으로 깨우치는 싱싱한 과학! 과학자들의 삶과 역사적 발견의 순간이 주는 교훈과 감동! 방학을 맞아 해외여행을 떠날 이들뿐만 아니라 일선 교사와 학부모, 학생들에게 과학 교육의 새로운 대안을 제시한다.

### ⤳ 관련 매체에는 무엇이 있을까

**관련 도서** | 『과학 선생님 영국 가다』 (한문정, 김태일, 김현빈, 이봉우)

## ⇨ 흥미로운 부분을 만나 보자

와인의 품질을 결정하는 요소로는 대개 세가지가 꼽힌다. 테루아, 빈티지, 도멘이 바로 그것, 테루아는 포도나무의 성장을 좌우하는 자연조건을 말하는 것으로 포도밭의 위치와 토양, 물이 빠지는 정도, 강수량이나 일조량 등 지리적 조건과 기후를 모두 포함한다. 날씨가 맑고 일조량이 풍부하면 알코올을 만드는 당분이 많아져 와인의 맛이 좋아진다. 반대로 비가 많이 내리면 포도의 질이 나빠진다. 특히 레드 와인을 만드는 적포도는 강렬한 햇빛이 내리쬘 때 당분과 짙은 빛깔을 내며, 청포도는 약간 서늘한 곳에서 재배하는 것이 좋다. 빈티지는 와인의 제조 연도를 뜻한다. 같은 포도밭에서 난 포도라도 그 해의 강수량이나 일조 시간, 태풍의 영향등에 따라 포도의 질이 결정된다. 마지막으로 도멘은 양조장을 뜻하는 것으로 양조업자의 전문성과 정성, 제조 방법에 따라 와인의 질이 달라진다.

## ⇨ 다음의 방법으로 읽어 보자

역사는 과거의 사실을 전해준다. 이 책에서는 그 역사 속에는 과학이 함께 하고 있음을 이야기 한다. 프랑스의 과학의 역사는 현재 이 나라가 어떻게 선진국이 되었는가에 대한 시사점을 주고 있다. 한 시대를 풍미했던 라브와지에가 형장의 이슬로 사라진 이야기며, 수많은 대중을 대상으로 팡테옹에서 실시한 푸코의 진자실험, 생명의 기원에 대한 수백 년 간의 논쟁에 종지부를 찍은 파스퇴르의 실험, 에펠탑을 철근으로 만든 구조물이라고 하여 행사 직후 철거하려 했다는 뒷얘기 등을 들려준다. 우주시대를 앞둔 우리에게 하나의 지표가 될 수 있는 툴루즈 우주항공전시관 등 역사적 사실들과 시대에 따라 사람들 생각이 어떻게 변화됐는지도 생각하면서 책을 읽는다면 좋은 경험이 될 것이다.

## ⇨ 함께 토론해 보자

■ 다음의 순서와 내용으로 이야기식 토의/토론을 해 보자

**[ 배경 지식을 활용하여 책 맛보기 ]**

- 라디오미터의 원리는 무엇인가
- 플로지스톤설은 무엇인가
- 자이로스코프는 무엇인가
- 방사선은 어디에 쓰일까

**[ 내용을 점검하며 읽기 ]**

- 라 빌레트 과학산업관
- 와인 박물관
- 툴루즈 우주항공전시관
- 국립 기술공예박물관
- 팡테옹
- 파스퇴르 박물관
- 퀴리 박물관
- 파리 자연사 박물관
- 에펠탑

# 101일간의 과학사 일주

박영수 지음 | 이리 그림 | 2008년 | 223쪽 | 9,800원 | 영교출판

| **분류** | 목적(과학의 정확한 이해) | 분야(과학) |
|---|---|---|
| **관련 교과** | **과학 2학년** | 3. 지구와 별 (1)지구는 정말로 둥근 모습일까 |
| | **기술가정 3학년** | IV. 산업과 진로 1. 산업의 이해 (1) 생활과 산업의 발전 |
| **새 교육과정** | **과학 2학년** | 지구환경 |

식량부족 위기를 넘기게 해준 저장방법은 무엇이 있었을까?

두더지는 왜 힘들게 굴을 파서 땅속으로 다닐까?

발명품 101가지는 무엇일까?

### ⇨ 어떤 책일까

이 책은 인류역사가 문명사회를 건설한 후, 놀라운 속도로 발전하는 데 힘을 보탠 과학에 대해 살펴보고 있다. 또한 인류역사에 엄청난 도움을 준 발명품 101가지를 선정하여 그것이 발명된 배경에 대하여 이야기하고 있다. 도구, 재료, 보존, 교통, 정보 등 5가지 주제로 묶어 인류와 함께 성장해온 과학의 커다란 흐름을 파악할 수 있도록 구성되어 있으며, 불, 숟가락, 타자기, 유리, 석유, 그릇, 건전지, 신발, 박물관, 자전거, 자동차, 비행기, 지하철, 잠수함, 나침반, 지도, 전화, 컴퓨터, 그리고 책 등에 대해 다루고 있다.

### ⇨ 관련 매체에는 무엇이 있을까

**관련 매체** | 『매트릭스』 (영화)

**관련 도서** | 『어린이 과학 형사대 CSI.2』 (고희정)

## ⇨ 흥미로운 부분을 만나 보자

오늘날 '검은 황금'으로 불리는 석유, 희한하게도 석유를 정제하면 할수록 쓸모있는 물질이 계속 나오고 있다. 경유, 가솔린, 등유, 심지어 아스팔트를 포장하는 건축자재까지 다양한 쓰임새로 쓰이지만 그만큼 자원이 금방 고갈되는 상황이 초래되어, 발견은 늦게 했지만 빠른 종말을 맞이 할거라 한다.

우리민족은 농경문화에서 초래된 단백질 결핍 문제를 콩으로 해결했습니다. 콩을 발효시켜 된장과 간장 고추장 까지 만들었다. 지금 이것들은 우리나라의 음식의 가장 기본이 되고 있다.

"두더지는 왜 힘들게 굴을 파서 땅 속으로 다닐까?" 교통 역사상 가장 기발한 발상은 이렇게 시작됐었다. 지하철은 우연한 착상과 치밀한 계획 그리고 한사람의 집요한 의지가 있었기에 탄생한 교통수단이다. "서민의 발"이라고 불려 질만큼 지하철은 세계 대도시 곳곳에서 건설되고 폭발적으로 늘어나는 도시인구의 없어서는 안 될, 중요한 교통수단이 되어 가고 있다.

고대엔 점토판에 기록을 했고 중국에서는 종이가 발명되기 전엔 대나무에 기록을 하였다고 한다. 금속활자를 이용해 인쇄가 가능해지자 책의 대중화가 시작되었다. 요즘은 컴퓨터나 텔레비전을 통해 많은 정보와 지적 호기심을 해결 하게 되었지만, 책은 여전히 수준 높은 교양정보이자 상상 여행의 도우미로써 자리 잡고 있다.

## ⇨ 다음의 방법으로 읽어 보자

- 과학에 관련된 잡지와 몇몇 과학 서적들에서 보았던 신기한 발명품들을 생각해 보면서 읽어 보자.
- 놀라운 속도로 발전된 과학기술의 예들을 메모해 가면서 읽어 보자.
- 석탄은 우리 인류에게 밝은 미래를 안겨 주었는지를 생각해 보면서 읽어 보자.

## ⇨ 함께 토론해 보자

### ■ 다음의 순서와 내용으로 이야기식 토의/토론을 해 보자

**[ 배경 지식을 활용하여 책 맛보기 ]**
- 타자기는 무엇을 하기 위한 기구인가? 숙제가 많을때 타자기가 없다면 어떻게 할까?
- 고무는 무엇으로 만들어졌을까? 우리가 쓰는 물건중에 고무로 만든 것이 어떤 것이 있나?
- 건전지는 어떤원리로 만들어졌을까?
- 바퀴는 누가 개발했을까?
- 전화는 우리생활에서 얼마만큼의 혜택을 주고 있는가?

**[ 내용을 점검하며 읽기 ]**
- 태양처럼 빛나는 화려한 물질은 무엇일까, 이것은 우리생활 어디에서 사용되고 있을까?
- 식량보존을 위해 필요한 절대적인 물건에는 어떤 것이 있는지 찾아 보자.
- 구르는 둥근 돌을 이용하여 무엇을 만들었는지 그 실례를 찾아 보자.
- 방향을 알려주는 휴대용 도우미는 무엇이며, 이 휴대용 도우미는 어떠한 원리로 작동되는지 찾아 보자.

**[ 인간의 삶이나 사회 문제와 연결하여 생각 넓히기 ]**
- 석유는 인류발전에 중요한 역할을 해왔다. 이러한 석유의 발견은 앞으로 미래 지구환경에 어떠한 결과를 초래할까? 그렇게 말한 이유가 되는 근거들을 찾아 보자.
- 우리가 살아가는데 꼭 필요하고 없어서는 안 될 발명품은 무엇인지 세가지만 찾아 설명해 보자.
- 우리가 과학사를 포함한 역사를 제대로 알아야하고 공부해야하는 이유는 무엇일까? 그 예를 찾아 설명해 보자.

■ **다음 논제로 찬반을 나누어 토론을 해 보자**

• 석탄은 우리에게 밝은 미래를 주었다?/ 그렇지 않다?

　(논제 ┃ 석탄은 우리에게 밝은 미래를 준다)

• 과학은 우리에게 이로움을 안겨다 주었다?/ 그렇지 않다?

　(논제 ┃ 과학은 우리에게 밝은 미래를 안겨 준다)

↪ **나의 생각을 글로 표현해 보자**

• 석탄이 우리 인류에게 주는 영향이 무엇인지 긍정적 및 부정적 입장에서 글로 표현해 보자.

• 우리 주변의 숲이 황폐화되는 원인을 살펴보고 숲을 지키기 위해서는 어떻게 해야 하는지를 글로 표현해 보자.

• 석유의 사용이 앞으로 어떻게 진행되어야 할 지, 그 방안에 대해 자신의 생각을 글로 표현해 보자.

# 교과서 밖에서 배우는 과학상식

송은영 | 맑은창 | 7,800원

| 분류 | 목적(물리의 정확한 이해) | 분야(물리) |
|---|---|---|
| 관련 교과 | 과학 2학년 | 7. 상태 변화와 에너지 (1) 녹은 마가린을 식히면 어떻게 될까? |
| | 기술가정 1학년 | 1. 기술의 발달과 미래 (1) 인간과 기술 |
| 새 교육과정 | 과학 8학년 | 소화와 음식의 찰떡궁합 |

먹을 것에 숨은 과학은?

기후와 날씨에 관련된 과학은?

지구와 관련된 과학상식은 어떠한 것이 있는가?

### ⟫ 어떤 책일까

'교과서 밖에서 배우는 과학상식'은 교과서의 공식을 벗어나 실생활에서 배우는 과학상식에 관한 책이며, 다이어트나 냉면, 고기와 깻잎, 발렌타인데이와 초콜렛, 냉동인간이나 운전자가 폭력적이 되는 이유 등 실생활에서 흔히 보고 겪는 일들 속에 녹아있는 과학에 대해 쉽고 재미있게 풀이해준다.

### ⟫ 관련 매체에는 무엇이 있을까

**관련 매체** | 『단테스피크』 (영화)

**관련 도서** | 『정재승의 과학콘서트』 (정재승)

### ⟫ 어떻게 읽을까

• 여름철에 먹는 냉면에는 어떠한 과학이 숨어 있을까?

• 오뉴얼에 감기가 걸리는 이유는 무엇일까?

• 티코브라헤와 케플러의 업적은 무엇인가?

### ⟫ 무엇을 토론할까

• 냉동인간에 대한 사회적 여론은 어떠할까?

• 천동설은 무엇이며, 왜 지동설이 맞는가?

### ⟫ 무엇을 써 볼까

• 코페르니쿠스의 지동설이 인정되기까지 천동설의 개념이 지배하던 사회의 반응은 어떠하였는가?

• 지동설이 왜 맞는지에 대한 과학적 근거를 들어 서술하시오

# 미술관에 간 화학자

전창림 | 랜덤하우스코리아 | 2008년 | 16,000원

| 분류 | 목적(화학의 정확한 이해) | 분야(과학) | |
|------|------|------|------|
| 관련 교과 | 과학 3학년 | 3. 물질의 구성 (8) 물질의 기본적인 성분은 | |
| | 기술가정 2학년 | III. 재료의 이용 1. 재료의 특성과 제품의 구상 (1) 재료의 종류와 성질 | |
| 새 교육과정 | 과학 9학년 | 이온과 우리생활 | |

화학이 미술의 태생적 연원이다?

미술은 화학에서 태어나 화학을 먹고 사는 예술이다?

### ➪ 어떤 책일까

밀레의 〈만종〉이 칙칙해진 것은 아황산가스 때문이며, 렘브란트의 〈야경〉은 본래 대낮을 그린 그림이다. 화가들이 돌연사한 배후에 흰색물감이 있었음을 알아냈으며, 이처럼 화학은 세계 명화의 그 모든 비밀과 속내를 흥미롭게 보여주는 현미경이며 이야기보따리다. 위대한 명화들 속에 숨겨진 화학 이야기를 담은 "미술관에 간 화학자" 이 책은 미술의 역사 속에 한 획을 그었던 화가들의 그림 속에 숨겨진 화학을 소개한 것으로 중세 고딕미술에서부터 인상파에 이르기까지 다양한 에피소드와 함께 화학 이야기를 풀어낸다. 이 책은 화학으로 인해 미술의 역사가 어떻게 변화해왔는지 또한 물감들의 화학작용이 그림에 어떤 영향을 미쳤는가에 관하여 흥미롭게 서술한다.

### ➪ 관련 매체에는 무엇이 있을까

**관련 매체** | 『불편한 진실』 (영화)

**관련 도서** | 『역사를 바꾼 17가지 화학 이야기2』 (페니 르 쿠터, 제이 버레슨)

### ➪ 어떻게 읽을까

• 유화를 탄생시킨 불포화 지방산은 무엇인지에 대하여 알아보자

• 납과 황이 빚어 낸 미술사의 해프닝은 무엇일까?

### ➪ 무엇을 토론할까

• 19세기 경 프랑스 최고의 무도장이었던 '물랭루즈'가 도대체 미술과 어떤 연관이 있을까?

• 조토는 그의 작품 〈동방박사의 경배〉에서 안료로 프레스코와 템페라를 병용해 사용하는 새로운 화법에 대한 시도는 당시 어떤 의미를 가지는가?

### ➪ 무엇을 써 볼까

• 다음의 "미술의 태생적 연원이 화학에서 비롯되었다면, 화학을 카테고리에서 꺼내 예술의 세계로 인도한 것은 다른 아닌 미술인 것이다."라는 말의 의미를 서술해 보자.

# 종의 기원

박성관(강전희) ㅣ 홍신문화사 ㅣ 2008년 ㅣ 174쪽 ㅣ 10,000원

| 분류 | 목적(생물의 정확한 이해) ㅣ 분야(과학) | |
|---|---|---|
| 관련 교과 | 과학 3학년 | 8. 지구와 별 (8) 유전에는 어떤 규칙이 있는가 |
| | 기술가정 1학년 | III. 미래의 기술 2. 생명 기술과 재배 (1) 생명기술의 이해 |
| 새 교육과정 | 과학 9학년 | 유전자 탐색 |

생명의 기원을 알 수 있을까?
21세기에 또 다른 종의 기원은 어떤 모습일까?
종의 기원을 통해 생명의 진실을 밝힐 수 있을까?

### ⇨ 어떤 책일까

생물들은 제각기 기묘한 구조를 가지고 있고 서로 간에 우 복잡한 관계를 맺고 있다. 그런 생물들이 모두 간단한 법칙에 의해 생겨났다는 것을 생각하면 무척 흥미롭다.

이 책은 찰스 다윈의 명저 「종의 기원」을 어린이의 눈높이에 맞게 쉽게 풀어낸 책으로, 풍요로운 창조의 공간인 자연과 생물들의 상호협력에 초점을 맞추어 진화의 비밀을 들려준다. 대화하듯 재기발랄한 글과 콜라주 기법에 세밀한 펜화와 만화적 표현을 곁들인 아름다운 삽화와 풍부한 사진 자료는 진화론을 좀 더 쉽게 이해할 수 있도록 도와준다.

### ⇨ 관련 매체에는 무엇이 있을까

**관련 매체** ㅣ『스파이더맨』(영화)
**관련 도서** ㅣ『종의 기원, 자연선택의 신비를 밝히다』(윤소영)

### ⇨ 어떻게 읽을까

• 창조론과 진화론은 어떻게 다를까? 생각해 보면서 읽어보자
• 하나님이 세상 창조를 시작하신 날은 무슨 요일이었을까?

### ⇨ 무엇을 토론할까

• 변이가 생긴 생물들을 선택하여 짝짓기를 시켜주는 존재만 있다면 자연 안에서도 얼마든지 새로운 종이 태어나지 않겠는가?
• 진화론과 창조론의 큰 차이점은 무엇인가?

### ⇨ 무엇을 써 볼까

• 생존경쟁과 자연선택의 차이점을 서술해 보자
• 꽃에서 왜 향기가 나며, 열매는 왜 달고 맛있을까에 대해 상상해 보면서 글을 써보자

# 프랑켄슈타인

메리 셸리(임종기) | 문예출판사 | 2008년 | 247쪽 | 8,000원

| 분류 | 목적(물리의 정확한 이해) | 분야(물리) | |
|---|---|---|---|
| 관련 교과 | 과학 1학년 | 환경과 인간의 삶 | |
| 새 교육과정 | 과학 7학년 | 지구환경 | |

인간의 부질없는 욕망으로 자연은 얼마나 황폐화되는가?
어떤 한 사람의 힘으로 세상이 바뀔 수 있는가?
'나'를 완전히 버리고 살아가는 삶이 가능한가?

### ⇨ 어떤 책일까

메리 셸리의 공포소설『프랑켄슈타인』은 국내에 처음 소개되는 1818년 판 〈프랑켄슈타인 또는
현대의 프로메테우스〉의 완역본이다. 우리에게 익숙한 1831년 수정판 텍스트와 비교하면, 보다
급진적이고 작가가 애초에 의도했던 문학에 더 가까운 판본이라고 할 수 있다. 그 시대의 과학과
지배적 이데올로기가 만들어냈으며, 사회적 약자를 상징하는 괴물을 통해 시대 가치의 허구성과
실체를 폭로한다. 이 책은 청소년들이 읽기에 재미있고 흥미로운 이야기 식으로 구성되어 있다.

### ⇨ 관련 매체에는 무엇이 있을까

**관련 매체** |『벤자민 버튼의 시간은 거꾸로 간다』(영화)
**관련 도서** |『벤자민 버튼의 시간은 거꾸로 간다』(F. 스콧 피츠제럴드)

### ⇨ 어떻게 읽을까

• 프랑켄슈타인의 과학자적 자세는 어떠하였는지와 왜 프랑켄슈타인은 삶의 모든 것을 걸고,
  자신이 창조해낸 생명체를 직접 죽이기로 결심을 했는지 생각하면서 읽어 보자

### ⇨ 무엇을 토론할까

• 주인공 빅터 프랑켄슈타인의 열정어린 연구 끝에 창조해 낸 생물을 과연 유전공학과 생명공학에
  지대한 공헌을 했다고 할 수 있을까?

### ⇨ 무엇을 써 볼까

• 주인공 빅터 프랑켄슈타인은 18, 19세기 중산층 사회를 대표하는 지성인이자 과학적이고 합
  리적인 이성을 갖춘 인물이다. 그는 인류에 공헌하겠다는 이상으로 생명의 비밀을 밝혀내려
  는 열정어린 연구 끝에 마침내 생물을 창조해내지만, 자신의 피조물을 스스로 감당하지 못하
  고 파국에 이른다. 이와 같은 생명 창조의 문제는 유전 공학과 생명 공학이 크게 발전한 오늘
  날에 더욱 큰 의미를 지니며 언제나 윤리적 문제와 결부되곤 한다. 이에 대해 자신의 견해를
  서술하시오

# 논리학 실험실

후쿠자와 가즈요시(김규한) | 바다 | 207쪽 | 2008년 | 9,500원

| **분류** | 목적(과학사적 관점의 정확한 이해) | 분야(과학) |
|---|---|---|
| **관련 교과** | **과학 2학년** | 5. 물질 변화에서의 규칙성  (6) 질량보존의 법칙과 모형 |
| | **기술가정 1학년** | V. 컴퓨터 정보처리  2.정보의 생산, 저장과 분배  (3)정보화사회의 윤리와 직업 |
| **새 교육과정** | **과학 8학년** | 생활속의 유용한 화합물 |

논증은 무엇 때문에 하는가?

과학적 사고를 탐색하는 세 가지 목적은 무엇인가?

논리학을 실험한다?

---

### ➪ 어떤 책일까

논리학이 언어 영역에만 속하는 것이라고 생각했다면 오산이다. 과학이야말로 다른 어느 학문보다 논리적 사고력이 필요한 분야이다. 근거에 따라 가설을 세우고 실험을 통해 결론을 뽑아내는 과학적 방법론은 그 자체로 완결성을 갖춘 논리적 과정이다. 과학적 논리의 특징은 가설을 세우고 그 가설을 증명하거나 반증할 수 있도록 실험을 수행하는 것에 있다. 이때 가설이 어느 정도 합리적인 것이 되려면 "근거"가 충실해야 한다. 이 책은 근거와 논거를 바탕으로 가설을 세우는 방법, 가설에 따른 추론 및 실험 과정을 거쳐 새로운 결론을 이끌어내는 방법을 설명한다. 또한 그렇게 도출된 결론을 분석하는 기술, 즉 검증 절차에 대해서도 설명한다. 이처럼 논리적 사고 절차에 따르면 머릿속에 추상적으로 있었던 아이디어가 구체적인 모습을 띠며 드러나게 된다.

### ➪ 관련 매체에는 무엇이 있을까

**관련 매체** 『천사와 악마』 (영화)

**관련 도서** 『정재승의 과학 콘서트』 (정재승)

## ⤳ 흥미로운 부분을 만나 보자

귀납적 추론은 전제(근거)에 포함되어 있지 않은 그 무엇을 결론으로 이끌어내는 것이므로 대단히 위험한 것일 수 있습니다. 즉 귀납적 논증을 통해 도출된 결론은 참인지 아닌지가 정해져 있지 않습니다. 그렇기 때문에 위험합니다. 그러나 이는 허용 범위 내에서 충분히 사용되는 타당한 추론이라 할 수 있습니다.

귀납적 추론에 의해 얻어진 결론에는 불확실성이 있지만 뒤에 있는 근거로부터 아직 보이지 않는 새로운 결론을 끌어내는 장점도 있습니다. 연역적 추론에는 허용할 수 없는 자유로운 비약과 전개를 귀납적 추론에서는 허용합니다. 이것이 귀납적 추론의 장점입니다. 우리가 살아가는 세상의 굴레에서 한 걸음도 나아가지 못한다면 세계는 전진하지 못합니다. 과학도 실험 데이터나 관측 자료를 근거로 이 추론을 사용하여 시간적 · 공간적 제약을 넘어서 합당한 법칙을 유도해 왔던 것입니다. 이것에 의해 인간 생활이 구축되었다 해도 과언이 아닙니다. – (108쪽)

"논증은 무엇 때문에 하는가"라는 질문에는 여러 가지 답이 있을 수 있습니다. 그래서 여기서는 그 이유를 "타인에게 자기의 주장이 옳음을 전하기 위해"라고 해 두겠습니다. 이 이유를 전제로 하면 우리들은 "자신의 의견과 주장을 그 이유가 되는 근거나 논거를 모아서 제시하는 것은 자신의 의견과 주장이 옳다는 사실을 타인에게 전하기 위함이다"라고 할 수 있겠습니다. 근거나 논거라는 이유 없이는 주장의 옳음을 전달할 수 없다는 것입니다.

과학적 논의를 하려는 과학자의 의견이나 주장 역시 그 주장이 옳은 것이라면 이유가 되는 근거나 논거가 필요합니다. 이렇게 생각하면, 주장은 물론이거니와 논증에 있어서 더욱 중심적인 역할을 하는 것이 이유(근거와 논거의 내용)라고 할 수도 있습니다.

## ⤳ 다음의 방법으로 읽어 보자

• 과학은 세상의 여러 현상을 생각하고 설명하려 한다. 그때 나타나는 과학적 접근을 좀 더 높은 관점에서 바라보면 인간이 세계를 어떻게 보고 있는지, 거기에 어떤 편견이 있는지를 생각해 보면서 이 책을 읽어본다면 어떨까?
• 논증은 무엇 때문에 하는지를 생각해 보면서 읽어 보자.
• 자신의 의견과 주장을 그 이유가 되는 근거나 논거를 모아서 제시하는 것은 무엇 때문인 메모해 가면서 읽어 보자.

## ⤳ 함께 토론해 보자

### ■ 다음의 순서와 내용으로 이야기식 토의/토론을 해 보자

#### [ 배경 지식을 활용하여 책 맛보기 ]
• 과학적 사고란 무엇일까? 과학적 사고를 하면 어떠한 재미가 있을까?
• 논리란 무엇을 말하는가?
• 우리들의 평소 생각과 설명의 형태는 어떠했는가? 논리적으로 다른 사람들 앞에서 말해본 적이 있는가?
• 과학적 사실들은 영원불멸할까?

#### [ 내용을 점검하며 읽기 ]
• 반증 가능성이 높은 가설일수록 가설로서 가치가 높다고 한다. 이러한 반증 가능성이 높은 가설은 무엇이 있을까?
• 일상적인 논의에서 과학적인 논의로의 전환이란 무엇을 말하는가?
• 이론을 세우고 검증한다는 것은 무엇을 의미하는가?
• 과학자의 자세란 과학적 사고를 하는 과학자를 말한다. 그렇다면 과학적 사고는 무엇을 말하는가?

#### [ 인간의 삶이나 사회 문제와 연결하여 생각 넓히기 ]
• 귀납적 추론에 의해 얻어진 결론에는 불확실성이 있을까?
• 불확실성을 확실성으로 이끌기 위한 방법에는 어떠한 것이 있을까?

■ **다음 논제로 찬반을 나누어 토론을 해 보자**

• 반증 가능성이 높은 가설일수록 가설로서 가치가 높다?/ 그렇지 않다?
   (논제 ┆ 반증 가능성이 높은 가설일수록 가설로서 가치가 높다)

• 과학적 논의를 하려는 과학자의 의견이나 주장 역시 그 주장이 옳은 것이라면 이유가 되는 근거나 논거가 필요하다?/ 그렇지 않다?
   (논제 ┆ 과학적 논의를 하려는 과학자의 의견이나 주장 역시 그 주장이 옳은 것이라면 이유가 되는 근거나 논거가 필요하다)

⇨ **나의 생각을 글로 표현해 보자**

• 포퍼의 반증주의에서 "반증 가능성이 높은 가설일수록 가설로서 가치가 높다"라는 표현은 어떤 의미를 함축하고 있는지 글로 표현해 보자.

• 과학자의 자세란 무엇인가에 대해 자신의 생각을 글로 표현해 보자.

중학교
교과별
추천도서로
만든

수학

# 수학과 추천도서 목록 일람표

| 도서명 | 저자명 | 출판사 | 출판<br>연도 | 관련<br>교과 | 대단원 |
|---|---|---|---|---|---|
| 사람들이 미쳤다고 말한 외로운 수학 천재 이야기 | 아포스톨로스<br>독시아도스 | 생각의나무 | 2001 | 수학 | 정수와 유리수, 유리수와<br>소수, 제곱근과 실수 |
| 박사가 사랑한 수식 | 오가와 요코 | 이레 | 2004 | 수학 | 정수와 유리수, 유리수와<br>소수, 제곱근과 실수 |
| 수학 비타민 | 박경미 | 중앙M&B | 2003 | 수학 | 수와 연산, 측정, 도형,<br>확률과 통계 |
| 통계 속의 재미있는 세상 이야기 | 구정화 외 | 통계청 | 2008 | 수학 | 통계와 확률 |
| 왓슨 내가 이겼네 | 콜린 브로스 | 경문사 | 2003 | 수학 | 통계와 확률 |
| 세상 밖으로 날아간 수학 | 이시하라<br>키요타카 | 파란 자전거 | 2007 | 수학 | 수와 연산, 측정, 도형,<br>확률과 통계 |

# 사람들이 미쳤다고 말한 외로운 수학 천재 이야기

아포스톨로스 독시아디스(정회성) | 생각의나무 | 2001년 | 296쪽 | 9,800원

| 분류 | 목적(정보전달) | 분야(수학) | 시대(현대) | |
|---|---|---|---|---|
| 관련 교과 | 수학 1학년 | 정수와 유리수 | | |
| | 2학년 | 유리수와 소수 | | |
| | 3학년 | 제곱근과 실수 | | |

모든 일은 결과로만 평가하는 것이 타당한가?

도달할 수 없는 꿈을 꾸는 것이 인생을 낭비하는 것인가?

최고가 아니면 아무 것도 아닌가?

### ⇨ 어떤 책일까

소설과 수학이 어울릴 수 있을까 하는 의문을 가진 사람은 이 책을 펼치는 순간 책 속에 빠져들 만하다. 이 책을 통하여 수학자의 진정성과 고독한 면을 비로소 알 수 있을 것이다. 자신이 좋아하여 선택한 것이며 자신의 숙명이었을지도 모를 수학에 그토록 열정을 쏟아 부어 결국에 미쳐 버리기까지 한 천재에게 뜨거운 박수를 보내고 싶다. 수학적 지식을 설명하기 위한 책이 아니라 말 그대로 소설이다. 수학에 관한 지식이 전혀 없더라도 부담 없이 읽을 수 있을 것이다. 이 책은 인간은 누구나 자신이 선택한 도전에 의해 절망할 권리가 있다는 것을 표현하고 있다.

### ⇨ 관련 매체에는 무엇이 있을까

**관련 매체** | 『박사가 사랑한 수식』(영화)

**관련 도서** | 『박사가 사랑한 수식』(오가와 요코)

### ⇨ 어떻게 읽을까

• 페트로스가 미쳐가는 과정에 유념하며 읽어 보자.

• 내가 삼촌을 이해해가는 과정을 살펴보며 읽어 보자.

• 주인공인 내가 수학에 대한 생각이 변화하는 과정을 살펴 보며 읽어 보자.

### ⇨ 무엇을 토론할까

• 결과가 중요하며 최고가 아니면 가치가 없는 것일까?

• 도달할 수 없는 목표를 이루려고 노력하는 것은 인생을 낭비하는 것일까?

### ⇨ 무엇을 써 볼까

• 요절한 수학자들의 삶을 조사해 보고 요약한 글을 써 보자.

• 직업 수학자들의 고민과 아픔에 대한 글을 써 보자.

# 박사가 사랑한 수식

오가와 요코(김난주) | 이레 | 2004년 | 260쪽 | 9,000원

| 분류 | 목적(정보전달) | 분야(수학) | 시대(현대) | 지역(일본) |
|------|------|------|------|------|
| 관련 교과 | 수학 1학년 | 정수와 유리수 | | |
| | 2학년 | 유리수와 소수 | | |
| | 3학년 | 제곱근과 실수 | | |

작품에 나오는 수학 용어는 어떤 것이 있으며,

왜 그러한 이름으로 부르게 되었는가?

중요 등장인물에게 수학은 어떤 의미일까?

박사에게 야구는 어떤 의미 일까?

### ⇨ 어떤 책일까

교통사고로 기억력이 80분간만 지속되는 희귀병이 걸린 예순네 살의 노수학자와 파출부로 오가며 박사를 보살피게 되는 스물여덟 살의 미혼모 파출부인 '나' 그리고 한신 타이거즈의 열렬한 팬인 나의 열 살짜리 아들 루트가 책 속에 등장한다. 우연히 한신 타이거즈의 팬임을 알게 된 박사와 루트는 17년간의 시차를 두고 같은  팀의 어제와 오늘의 선수를 응원하게 된다. 루트에게 박사는 80분의 기억이 허락하는 한도에서 무한한 사랑을 보내주고, 그러한 박사와 함께 한 1년 동안 '나'와 루트는 그 무엇과도 바꿀 수 없는 소중한 기억을 만들어 간다. 이 세 사람은 메마르고 딱딱한 수식을 통해서 투명한 감동의 사랑 이야기를 나누고 있는 것이다.

### ⇨ 관련 매체에는 무엇이 있을까

**관련 매체** | 『박사가 사랑한 수식』 (영화)

**관련 도서** | 『사람들이 미쳤다고 말한 외로운 수학 천재 이야기』

（아포스톨로스 독시아디스 / 정회성 옮김）

『수학귀신』 (한스마그누스 엔첸스베르거 / 고영아 옮김)

박사는 아들의 모자(한신 타이거스의 마크가 찍혀 있는 모자)를 벗기고 머리를 쓰다듬으면서 이름은 묻지도 않고, 아들에게 딱 어울리는 애칭을 지어 주었다.

"너는 루트다. 어떤 숫자든 꺼려하지 않고 자기 안에 보듬는 실로 관대한 기호, 루트야."

그러고는 당장에 소맷자락에 있는 메모지에 그 기호를 덧붙여 썼다.

'새 파출부 와 그 아들 열 살 '(41쪽)

"신은 존재한다. 왜냐하면 수학에 모순이 없으니까. 그리고 악마도 존재한다. 왜냐하면 그것을 증명할 수 없으니까?"

그렇다면, 숫자의 악마가 박사의 육체를 다 파먹었다고밖에 생각할 수 없다.(142쪽)

"도중에서 그만두면 정답은 영원히 찾아낼 수 없어"(229쪽)

⇨ **다음의 방법으로 읽어 보자**
- 박사가 마음 아파하는 부분, 가정부가 마음 아파하는 부분, 루트가 외로워하는 부분, 박사의 형수가 애달파하는 부분이 무엇이며 어떻게 해결되어 가는지 정리하며 읽어 보자.
- 책에 나오는 수학 용어를 정리하며 읽어 보자.
- 책에 나오는 수학 용어는 왜 그런 이름이 붙었는지 정리하며 읽어 보자.
- 박사, 나, 루트가 서로를 어떻게 배려하며 이해해주는지를 정리하며 읽어 보자.

⇨ **함께 토론해 보자**
■ **다음의 순서와 내용으로 이야기식 토의/토론을 해 보자**
　**[ 배경 지식을 활용하여 책 맛보기 ]**
- 소수(素數)가 실생활에서 활용되는 부분은 어디이고 어떻게 활용되는지 말해 보자.
- 본문에 나와 있는 것 외에 수자를 그림으로 나타내는 방법에 대해 말해 보자.
- 요절한 수학자에 대해 말해 보자.

　**[ 내용을 점검하며 읽기 ]**
- 박사의 독특한 삶의 조건과 박사가 타인과 의사소통을 하는 방법은 무엇인가 ?
- 박사의 형수가 주인공인 '나'를 해고하고 다시 고용한 실제적 이유는 무엇인가 ?
- 루트와 박사의 생일 선물을 변경하는 것에 반대한 이유는 무엇인가 ?
- 박사, 나, 루트가 서로에게 최선을 다하는 이유는 무엇인가?
- 수학 교과서에 나오는 수학과 책 속의 수학은 어떤 차이가 있는가 ?

　**[ 인간의 삶이나 사회 문제와 연결하여 생각 넓히기 ]**
- 수학의 중요성에 대해 말해 보자.
- 실생활 부분에서 수학이 어떻게 사용되고 있는지 말해 보자.
- 박사가 루트에게 수학을 가르치는 방법과 자신이 현재 받고 있는 수업 방법을 비교하고 장단점을 말해 보자.

■ **다음 논제로 찬반을 나누어 토론을 해 보자**

• 실생활에 보탬이 되는 것만이 유익한 것인가?

• 박사가 루트에게 수학을 가르치는 방법은 주입식 교육이 아니었다.
  주입식 교육은 과연 나쁜 것인가?

• 현재 우리나라는 다른 교과에 비해 수학 교과가 매우 중요하게 다루어지고 있다. 정말 다른 교과에 비해 수학 교과가 더 중요한 것인가?

• 수학은 즐겁고 편안한 교과로 우리에게 다가올 수 는 없는가 ?

⇨ **나의 생각을 글로 표현해 보자**

• 작품의 주요 등장 인물 중 1명을 선택하여 4컷 만화로 표현해 보자.

• 직업 수학자들의 고독과 아픔을 글로 표현해 보자.

• 박사가 루트에게 가르침을 주는 방법과 현재 학교 수업과 비교하여 어떻게 하면 좀 더 학생들이 수학 수업에 집중할 수 있는지 생각을 글로 표현해 보자.

# 수학비타민

박경미 │ 2003년 │ 207쪽 │ 9,000원

**분류** │ 목적(정보전달) │ 분야(수학) │ 시대(현대)

**관련 교과** │ **수학 1 · 2 · 3학년** │ 수와 연산, 측정, 도형, 확률과 통계

일상생활에서 수학은 사칙 연산 외에 사용되지 않는가 ?

음악, 미술, 영화는 수학과 관련이 없을까 ?

수학은 배워서 도대체 어디에 써먹을까?

### ⇨ 어떤 책일까

일상생활에서 수학에 얽힌 재미있는 이야기를 통해 수학에 대한 두려움을 해소 시켜주는 책이다. 중앙 일간지 '생활 속의 수학 이야기'에 연재되었던 기사라서 읽기 쉽고 간명한 것이 특징이다. 자연과 수학, 예술과 수학, 생활과 수학, 수 이야기, 통계와 확률 등 모두 6장으로 나누어 수학을 친근하게 접할 수 있도록 편집했다.

어려운 수학 이야기가 아니라 우리 생활 속에서 주변에서 볼 수 있는 수학에 대해 이야기해주고 있다. 또한 연립방정식이나 로그 이야기도 학습처럼 이야기하지 않으며, 그냥 별 것 아닌 것처럼 말해주고 있다. 수학에 대한 선입견과 버리고 접근하면 좀 더 편안하게 읽을 수 있을 것이다.

### ⇨ 관련 매체에는 무엇이 있을까

**관련 매체** │ 『네덜란드 판화가 에셔의 작품들』(미술)

**관련 도서** │ 『수학 교과서, 영화에 딴지 걸다』(이재진)

### ⇨ 어떻게 읽을까

• 처음에는 흥미있는 부분만 골라서 읽어 보자.

• 재미있고 쉽게 읽을 수 있지만 꼼꼼히 읽어야 한다. 여러번 읽으면서 내용을 확실하게 정리하면서 읽어 보자.

• 책에 나오는 간단한 계산은 꼭 직접 해보면서 읽어 보자.

### ⇨ 무엇을 토론할까

• 수학관련 도서와 문학관련 도서의 책 읽는 방법이 같을까?

• 일반인들이 수학에 쉽게 접근하게 만들 수 있는 방법은 무엇일까?

### ⇨ 무엇을 써 볼까

• 상품에 있는 바코드, 주민등록번호, 신용카드번호 등에 숨겨져 있는 수학 원리를 찾아 보고 직접 계산을 해 보자.

# 통계속의 재미있는 세상이야기

구정회외 3인 공저 │ 통계청 │ 2008년 │ 259쪽 │ 8,000원

| **분류** | 목적(정보전달) │ 분야(수학) │ 시대(현대) | |
|---|---|---|
| **관련 교과** | **수학 1 · 2 · 3학년** | 통계 |
| | **사회 2학년** | 6. 개인과 사회의 발전 |
| | **국어 3학년** | 3. 독서와 사회 (1) 독서와 사회 · 문화의 만남 |

통계는 빽빽한 숫자의 집합인가?

통계는 늘 진실만을 나타내는가 ?

통계없이 다양한 사회문제의 해결이 가능한가?

### ⇨ 어떤 책일까

대부분의 사람들은 '통계'하면 숫자를 연상한다. 그것도 네모난 칸들에 빽빽하게 쓰여 있는 숫자의 집합을 떠올린다. 그래서 재미도 없고 의미도 없는 지루한 것이라고 생각하기 쉽다. 그러나 통계를 의미도 없는 숫자들의 집합으로만 볼 때는 죽은 글자들에 불과하지만, 그 속에서 의미를 찾기 시작하면 숫자들은 스스로 살아 움직이면서 자신들이 알아낸 비밀들을 풀어 보여주기 시작한다. 이런 통계를 중 · 고등학생들에게 좀 더 쉽고 재미있게 알려주자는 것이 이 책의 출판 의도이다. 환경문제, 고령화 문제, 이주 노동자 문제, 여성 문제, 쌀 시장 개방 문제를 비롯하여 비정부 기구와 외모지상주의, 주5일제, 애완동물, 핸드폰 문제 등 다양한 문제들을 다루었으며 상식과 논술 능력을 키울 수 있다.

### ⇨ 관련 매체에는 무엇이 있을까

**관련 매체** │ 『재미있는 수학 이야기』 (권현직)

### ⇨ 어떻게 읽을까

• 재미있고 쉽게 읽을 수 있지만 여러번 읽으면서 내용을 확실하게 정리하면서 읽어 보자.

• 관련된 신문 기사의 내용을 찾아 비교하면서 읽어 보자.

### ⇨ 무엇을 토론할까

• 통계는 무슨 이유로 어떻게 왜곡시키는 걸까?

• 공정한 보도가 필요한 신문 기사 속의 통계는 늘 올바르게 해석되고 있을까?

### ⇨ 무엇을 써 볼까

• 일상생활에서 통계가 사용되는 부분을 찾아 써 보자.

• 같은 통계를 가지고 다르게 해석한 신문기사를 검색해보고, 그 이유를 조사해 보자.

# 왓슨 내가 이겼네

콜린 브루스(이은희) | 2003년 | 344쪽 | 10,000원

| 분류 | 목적(정보전달) | 분야(수학) | 시대(현대) | |
|------|------|------|------|
| 관련 교과 | 수학 1학년 | 통계 | | |
| | 2학년 | 확률 | | |
| | 3학년 | 통계 | | |

상식적으로 판단하는 것이 최선의 문제해결인가?

합리적 판단을 하는데 수학적 지식은 얼마나 필요한가 ?

일상적 문제해결에 수학적 지식은 필요가 없는가?

### ➪ 어떤 책일까

수학의 미스터리로 탐정소설의 재미와 과학의 지식을 동시에 느낄 수 있는 흥미진진한 이야기가 펼쳐진다. 이 책은 영원한 진리, 즉 상식에 대한 지나친 의존과 수학에 대한 무지가 우리를 곤경에 빠뜨릴 수 있음을 말해 주고 있다. 욕심쟁이 도박꾼과 무모한 사업가, 그리고 무자비한 사기꾼이 등장하는 이 교훈적인 우화에서 확률과 통계, 결정론과 게임 이론에 대한 지식을 통해 일상생활에서 범하게 되는 확률과 통계의 오류를 명쾌하게 해설한다. 그래서 쉽게 읽히고, 빨리 보면서도 나중에 기억할 만한 핵심을 발견할 수 있다.

### ➪ 관련 매체에는 무엇이 있을까

**관련 매체** | 셜록 홈스의 과학 미스테리 (콜린 브루스)

### ➪ 어떻게 읽을까

• 단편이므로 각 장을 요약해 가며 글을 읽어 보자.
• 자신의 일상생활에서 책 속의 내용과 같은 경우가 있는지 비교하면서 읽어 보자.

### ➪ 무엇을 토론할까

• 어떻게 수학은 일상생활에서 오류를 줄일 수 있을까?
• 책속의 내용들을 왜 수업시간에는 가르쳐 주지 않는 걸까?

### ➪ 무엇을 써 볼까

• 일상생활에서 우리가 흔히 범하는 오류를 찾아서 써 보자.

# 세상 밖으로 날아간 수학

이시하라 키요타카(김이경) | 파란자전거 | 2007년 | 190쪽 | 8,500원

| 분류 | 목적(정보전달) | 분야(사회) | 시대(현대) | 지역(미국) | | |
|---|---|---|---|---|---|---|
| 관련 교과 | 수학 1 · 2 · 3학년 | 수와 연산, 측정, 도형, 함수, 확률과 통계 | | | | |

수학은 수식만으로 표현해야 하는가?

수학을 동화처럼 배울 수는 없을까 ?

수학 공부는 공식을 외우고 문제를 푸는 것일까?

### ⇨ 어떤 책일까

수학하면 고개를 절레절레 가로젓는 학생들이 많다. 오죽하면 '수학 기피증'이란 말이 생겼을까. 싫어하는 걸 억지로 시키는 건 무의미한 일이다. 그러나 수학은 시험을 위해 공부해야 하는 하나의 '과목'이기 전에 우리 생활의 근본을 이루는 '논리'요, '사고'이다. 더구나 요즘은 논술이 모든 교육의 화두가 되고 있고, 수학 역시 수학적 사고를 바탕으로 문제를 풀어내는 수리논술로서 그 중요성이 점점 증대되고 있다. 그러기에 더더욱 어릴 때부터 수학과 친해져야 하고, 수식이 아니라 개념을 알아야 한다. 수식을 외운 사람은 하나의 문제를 풀 수 있지만, 개념을 아는 사람은 몇십 몇백 개의 문제를 응용해 풀 수 있으니까.

### ⇨ 관련 매체에는 무엇이 있을까

**관련 도서** | 『왓슨 내가 이겼네』 (콜린 브루스 지음)

### ⇨ 어떻게 읽을까

• 단편이므로 각 장을 요약해 가며 글을 읽어 보자.

• 눈으로만 읽으려 하지 말고 깊이 생각하면서 읽어야 논리적 사고력을 기를 수 있다.

### ⇨ 무엇을 토론할까

• 이 책과 같은 재미있는 수학은 학교 공부에 어떤 도움이 될까?

• 책속의 내용들처럼 수학 수업을 재미있게 할 수는 없을까?

### ⇨ 무엇을 써 볼까

• 주변에서 간단한 수학지식이 활용되고 있는 예를 찾아 보자.

중학교
교과별
추천도서로
만든

# 기술가정

# 기술가정과 추천도서 목록 일람표

| 도서명 | 저자명 | 출판사 | 출판 연도 | 관련 교과 | 대단원 | 중단원 |
|---|---|---|---|---|---|---|
| 누가 내 치즈를 옮겼을까 | 스펜서 존슨 (이영진) | 진명 | 2000 | 기술가정 1학년 | I. 나와 가족의 이해 | 1. 청소년의 특성 |
| 열일곱살의 털 | 김해원 | 사계절 | 2008 | 기술가정 1학년 | I. 나와 가족의 이해 | 1. 청소년의 특성 |
| 착한 가족 | 서하진 | 문학과 지성사 | 2008 | 기술가정 1학년 | I. 나와 가족의 이해 | 3. 나와 가족의 관계 |
| 트루먼 스쿨 악플 사건 | 도리 힐레스타드 버틀러 | 미래인 | 2008 | 기술가정 2학년 | VI. 컴퓨터와 생활 | 1. 인터넷의 활용 |
| 리버보이 | 팀 보울러 | 다산책방 | 2007 | 기술가정 3학년 | IV. 산업과 진로 | 2. 진로의 선택과 직업 윤리 |
| 로봇 인간을 꿈꾸다 | 이종호 | 문화유람 | 2007 | 기술가정 2학년 | III. 미래의 기술 | 1. 기술의 발달과 미래 |

# 누가 내 치즈를 옮겼을까

스펜서 존스 | 진명 | 2008년 | 120쪽 | 8,000원

| 분류 | 목적(정보전달) | 분야(사회) | 시대(현대) | 지역(범세계) | | |
|------|------|------|------|------|------|
| 관련 교과 | 기술가정 1 학년 | I. 나와 가족의 이해  1. 청소년의 특성 | | | |
| | 사회 7학년 | 개인과 사회 생활 | | | |
| 새 교육과정 | 기술가정 2학년 | 청소년의 이해 – 청소년의 자기관리 | | | |

생쥐와 인간의 차이점은 무엇일까?

'헴과 허' 중 나와 비슷한 점이 많은 인물은 누구일까?

나의 치즈는 무엇일까?

## ⇨ 어떤 책일까

스니퍼, 스커리라는 작은 생쥐와 햄과 허라는 꼬마 인간이 이 이야기의 등장 인물이다. 미로 속에 살아가는 이들에게 있어 가장 소중한 것은 창고 속에 있는 치즈. 그러나 그 치즈가 어느 날 사라지면서 이들은 새로운 상황과 맞닥뜨리게 된다. 스니퍼와 스커리는 재빠르게 새로운 치즈를 찾아 나서지만, 햄과 허는 안주의 유혹에 발목이 잡혀 쉽사리 움직이지 못한다. 하지만 곧 허는 '변화'라는 험난한 여정을 떠난다. '새로운 치즈를 마음속으로 그리면 치즈가 더 가까워진다', '과거의 사고방식은 새로운 치즈로 우리를 인도하지 않는다', '허'가 미로의 벽에 남기기 시작한 글귀들은 우리들에게 변화의 중요성과 변화에 임하는 자세를 가르쳐준다.

우리가 살아가는 세상은 미로와 같은 것인지도 모른다. 어디로 향하는지 무엇과 연결되어 있는 지 알지 못한 채 우리는 길을 간다. 하지만 새로움은 두려움과 동시에 가능성을 의미한다. 아직 길을 나설 준비를 하는 청소년에게 변화를 바라보는 적극적이고 긍정적인 시선을 제안할 수 있다.

## ⇨ 관련 매체에는 무엇이 있을까

**관련 매체** | 『어떤 작별』 (지식채널e 2009. 2.16)

『Out of use』 (지식채널e 2009. 2.23)

『변화의 조건』 (지식채널e 2008. 12. 1)

**관련 도서** | 『갈매기의 꿈』 (리처드 바크)

『마음의 녹슨 갑옷』 (로버트 피셔)

허는 변화에 대한 감지 속도가 늦을 수록 타격이 크다는 사실을, 또 과거에 집착하고 미련을 두는 것은 또 다른 변화에 알아차릴 수 없는 과오를 남긴다는 사실을 깨달았다. 그리고 이러한 변화를 수용하는 데 있어 가장 큰 방해물은 자신의 마음속에 있으며 자신이 먼저 변하지 않으면 다른 것도 변하지 않는다는 것을 인정하게 되었다.

허가 깨달았든 그렇지 않았든 간에 가장 중요한 사실은 새 치즈가 항상 어딘가에 있다는 사실이다. 약간의 두려움은 우리가 더 큰 위험에 빠지지 않도록 해주기 때문에 필요하다고 했지만, 허가 지금까지 느꼈던 대부분의 두려움은 근거 없는 두려움이었고, 그가 변하지 못하도록 방해했다. 허는 처음에는 변화를 거부했지만, 그 변화는 축복으로 바뀌어 허를 새 치즈가 있는 곳으로 인도했다. 더불어 그는 자신이 더 훌륭한 사람이 된 것도 발견하게 되었다. (79-80쪽)

⇨ **다음의 방법으로 읽어 보자**
- 살면서 등장인물과 같은 상황을 겪은 적이 있는지 생각하면서 읽어 보자.
- 창고에 치즈가 없어졌을 때 '헴'과 '허'가 받은 충격의 원인을 생각하면서 읽어 보자.
- 삶에서 변화가 가지는 의미에 대해 생각하면서 읽어 보자.
- 변화에 적응하는 사람과 변화를 두려워하는 사람 그리고 변화를 만드는 사람에 대해 생각하면서 읽어 보자.
- 내가 알고 있는 세상과 책속의 세상을 비교하면서 읽어보자.

⇨ **함께 토론해 보자**
■ **다음의 순서와 내용으로 이야기식 토의/토론을 해 보자**
**[ 배경 지식을 활용하여 책 맛보기 ]**
- '변화'는 왜 일어날까?
- 행복은 환경에 변화에 잘 적응해야만 얻을 수 있을까?
- 우리나라에서 일어나는 큰 변화는 무엇인가?

**[ 내용을 점검하며 읽기 ]**
- 치즈가 풍족했던 치즈창고 C에서 스니프와 스커리가 헴과 허와 다른 점은 무엇인가?
- 치즈창고 C에서 치즈가 바닥났을 때 생쥐와 꼬마인간들은 어떻게 반응했나?
- 텅 빈 치즈창고 C에서 지치고 허약해진 헴과 허는 어떻게 행동했나?
- 책 제목인 "누가 내 치즈를 옮겼을까?"는 누구의 머릿속에 있는 질문인가?
- 이 책에서 변화와 성공을 막는 가장 큰 요인으로 무엇을 말하고 있는가?

**[ 인간의 삶이나 사회 문제와 연결하여 생각 넓히기 ]**
- 치즈가 의미하는 것이 무엇인지 말해 보자.
- 치즈를 만들고 창고에 채우는 것은 누구의 역할인지 생각해 보자.
- 청소년기의 특징과 관련하여 청소년의 치즈는 무엇이 되어야 할까?

■ **다음 논제로 찬반을 나누어 토론을 해 보자**

• 치즈가 가득한 창고에서 느끼는 기쁨과 그런 창고를 찾기 위해 모험을 하는 기쁨 중에서 어떤 것이 더 큰 기쁨일까 토론해 보자.
　(논제ㅣ치즈가 가득한 창고에서 느끼는 기쁨이 그것을 찾는 기쁨보다 크다.)

• 생쥐들이 꼬마 인간보다 훨씬 변화에 민감하며 잘 대처한다. 그럼, 생쥐들이 꼬마 인간들보다 더 우월할까?
　(논제ㅣ생쥐들이 꼬마인간들보다 더 우월하다.)

• 환경이 변화하면 나 자신까지 변화해야 하는가?
　(논제ㅣ환경이 변화하면 나 자신까지 변화해야 한다.)

• 환경의 변화에 적응하는 것은 동물뿐 아니라 인간에게도 가장 중요한 요소인가?
　(논제ㅣ환경의 변화에 적응하는 것은 살아있는 동물뿐 아니라 인간에게도 가장 중요한 요소이다.)

**나의 생각을 글로 표현해 보자**

• 친근하고 평온한 곳이 자신의 발목을 죄고 있다는 것은 무엇을 의미하는가에 대해서 자신의 경험을 바탕으로 써 보자.

• 내 삶의 '사명서'를 써보자.

• 변화에 잘 대응하는 자세가 자아실현에 미치는 영향에 대해 논술해 보자.

# 열일곱살의 털

김해원 | 사계절 | 2008년 | 222쪽 | 8,800원

| 분류 | 목적(정서표현) | 분야(인문) | 시대( 현대) | 지역(한국 ) |
|---|---|---|---|---|
| 관련 교과 | **기술가정 1 학년** | I. 나와 가족의 이해  1. 청소년의 특성 | | |
| | **사회 3학년** | I. 민주정치와 시민참여  4. 민주정치의 발전과제 | | |
| | **도덕 1학년** | I. 삶과 도덕  4. 청소년기와 중학생 시절 | | |

일호는 왜 머리카락을 기르고 싶을까?

왜 학교에서는 학생들의 머리 형태를 제한할까?

어른이 된다면 청소년 때보다 자유로울까?

---

### ⇨ 어떤 책일까

이 책의 주인공 일호는 평범한 오정고등학교 1학년생이다. 오정고의 오광두 선생님이 사수하는 오삼삼 두발규정이 사건의 핵이다. 머리카락 이야기 하나에 청소년의 인권문제와 일호의 가족사 그리고 단발령, 장발단속, 두발규제로 이어지는 우리사회의 두발역사 이야기까지 재미있게 얽혀 있다. 단짝 친구인 정진, 새로운 친구인 재현 그리고 나머지 반 아이들의 모습 그리고 어느새 사회에 길들여진 어른들의 모습에서 자신의 모습을 찾아 볼 수 있다.

평범한 일호가 평범하지 않은 두발규제 반대 1인 시위를 시작한 이유가 무엇인지, 평생을 남의 머리만 자르시며 규범에 절대적으로 순종하셨던 할아버지가 학생들 머리에 별을 깎아 놓은 이유가 무엇인지에 대해 토론할 수 있다.

### ⇨ 관련 매체에는 무엇이 있을까

**관련 매체** | 『잊혀진 대한민국 1부–철거민』 (지식채널e. 2005.11.7)

**관련 도서** | 『돼지가 한 마리도 죽지 않던 날』 (로버트 뉴턴 펙)

『내 인생의 스프링 캠프』 (정유정)

『구덩이 HOLES』 (루이스 쌔커)

### ⇨ 어떻게 읽을까

• 일호의 '긴머리'에 대한 생각과 자신의 생각을 비교하면서 읽어 보자.

• 두발규제가 교육적인 면에서 어떤 역할을 하는지 생각해 보면서 읽어보자.

• 내가 만일 일호라면 어떻게 행동했을지 상상하면서 읽어보자.

### ⇨ 무엇을 토론할까

• 학생 두발규제를 어떻게 볼 것인가?

• 두발에 담긴 사회적 의미가 어떻게 바뀌어 갔는지 토론해 보자.

### ⇨ 무엇을 써 볼까

• 일호의 아버지가 20년 동안 집을 나간 이유에 대해 설명하는 글을 써보자

• 개인이 집단을 바꾸는 것이 가능한 것인지, 오광두와 송일호의 입장을 파악하여 논술해 보자.

# 착한 가족

서하진 ┃ 문학과 지성사 ┃ 2008년 ┃ 324쪽 ┃ 10,000원

| **분류** | 목적(정서표현) ┃ 분야(인문) ┃ 시대(현대) ┃ 지역(한국) | |
|---|---|---|
| **관련 교과** | **기술가정 1학년** | I. 나와 가족의 이해 3.나와 가족 관계 |
| | **도덕 1학년** | II. 가정 이웃 학교 생활 예절 1.행복한 가정 |

만일 엄마가 암에 걸린다면?

아빠도 사랑에 빠질 수 있을까?

가족들 사이에는 서로 얼마나 영향을 주고 받을까?

### ⇨ 어떤 책일까

이 책에는 고정관념으로 미화된 가족의 모습은 없다. 사랑과 휴식이 넘치는 생산과 양육과 보호의 가족의 모습보다, 가족의 역할에 적응을 넘어 매너리즘에 빠진 등장인물들이 등장한다. 암에 걸린 엄마 – 아내를, 신출내기 소설가를, 바람피우는 아빠의 딸을, 병에 걸린 한의사의 궤적을 따라가면서 그들의 내면 속의 이루지 못한 욕망의 그늘과 해소되지 못한 감정의 그림자를 무미건조하게 진술한다. 이런 무미건조한 진술은 극적인 흥분과 재미를 반감시키지만, 우리의 현실 속에서 존재하나 보지 못한 가족과 그 속 개인들의 진면목을 생각하게 한다.

가족에 대한 사회적 고정관념과 가족 구성원의 역할과 관계에 대한 이야기를 할 수 있다.

### ⇨ 관련 매체에는 무엇이 있을까

**관련 매체** ┃ 『어머니의 그림』(지식채널e 2009. 2.10), 『미스리틀선샤인』(영화)

**관련 도서** ┃ 『즐거운 나의 집』(공지영), 『친정엄마』(고혜정)

### ⇨ 어떻게 읽을까

• 아버지와 어머니의 입장이 되어 읽어보자.

• 현대사회의 가족의 특징을 찾아 보며 읽어보자.

• 좋은 가족이 되기 위해 필요한 요소가 무엇인지 생각하며 읽어보자.

### ⇨ 무엇을 토론할까

• '슬픔이 자라면 무엇이 될까?'에서 우리 사회의 어머니에게 요구되는 희생이 무엇이며, 그것이 어머니에게 정당한 것일까?

• 『친정엄마』의 '엄마의 하루'에서 누구의 어떤 모습이 착한가?

### ⇨ 무엇을 써 볼까

• 이 책에서 나오는 문제가 되는 가족의 모습을 찾고 그 이유에 대해 설명하는 글을 써보자.

• '사소한 일'에서 신이사가 이영주에게 무엇을 잘못했는지 찾고, 문화적 측면에서 그 원인과 해결책에 대해 논술해 보자.

# 트루먼 스쿨 악플 사건

도리 힐레스타드 버틀러 | 미래인 | 2008년 | 196쪽 | 9,000원

| 분류 | 목적(정서표현) | 분야(인문) | 시대(현대) | 지역(미국) | |
|---|---|---|---|---|---|
| **관련 교과** | **기술가정 2 학년** | VI. 컴퓨터와 생활  1.인터넷의 활용 | | | |
| | **도덕 1학년** | II. 가정, 이웃, 학교 생활 예절  4. 학교생활예절 | | | |

제이비는 왜 〈트루먼의 진실〉이란 사이트를 만들었을까?

과연 인터넷에서 진실이란 존재할까?

왜 릴리는 사람들에게 공격을 당할까?

### ⇨ 어떤 책일까

누군가가 교내 '퀸카' 릴리를 모함하는 비방글을 인터넷에 올리면서 트루먼 중학교의 악플 사건은 시작된다. 정체 모를 악플의 영향은 일파만파 번지고, 릴리는 점점 친구들한테 왕따를 당한다. 릴리가 선택한 해법은 가출. 급기야 학교가 발칵 뒤집히는데……

악플의 폐해를 그린 이 책은, 인터넷의 익명성 뒤에 숨어 교묘하게 악플 문화를 조장하는 가해자와 어영부영 '악플 놀이'에 빠져든 주변 인물들, 그리고 영문도 모른 채 정신적 고통을 겪어야 하는 피해자의 속내를 섬세하게 묘사했다. 내가 무심코 뱉은 한마디가 어떻게 다른 이에게 큰 상처가 되는지를 피부에 와 닿도록 일깨워준다. 특히 자아정체성을 확립할 시기인 10대 아이들에게 '사이버 윤리의식 제고'를 위한 토론거리로 제격이다.

### ⇨ 관련 매체에는 무엇이 있을까

**관련 매체** | 『남들 다 아는 프라이버시,사생활?』 (지식채널e, 2007.10.8)

『오늘은 내가 죽는 날입니다』 (지식채널e, 2006.3.13)

『얼굴 없는 시선』 (지식채널e, 2009. 1.26)

**관련 도서** | 『우리들의 스캔들』 (이현)

『새로운 엘리엇』 (그레이엄 가드너 )

『모두가 침묵하는 아이』 (안 데 장어르)

## ↪ 흥미로운 부분을 만나 보자

손가락이 너무 떨려서 〈트루먼의 진실〉사이트 주소를 입력하는 데 애를 먹었다. 사이트가 화면에 나타났을 때, 화면 꼭대기에 커다란 글자들이 보였다.

릴리 클라크는 레즈비언이다!

뭐라고?! 제목 아래에는 좀 더 작은 글자로 세문장이 있었다.

믿지 못하겠다구요? 여기를 클릭하면 릴리의 블로그를 방문할 수 있습니다. 릴리가 누구와 사귀는지 확인하세요.

숨이 막혔다. 나한텐 블로그가 없는데, 게다가 모든 사람들이 이미 내가 리스와 사귀는 걸 알고 있는데……. 뭘 보게 될 지 두려워 클릭하기가 겁이 났다. 나는 학교에 가기 전에 그곳에 뭐가 있는지 확인해야 했다. 클릭하자. 온통 자주색으로(내가 가장 좋아하는 색이었다) 꾸며진 화면에서 나를 발견했다. 여러개의 사진과 동영상이 있었다. 화면의 오른쪽 상단에는 내 사진이 한 장 올려져 있었다. 끔찍한 6학년 때 사진이 아닌 지금의 사진이었다. '릴리의 레즈비언 일기'라고 쓰인 단어들이 꼭대기에서 춤을 추며 지나가고 있었다.

안녕! 내 블로그에 온걸 환영해. 내 이름은 릴리고, 트루먼 중학교에 다니고 있어. 이제는 비밀의 문을 열고 모두에게 내가 레즈비언이라고 말하기로 마음먹었어. 나는 그게 자랑스러워. 이제 이 블로그를 통해서 내 모든 레즈비언 경험을 쓰기로 했어.

컴퓨터 화면을 뚫어지게 바라보았다. 나는 이런 글을 쓴 적이 없다. 이런 글은 한 줄도 쓴 적이 없었다. 내가 레즈비언이라니!
(88-89쪽)


## ↪ 다음의 방법으로 읽어 보자
- 악플을 받은 피해자의 입장에서 그 정신적 고통이 어떨지를 생각해봅시다.
- 자신의 인터넷 이용 방식이 얼마나 올바른지 스스로 점검해 봅시다.
- 장난처럼 행해지는 왕따의 피해가 얼마나 큰지 생각하며 읽어봅시다.
- 인터넷의 익명성이 주는 장점과 단점이 무엇인지 생각하면서 읽어봅시다.
- 내가 알고 있는 세상과 책속의 세상을 비교하면서 읽어봅시다.


## ↪ 함께 토론해 보자
### ■ 다음의 순서와 내용으로 이야기식 토의/토론을 해 보자
**[ 배경 지식을 활용하여 책 맛보기 ]**
- 자신은 어떤 용도로 인터넷을 가장 많이 사용하나?
- 다른 사람의 시선과 평가는 진실을 말하는데 장애가 되는가?
- 왕따는 당하는 아이와 왕따를 하는 아이중 어느 쪽의 책임이 더 큰가?

**[ 내용을 점검하며 읽기 ]**

- 내가 〈트루먼의 소리〉를 그만 둔 이유는 무엇인가?
- 릴리에게 '밀크&허니'라는 아이디로 메일을 보낸 사람으로 〈트루먼의 진실〉이란 사이트를 이용하여 릴리를 왕따로 만든 사람은 누구인가?
- 릴리는 〈트루먼의 진실〉을 통해 어떤 방법으로  왕따가 되었는가?
- 헤일리가 친구인 릴리가 왕따 당하는 것을 방임하다가 결국에 릴리를 왕따 시키는데 가담한 이유는 무엇인가 ?
- 사라가 학교에서 말하지 않는 이유는 무엇인가?

**[ 인간의 삶이나 사회 문제와 연결하여 생각 넓히기 ]**

- 제이비가 릴리의 뚱뚱했던 사진을 사실이라는 이유로 삭제하지 않은 것이 왜 잘못인지 말해 보자.
- 릴리가 왕따를 당했을 때 어머니에게 말하지 않은 이유가 무엇일지 말해보고 왕따를 당하는 아이가 왕따 문제를 스스로 해결할 수 있을지 말해 보자
- 만일 내가 제이비라면 〈트루먼의 진실〉 사이트를 어떻게 바꿀 것인지 말해 보자.

**■ 다음 논제로 찬반을 나누어 토론을 해 보자**

- 책 속의 악플 사건에 대한 책임질 사람은 악플을 처음 주도한 '트레버'일까?
  (논제 ┃ 책 속의 악플 사건에 대한 책임질 사람은 악플을 처음 주도한 '트레버'이다.)
- 악플 사건으로 브리아나가 5일 정학당한 것은 올바른 결정인가?
  (논제 ┃ 악플 사건으로 브리아나가 5일 정학당한 것은 올바른 결정이다.)
- 이런 악플 사건을 막기 위해서 〈트루먼 소식〉같은 학교신문처럼 담당선생님이 지도해야 하나?
  (논제 ┃ 또 다른 악플 사건을 막기 위해서 담당 선생님이 지도해야 한다.)
- 익명은 표현의 자유를 가져다 주는가, 도덕적 해이를 야기하는가?
  (논제 ┃ 익명은 표현의 자유 보다 도덕적 해이를 야기한다.)

**⇨ 나의 생각을 글로 표현해 보자**

- 다른 아이들을 왕따 시켰던 릴리가 왕따를 당한 것과 관련하여 "이에는 이 눈에는 눈"의 법칙이 왜 부당한지 자신의 생각을 써보자.
- 〈트루먼의 진실〉의 운영자 입장에서 '사이트 운영규칙'을 만들어 보자.
- 사라는 트레버가 '밀크&허니'라는 것을 알면서도 말하지 않았다. 만일 릴리의 왕따 사건으로 '트레버'를 처벌한다면 사라 역시 처벌해야 하는지 자신의 의견을 논술하시오.

# 리버보이

팀보울러 | 다산책방 | 2007년 | 240쪽 | 9,000원

| **분류** | 목적(정보전달) | 분야(인문) | 시대(중세 - 현대) | 지역(한국 - 조선) |
|---|---|
| **관련 교과** | **기술가정 3학년** | IV. 산업과 진로 2.진로의 선택과 직업윤리 |
| | **도덕 1학년** | I. 삶과 도덕 3. 인간다운 삶의 자세 |

리버보이는 누구일까?

강물은 무엇을 상징하고 있을까?

사랑하는 사람을 보내는 자세는 무엇일까?

### ⇨ 어떤 책일까

리버보이는 15세 소녀가 할아버지의 죽음을 맞이하고 받아들이면서 알게 되는, '죽음의 의미'와 '인생의 진실'을 강을 통해 말하고 있다. 소녀는 사랑하는 이의 상실을 통해 더 깊이 인생을 받아들이며 생명의 영원한 순환과 연속성을 느낀다. "수많은 돌부리를 만나도 결코 멈추는 법 없는 강물처럼" 인생은 그렇게 사랑과 추억을 바탕으로 아름답게 흘러가는 것임을 이 책을 읽으면 누구나 깨닫게 된다.

한쪽 문이 닫히면 다른 쪽 문이 열리는 것처럼, 그 당시에는 가슴을 후벼 파는 것처럼 괴롭지만 그 순간을 온전히 흘려보내고 나면 또다시 인생이 준비해둔 다른 선물을 발견할 수 있다는 주제를 너무 무겁지도, 너무 가볍지도 않게 십대의 눈높이에 맞춰 탁월하게 풀어냈다.

이 책을 통해 죽음의 의미, 인생에서의 상실과 헤어짐의 가치에 대해서 진지하게 생각해 볼 수 있다.

### ⇨ 관련 매체에는 무엇이 있을까

**관련 매체** | 『칼라퍼플』 (영화)

**관련 도서** | 『스피릿 베어』 (벤 마이켈슨)

### ⇨ 어떻게 읽을까

• 할아버지가 강이 있는 고향으로 돌아간 이유를 생각해 보자.

• 제시에게 할아버지와 수영이 어떤 의미를 가지고 있는지 생각하면서 읽어 보자.

• 할아버지가 왜 '리버보이'를 그리는지 추측하면서 읽어 보자

### ⇨ 무엇을 토론할까

• 인생과 강물과의 공통점은 무엇인가?

• 강이 아름다운 바다에 다다르는 것처럼 죽음은 아름다운가?

### ⇨ 무엇을 써 볼까

• 인생의 교훈을 담아 자신의 딸 혹은 아들에게 줄 유언장을 써 보자.

• 그림(예술)이 표현할 수 있는 궁극적인 것이 무엇인지, 이 책의 내용을 들어 논술해 보자.

# 로봇, 인간을 꿈꾸다

이종호 | 문화유람 | 2007년 | 368쪽 | 12,500원

| 분류 | 목적(정보전달) | 분야(과학) | 시대(현대-미래) | 지역(전세계) | | |
|---|---|---|---|---|---|
| 관련 교과 | 기술가정 2학년 | III. 미래의 기술 1. 기술의 발달과 미래 | | | |
| | 과학 3학년 | VIII. 유전자와 진화 | | | |
| | 도덕 2학년 | I. 사회생활과 도덕 2. 현대사회와 시민윤리 | | | |

로봇은 인간이 될 수 있을까?

과연 태권V는 지구를 구할 수 있을까?

로봇이 인간을 지배하는 것이 가능할까?

### ⇨ 어떤 책일까

이 책은 로봇이 등장하는 신화, 영화, 애니매이션 등 문화적 차원에서 인간의 로봇에 대한 이상과 꿈 두려움에 대한 이야기와 과학적 측면에서 이런 꿈과 두려움이 실현될 수 있는지에 대한 구체적이며 실증적으로 설명하고 있다. 책의 제목인 '로봇, 인간을 꿈꾸다'에서 '인간 같은 로봇'을 꿈꾸는 것은 '로봇'이 아니라 '인간' 곧 로봇 과학자들의 꿈이다. 인공지능을 통해 인간 같은 로봇의 실현가능성의 문이 열리고 있다. 인간의 후손은 '로봇'이 될 것인가? 인간의 마음과 문화를 물려받고 인간의 육체적 한계를 넘어 컴퓨터와 인간의 인지능력이 하나가 되어 문화적 진화를 하게 될 것인가?

로봇에 대한 과거 현재 미래를 통해 인간에 대한 새로운 정의와 과학기술이 인간에 끼치는 영향에 대해 조망해 보고 생각해 볼 수 있다.

### ⇨ 관련 매체에는 무엇이 있을까

**관련 매체** | 『아이로봇』 (영화)

『바이센테니얼 맨』 (영화)

『로보캅』 (영화)

**관련 도서** | 『이인식의 과학나라』 (이인식)

『뇌』 (베르나르 베르베르 )

『하리하라의 과학블로그』 (이은희)

### ❧ 흥미로운 부분을 만나 보자

우선 컴퓨터의 처리 성능에 힘입어 사람의 마음이 생각하고 문제를 처리하는 속도가 상상할 수 없이 빨라진다. 마음을 이 컴퓨터에서 저 컴퓨터로 자유자재로 이동시킬 수 있기 때문에 컴퓨터의 성능이 강력해질수록 사람의 인지능력도 향상된다.

가장 중요한 것은 프로그램만 복사한다면 수많은 컴퓨터를 통해 자신을 입력시켜 둘 수 있다는 것이다. 컴퓨터가 지구상에서 사라지지 않는 한 당신은 영원히 살 수 있다. 즉 불사신이 되는 것이다.

티프츠 대학의 다니엘 데넷 박사도 인간의 인지 과정의 핵심은 매우 조직적이고 구체적이기 때문에 이를 컴퓨터 프로그램으로 옮길 수 있다고 주장했다. 즉 인간이 외부 환경과 교감하면서 받아들이는 다양한 자극들이 정해진 규칙을 통해 의식을 형성한다는 것이다.

공상과학 소설과 같은 이야기이지만 미국의 물리학자인 프리먼 다이슨 교수는 모라벡 교수의 손을 들어 주었다.

"아마도 조상의 뇌 안에 있는 생존시의 경험을 기록한 흔적을 읽어낼 수 있는 기술이 개발될 수 있다고 생각한다. 그러면 이 기술로 조상의 기억과 감정을 살아있는 사람의 의식 속으로 재생시킬 수 있을 것이다. 이렇게 되면 산 사람과 죽은 사람, 미래와 과거의 구분이 흐릿해질 것이다." (314 ~ 315쪽)

### ❧ 다음의 방법으로 읽어 보자

• 책의 지식을 정리하면서 읽어 보자.
• 책에서 나오는 과학의 영향력이 현실에서 어떻게 나타날지 생각하면서 읽어 보자.
• 과학의 긍정적인 면과 부정적인 면을 정리하고 이에 대한 인간의 자세를 생각하면서 읽어 보자.
• 로봇과 인간의 차이점과 공통점을 생각하면서 읽어 보자.
• 로봇이 인간의 후손이 될 것인지 인간을 멸종시킬 천적이 될 것인지 생각하면서 읽어 보자.

### ❧ 함께 토론해 보자

■ 다음의 순서와 내용으로 이야기식 토의/토론을 해 보자

[ 배경 지식을 활용하여 책 맛보기 ]

• 왜 인간은 '로봇'을 만들려고 할까?
• 인간과 같은 로봇이 생긴다면 어떤 변화가 일어날까?
• 로봇과 관련된 인상 깊었던 영화로 무엇이 있을까?

[ 내용을 점검하며 읽기 ]

• 1997년 화성탐사선 마이패스파인더호가 화성에 착륙했을때 탐사로봇 소이저가 탁월한 성능을 발휘할 수 있었던 원인은 무엇인가?
• 워윅 교수가 자신의 손목을 움직임으로써 수천 킬로미터나 떨어져 있었던 로봇을 움직이게 한 방법은 무엇인가?
• 렘수면의 처리 과정에서 유전적 자질로 이 자질과 공명되는 단기기억은 장기기억으로 넘어가고, 공명이 이루어지지 않는 것은 버려지게 되는데 이 자질을 무엇이라고 하는가?
• 언어의 정보전달 관점에서 보면 말하기보다 듣기가 이익인데, 오히려 청각보다 발화기관이 발달한 이유를 무엇이라고 하나?
• 초기 뇌의 구조는 유전자로 결정되지만, 시냅스의 수나 정보전달의 종류는 무엇에 영향을 받는가?

[ 인간의 삶이나 사회 문제와 연결하여 생각 넓히기 ]

• 미국의 팩봇, MULE, ARV 한국의 리모아이, 롭해즈, 이지스 등 전투로봇이 개발되고 실전이 투입되고 있다. 이러한 전투 로봇이 좀 더 상용화 된다면 전쟁과 국가간 이권 투쟁 양상은 어떻게 될 것인지 예상해보자.
• 호미니드(직립보행 영장류)가 타인의 마음을 헤아리는 능력을 가짐으로써 가장 숭고하고도 야비한 동물이 된다는 것의 의미를 말해보자.
• 인공지능을 통해 스스로 학습하고 진화하는 로봇을 만드는 것은 인류에게 어떤 의미가 있을까?

■ **다음 논제로 찬반을 나누어 토론을 해 보자**

• 전쟁로봇이 실용화 보편화 된다면, 인간의 희생 없이 전쟁을 치를 수 있을까?
  (논제 ˈ 전쟁로봇이 실용화 보편화된다면, 인간의 희생 없이 전쟁을 치를 수 있다.)

• 인간의 마음을 기계로 이식할 수 있다면, 그것은 인간일까? 기계일까?
  (논제 ˈ 인간의 마음을 기계로 이식한다면 그것은 인간이 아닌 기계다.)

• 로봇을 소재로 한 만화영화나 SF 영화의 내용은 현실적으로 실현 불가능한 인간의 꿈(두려움)인가?
  (논제 ˈ 로봇을 소재로 한 만화영화나 SF 영화의 내용은 현실적으로 실현 불가능한 인간의 꿈(두려움)이다.)

• 인간의 뛰어난 언어능력은 폭스피2라는 언어유전자의 돌연변이 때문이라고 한다. 언어능력은 유전의 소산인가?
  (논제 ˈ 언어능력은 유전의 소산이다.)

⇨ **나의 생각을 글로 표현해 보자**

• 'RNA분해효소'로 기억을 마음대로 지울 수 있다면, 어떤 일이 벌어질까 간단한 이야기를 만들어 보자.

• 인간과 흡사한 또는 인간을 능가하는 로봇 연구에 대한 자신의 견해를 논술해 보자.

• 인간은 12개월 미숙아로 태어난다고 한다. '미숙'이 가지는 긍정, 부정적인 점을 중심으로 그것들이 인간의 삶에서 어떤 역할을 하는지 써보자.

중학교
교과별
추천도서로
만든

예능

# 예능과 추천도서 목록 일람표

| 도서명 | 저자명 | 출판사 | 출판연도 | 관련교과 | 대단원 |
|---|---|---|---|---|---|
| 오페라 읽어주는 남자 | 김학민 | 명진출판 | 2007 | 음악 1학년 | 감상 - 여러가지 감상방법 |
| 금난새와 떠나는 클래식 여행 | 금난새 | 생각의나무 | 2006 | 음악 2학년 | 감상 - 여러가지 감상방법 |
| 모나리자, 모차르트를 만나다 | 진회숙 | 세종서적 | 2008 | 음악 1학년 | 감상 - 여러가지 감상방법 |
| 만화의 신, 데스카 오사무 | 김나정 | 이룸 | 2007 | 미술 전학년 | 표현 |
| 라루스 청소년 미술사 | 라루스 편집부 | 아트 북스 | 2007 | 미술 전학년 | 미술사, 미적체험 |
| 그림 속에 노닐다 | 오주석 | 솔 | 2008 | 미술 1학년 | 아름다운 표현, 먹과 선 |

# 오페라 읽어주는 남자

김학민 ㅣ 명진출판 ㅣ 2007년 ㅣ 223쪽 ㅣ 9,900원

| 분류 | 목적(정보전달) ㅣ 분야(예술) ㅣ 시대(중세-현대) ㅣ 지역(서양) | |
|---|---|---|
| 관련 교과 | 음악 1학년 | 감상 - 여러가지 감상방법 |
| | 국어 2-1 | 1. 감상하며 읽기 |

트리스탄과 이졸데는 왜 죽어야만 했을까?

과연 카르멘은 나쁜 여자일까?

돈 지오반니는 진정한 사랑을 할 수 있을까?

### ⇨ 어떤 책일까

이 책은 오페라 하면 우리가 느끼는 난해함과 상류층 문화라는 괴리감을 극복할 수 있게 오페라를 쉽고 흥미진진하게 설명한 책이다. 마치 7편의 짧은 단편 소설을 읽는 것 같은 재미가 책 읽는 내내 책에 몰입할 수 있게 한다. 곳곳에 삽입된 오페라 공연 모습과 등장인물과 배경의 스케치와 곡 해설은 문학 읽기와는 다른, 오감을 자극하는 오페라 읽기의 즐거움을 자극한다. 이 책에 소개된 7편의 오페라 작품은 극적 긴장감이 높은 사랑이야기로 쉽게 공감하고 즐길 수 있으며 작가의 사랑과 인생에 대한 견해도 곡 이해의 깊이를 더해 준다. 이 책을 통해 우리가 어렵게 느끼는 오페라도 결국에는 인간의 삶에서 탄생하며 인간을 노래하고 있음을, 인간과 인생에 대해 다시 한번 생각해 볼 기회가 될 것이다. 또한 책을 읽고 난 후 소개된 작품을 직접 감상해 보며 아름다운 노래, 극적인 반전, 숨가쁜 액션을 만나 몰입의 즐거움을 느껴보는 것도 좋을 것이다.

### ⇨ 관련 매체에는 무엇이 있을까

**관련 매체** ㅣ 『파블로 카잘스의 콘서트』 (지식채널e 2007.7.23)

**관련 도서** ㅣ 『트리스탄과 이졸데』 (조제프 베디에), 『내가 사랑하는 클래식』 (박종호)

### ⇨ 어떻게 읽을까

• 각 작품에서 말하는 삶의 가치는 무엇인지 찾아 보면서 읽어 보자.

• 등장인물의 캐릭터와 오페라의 구체적 모습을 상상하면서 읽어 보자.

### ⇨ 무엇을 토론할까

• '트리스탄과 이졸데'에서 '밝음'은 고통이다. 그들은 어둠을 향하는 그들의 행위는 현실도피인가? 진실의 추구인가?

• '코지 판 투테'에서 남자 주인공들은 변장을 함으로써 자기가 누구인지 헷갈린다. 자신의 신분과 역할이 '자아정체성'을 결정하는가?

### 무엇을 써 볼까

• '오델로'를 바탕으로 자기긍정의 중요성을 주장하는 글을 써보자.

• '살로메의 세례 요한에 대한 파괴적 사랑'에 대해 살로메를 변호하는 글을 써보자.

# 금난새와 떠나는 클래식 여행

금난새 | 생각의나무 | 2008년 | 259쪽 | 13,000원

| 분류 | 목적(정보전달) | 분야(예술) | 시대(중세-현대) | 지역(서양) |
|---|---|---|---|---|
| 관련 교과 | **음악 2학년** | 감상 – 여러 가지 감상방법 | | |
| | **사회 2학년** | II. 서양 근대사회의 발전과 변화  1. 서양 근대사회 시작 | | |

클래식은 왜 클래식일까?

바흐은 왜 교회음악만 지었을까?

오페라와 관현악의 차이점은 무엇일까?

### ✑ 어떤 책일까

이 책은 우리가 흔히 들어 상식적으로 알고 있으나, 명확히 설명할 수는 없는 서양음악사의 주목할 만한 음악가에 대한 설명이 음악사의 흐름에 따라 두 명씩 비교하여 설명되어 있다. 전문적인 음악용어를 피하고 그들의 성격, 성장배경과 사회 환경이 어떻게 그들의 음악을 형성했는지 마치 가벼운 에피소드를 이야기하듯, 쉽게 설명한다.  또한 화려한 원색도판의 그림은 더욱더 이야기를 생생하게 느끼게 하며 각 장 뒤에 나와 있는 음악용어 해설은 음악이해에 도움이 된다.

클래식의 권위와 난해함을 벗고 나면 클래식 역시 시대와 역사 그리고 인간의 상호작용의 산물임을 느낄 수 있다.

### ✑ 관련 매체에는 무엇이 있을까

**관련 매체** | 『아마데우스』 (영화)

**관련 도서** | 『음악사의 진짜 이야기』 (니시하라 미노루)

　　　　　　　『음악이 궁금할 때 모차르트에게 물어봐 』 (박은정)

### ✑ 어떻게 읽을까

• 동시대의 유명한 두명의 음악가를 서로 비교하면서 읽어 보자.

• 앞 시대의 음악이 뒤 시대의 음악에 어떤 영향을 주었는지 연결하면서 읽어 보자.

• 하나의 음악이 탄생하기까지 작가와 시대가 어떤 영향을 미쳤는지 살펴보면서 읽어 보자.

### ✑ 무엇을 토론할까

• 음악명문가인 바흐와 코스모폴리탄 사업가인 헨델의 음악적 성향이 다른 이유는 무엇인가?

• 음악가들이 왕족이나 귀족들의 후원아래 예술활동을 하는 것은 예술활동을 진흥하는 것인가? 억압하는 것인가?

### ✑ 무엇을 써 볼까

• 차이코프스키의 죽음을 통해 진정한 '명예를 지키기 위한 죽음'은 어떠해야하는지 그 조건을 설명해 보자.

• 브람스와 바그너가 음악의 장르와 형식에 대한 견해의 차이를 살피고, 자신의 견해를 논술해 보자.

# 모나리자, 모차르트를 만나다

진회숙 | 세종서적 | 2008년 | 336쪽 | 15,000원

| 분류 | 목적(정보전달) | 분야(예술) | 시대(중세-현대) | 지역(서양) |
| --- | --- | --- | --- | --- |
| 관련 교과 | 음악 1학년 | 감상 - 여러가지 감상방법 | | |
| | 미술 3학년 | 표현하는 즐거움 | | |

현대미술은 왜 그리 이해하기 힘들까?
예술작품이 표현하고자 하는 것은 무엇인가?
음악과 미술은 같은 대상을 어떻게 표현하나?

### ⇨ 어떤 책일까

음악을 이해하는 방식은 개인마다 다르다. 이 책은 그림과 음악 속에 숨어 있는 공통된 코드를 찾아내고 음악을 바탕으로 그려진 그림과, 그림에서 영감을 얻은 음악을 재미있고 흥미롭게 이야기 한다. 책속의 다양한 미술작품은 음악을 시각화한 자료로 파악되며, 그 속에 숨겨져 있는 그 시대의 사상, 철학, 역사, 문화, 종교, 사회상이 생생하게 느껴진다. 어려운 예술을 풍부한 배경지식으로 풀어낸 작가의 역량이 담겨있는 책이다.

### ⇨ 관련 매체에는 무엇이 있을까

**관련 매체** | 『Play & Fight』 (지식채널 e, 2009.2.9)
**관련 도서** | 『금난새와 떠나는 클래식 여행』 (금난새)
『조윤범의 파워클래식』 (조윤범)

### ⇨ 어떻게 읽을까

• 책속에 담긴 정보를 머릿속으로 정리하면서 읽어보자.
• 내가 알고 있는 음악 미술 작품과 관련된 배경지식과 연결시키며 읽어보자.
• 책속에 담긴 그림 작품과 책의 음악을 음미하면서 읽어보자.

### ⇨ 무엇을 토론할까

• 보테로의 뚱보예찬 그림을 바탕으로 아름다움의 기준이 개인적인지 사회적인 것인지에 대해 토론해 보자.
• 프로메테우스를 소재로 한 음악에는 베토벤의 〈프로메테우스의 창조물〉, 리스트의 〈프로메테우스〉, 스크랴빈의 〈프로메테우스, 불의 시〉등 여러 작품이 많다. 프로메테우스가 가진 인류에게 주는 의미는 무엇인지 토론해 보자.

### ⇨ 무엇을 써 볼까

• 흑인들의 재즈음악이 거슈윈에 의해 심포닉재즈로 작곡된 〈랩소디 인 블루〉로 재탄생되어 클래식의 영역으로 올라섰다. 이것은 재즈가 민중음악으로서 특성을 잃은 것인지, 한 단계 진보한 것인지 자신의 의견을 써보자.
• 모차르트와 뒤피의 가벼움의 특성을 바탕으로 이런 가벼움이 인생에서 왜 필요한지 논술해 보자.

# 만화의 신 데스카 오사무

김나정 | 이룸 | 2007년 | 199쪽 | 8,500원

| 분류 | 목적(정보전달과 정서표현) | 분야(예술) | 시대(현대) | 지역(일본) | | |
|------|------|------|------|------|------|
| **관련 교과** | 미술 전학년 | 표현 | | | |
| **새 교육과정** | 미술 1학년 | 주제의 특징과 목적을 효과적으로 표현하기 | | | |

만화는 엉뚱한 상상에 불과할까?

만화 속 주인공들은 어떠한 과정을 거쳐서 탄생할까?

데스카 오사무의 예술적 끼는 타고난 것일까? 만들어지는 것일까?

### ⇨ 어떤 책일까

인간에게는 표현의 욕구가 있다. 어떤 사람은 말이나 글로, 어떤 사람은 노래와 춤으로, 또 어떤 사람은 예술 작품으로 표현한다. 이 책 속의 데스카 오사무는 자신의 욕구와 상상력을 만화로 표현하여 지금의 일본을 만화 강국으로 만들어 놓았다. 특히 데스카 오사무는 종전 일본 만화의 틀에서 벗어난 수많은 새로운 표현 방법으로 스토리 만화를 확립하여 매력적인 예술로 탄생시켰으며, 에니메이션에 있어서도 일본 최초로 텔레비전 방송을 하고 세계 각국에 수출되어 대중들이 친근하게 다가갈 수 있도록 했다.

전쟁 속에서도 만화를 그리며 꿈을 잃지 않았던 데스카 오사무는 다른 사람에게 희망과 웃음을 전하는 것이 만화가의 길이라고 생각했다. 또한 전쟁 속에서 수많은 죽음을 보았기에 그의 작품에는 생명의 고귀함과 강한 열정이 담겨 있다.

### ⇨ 관련 매체에는 무엇이 있을까

**관련 매체** | 『프리다』(영화), 『폴락』(영화), 『검정고무신』(만화영화)

**관련 도서** | 『황소의 혼을 사로잡은 이중섭』(최석태)

### ⇨ 어떻게 읽을까

• 미술가는 자신의 감정을 어떻게 표현하는지 살펴보며 읽어 보자.

• 데스카 오사무가 그린 만화는 보통 만화와는 무엇이 다른지 생각하면서 읽어 보자.

• 예술가가 국가의 산업 발전에 도움을 주기 위해서는 어떻게 해야 하는지 생각해 보자.

### ⇨ 무엇을 토론할까

• '만화'라는 장르에 대해 부정적인가, 긍정적인가?

• 데스카 오사무가 의사라는 안정적인 직업을 버리고 만화가가 되어 굴곡이 심한 삶을 살아온 것에 대해 어떻게 생각하는가?

### ⇨ 무엇을 써 볼까

• 내 마음 속에는 어떠한 표현 욕구가 있는지 생각해보고, 이러한 욕구를 건강하게 발산하기 위해서는 어떻게 해야 하는지 짧은 글로 정리해 보자.

• 만약 인간에게 상상력이 없다면 사람들은 어떤 모습으로 살아가게 될지 상상해 보자.

# 라루스 청소년 미술사

라루스 편집부 | 아트북스 | 2007년 | 174쪽 | 14,000원

| 분류 | 목적(정보 전달) | 분야(예술) | 시대(고대~현대) | 지역(전세계) | | |
|---|---|---|---|---|---|---|
| 관련 교과 | 미술 전학년 | 미적 체험, 미술사 | | | | |
| | 사회 2학년 | I. 유럽세계의 형성 II. 서양 근대 사회의 발전과 과학 | | | | |
| | | III. 아시아 사회의 변화와 근대적 성장 | | | | |
| 새 교육과정 | 미술 전학년 | 미술 작품의 사회적 문화적 의미를 해석하고 감상하기 | | | | |

미술품은 아름다운 장식물에 불과한 것일까?
역사의 흐름과 미술품은 어떤 관련성이 있는가?
산업의 발달은 미술에 어떤 영향을 미치는가?

### ⇨ 어떤 책일까

미술 관련 기초 지식을 알려주는 책으로 해설과 함께 다양한 그림이 들어 있어서 읽는 맛을 더해 준다. '미술이란 무엇일까?'라는 원론부터 시작해 선사 시대 동굴 벽화에서 현대 포스트모더니즘 회화까지 미술이 어떤 길을 걸어왔는지 자세히 보여주고 있다. 시대별 화가 및 작품 소개뿐만 아니라 작품 속에 담긴 사회상까지 체계적으로 일러주어 인과관계 속에서 미술품을 감상할 수 있다.
서양 미술사 위주가 아니라 동남아시아, 한국, 중국, 일본 등 동양권 여러 나라의 미술사도 살펴볼 수 있도록 하였다. 꼭 알아야 할 미술 관련 전문용어나 사조, 미술가 등을 한눈에 볼 수 있도록 친절하게 정리해 놓은 것도 이 책의 장점 중 하나이다.

### ⇨ 관련 매체에는 무엇이 있을까

**관련 매체** | 『세계 명화의 비밀』 (다큐멘터리)
**관련 도서** | 『영국화가 엘리자베스 키스 그림에서 우리 문화 찾기』 (배유안)

### ⇨ 어떻게 읽을까

• 선사시대부터 오늘에 이르기까지 미술의 다양한 모습들을 자세히 살피면서 읽어 보자.
• 위대한 예술가들은 현실을 바라보는 또 하나의 눈을 갖고 있으며 이를 통해서 예술 작품을 만든다는 점을 상기하면서 읽어 보자.

### ⇨ 무엇을 토론할까

• 미술작품을 소장 또는 수집하는 이유는 기호품이기 때문일까, 투자가치가 있기 때문일까?
• 고가 미술작품의 가격은 거품인가, 그만한 예술적 가치가 있는 것인가?

### ⇨ 무엇을 써 볼까

• 한국, 중국, 일본의 미술은 어떤 공통점과 차이점이 있는지 설명문을 써 보자.
• 미술사를 공부하는 것은 어떤 의미가 있는가를 중심으로 하여 이 책을 친구에게 소개하는 글을 써 보자.

# 그림 속에 노닐다

오주석 | 솔 | 2008년 | 214쪽 | 15,000원

| 분류 | 목적(정서 표현) | 분야(인문) | 시대(현대) | 지역(한국) |
|---|---|---|---|---|
| **관련 교과** | **미술 1학년** | 아름다운 표현, 먹과 선 | | |
| **새 교육과정** | **미술 전학년** | 미술 문화의 기능과 역할을 이해하기 | | |

옛 그림에는 어떤 마음이 깃들어 있을까?

그림을 본다고 하지 않고 읽는다고 한 이유는 무엇인가?

아는 만큼 보인다!

---

### ⇨ 어떤 책일까

이 책은 우리 문화 예술을 바로 보게 해주고 전통 문화에 대한 올바른 이해와 자긍심을 갖게 해준다. 뿐만 아니라 그림 속에서 재미있는 이야기를 끄집어 내 우리 그림 속의 예술적 가치와 해학적 가치를 보여준다. 잊혀져가는 옛 그림들 속에서 찾아낸 선인들의 정신세계, 은은한 삶의 향기, 생활 철학 그리고 미의식 등을 독자들이 쉽게 공감할 수 있도록 절묘하게 풀어낸 책이다.

이 책을 통해 독자들은 그림을 감상하는 다양한 시각을 갖게 될 뿐만 아니라 옛 그림에 깃든 선인들의 마음을 읽는 방법을 배우게 될 것이다. 아울러 전통 예술과 옛 문화 속에 숨겨진 진실과 그 가치를 새롭게 알아가고 우리 것의 소중함을 다시 한 번 깨닫게 될 것이다.

### ⇨ 관련 매체에는 무엇이 있을까

**관련 매체** 『국립중앙박물관 http://www.museum.go.kr』 (인터넷 사이트)

**관련 도서** 『그림 아는 만큼 보인다』 (손철주)

『이렇게 아름다운 우리 그림』 (박은순)

## ⤳ 흥미로운 부분을 만나 보자

### 역원근법에 담긴 정다운 마음 씀씀이

텔레비전에서 피아노 연주 장면을 보다가 소스라치게 놀랐다. 건반 앞이 좁고 뒤가 넓은 역원근법 화면이었던 것이다. 실제론 건반이 이렇게 보일 수 없다. 전문가에게 물었다. "어떻게 찍었기에 건반의 뒤쪽이 넓게 보입니까?" 대답은 단순했다. "어안 렌즈를 써야지요." 그렇다, 음악가의 심오한 예술세계에 보는 이가 몰입되도록, 현장의 빨려들 듯한 연주 실황을 실감나게 전하기 위해서 카메라맨은 애써 렌즈를 갈아 끼워 역원근법의 화면을 연출했던 것이다.

나는 이제 조상들이 역원근법을 쓴 까닭을 알 듯하다. 중요한 것은 보는 내가 아니라 그려진 대상이다. 상대를 존중하고 깊이 이해하기 위한 마음자리에서 역원근법이 탄생한 것이다.(p.49쪽)

### 게으름뱅이 시인처럼 느긋하게!

전시실에서 감상하는 모습을 보면 바로 보는 이가 의외로 적다. 작품보다 설명을 더 오래 보는 사람, 남에게 열심히 해설하느라 정작 자신은 못 보는 사람, 감상 시간을 작품 숫자로 나누어 정확이 몇 분마다 옮아가며 보는 사람까지 참으로 각양각색이다. 그러나 단 한 점을 보더라도 마음에 와 닿는 작품과 내밀한 이야기를 나누어야 하지 않을까?(p.72쪽)

### 전통문화를 살려야 나라가 산다

대한민국 공영 방송의 고전음악 전문 채널에서는 물론 오늘도 국악을 튼다. 오전 11시~12시, 오후 5시~6시, 밤 12시~1시, 그리고 오전 5시~6시에……. 어쩌면 그리도 그늘진 시간만을 쏙쏙 골라 방송을 하는지, 제 아무리 마음씨 나쁜 계모가 본처 자식을 살뜰히 미워한다고 한들 이렇게까지 할 수가 있으랴!(p.136쪽)

## ⤳ 다음의 방법으로 읽어 보자

- 자신의 미적 체험을 돌아보면서 읽어 보자.
- 그림을 보고 수필을 쓰기 위해서는 어떤 자세가 필요한지 생각하면서 읽어 보자.
- 책 속에 담긴 우리 옛 그림을 자세히 감상하면서 읽어 보세요. 그림은 보는 것이 아니라 읽는 것이라고 표현한 작가의 의도를 생각하면서 읽어 보자.
- 그림은 보는 것이 아니라 읽는 것이라고 표현한 작가의 의도를 생각하면서 읽어 보자.
- 작품이 전하는 진리가 무엇인지 생각하면서 읽어 보자.

## ⤳ 함께 토론해 보자

### ■ 다음의 순서와 내용으로 이야기식 토의/토론을 해 보자

#### [ 배경 지식을 활용하여 책 맛보기 ]

- 동양화와 서양화의 다른 점은 무엇인가?
- 미술책이나 전시회 또는 화첩에서 본 그림 중에서 가장 기억에 남는 것이 있다면 소개해 보자.
- 그림을 잘 감상하기 위한 조건 세 가지만 들어 보자.

#### [ 내용을 점검하며 읽기 ]

- 〈전 이재 초상〉과 〈이채 초상〉이 같은 사람을 대상으로 한 인물화라는 것을 밝혀내면서 바로보기의 어려움을 지적했는데 어떻게 해야 회화를 바로 볼 수 있다고 했나?
- '어처구니'란 무엇이며 우리는 왜 이것을 찾아야 하나?
- 당대의 글씨를 보면 정조 시대가 오늘날보다 더 정신이 바르고 능률적인 사회였다는 것을 알 수 있다고 하였다. 이에 대한 몇 가지 구체적인 사례를 들어 설명해 보자.
- 〈마상청앵도〉에 나오는 선비의 체형과 오늘날 멋지다고 생각하는 체형을 비교해보자.
- 저자가 제시하는 옛 그림 공부에 도움이 되는 여러 가지 활동을 적어보고, 그밖에 여러분은 어떤 활동이 필요하다고 생각하는지 덧붙여 적어 보자.

**[ 인간의 삶이나 사회 문제와 연결하여 생각 넓히기 ]**

• 이인상의 깐깐한 문인화, 미켈란젤리의 까탈스런 피아노 연주는 서로 다른 문화의 산물이지만 '선비 정신'이 살아 있는 기품 있는 문화라 할 수 있다. 이러한 기품 있는 문화가 아쉽게도 지금 급격히 사그라들고 있는데 여러분은 그 이유를 무엇이라고 생각하나?

• 우리 겨레의 전통 문화는 천덕꾸러기가 되어 가고 있다. 그 예로 우리 음악을 보내주는 라디오 방송 편성 시간대를 보면 알 수 있다고 했는데 그밖에 또 어떤 사례를 찾아볼 수 있으며 이를 해결하기 위해서는 어떻게 해야 하나?

• 저자는 서재에 낙숫물이 떨어져 수리공이 다녀간 뒤 '인문학의 위기'에 대해 더욱 실감하게 된다. 학생들이 인문대 입학을 꺼리는 이유는 무엇일까?

■ **다음 논제로 찬반을 나누어 토론을 해 보자**

• 여러분은 미술 시간에 이루어지는 여러 가지 활동이나 평가 방법에 대해 어떻게 생각하나?
  (논제 ¦ 미술 시간의 활동과 평가 방법에 만족한다.)

• 여백은 우리에게 느리게 사는 맛을 가져다 준다. 하지만 현대인들은 '빨리빨리 문화'에 젖어 속도감을 즐기고 빠른 것을 추구한다. '빨리빨리 문화'에 대해 긍정적으로 생각하는지 부정적으로 생각하는지 토론해 보자.
  (논제 ¦ '빨리빨리 문화' 긍정적이다.)

• 과거의 선비 정신은 주로 양반들의 도의적 규범이라고 할 수 있다. 현대 사회에서 과연 선비 정신이 필요하다고 생각하는지 사회적 조건이 다르기 때문에 지금은 선비 정신이 불필요하다고 생각하는지 토론해 보자.
  (논제 ¦ 선비 정신이 필요하다.)

⤷ **나의 생각을 글로 표현해 보자**

■ 다음은 완당의 세한도이다. 그림을 자세히 살펴보고 그림의 내용을 이용하여 한 편의 수필을 써 보자.

■ 그림을 잘 감상하기 위해서는 어떻게 해야 하는지 설명문을 써 보자.
■ '빨리빨리 문화'에 대해 긍정적으로 생각하는지 부정적으로 생각하는지 토론한 내용을 중심으로 논술문을 작성해 보자.

## 참고

**〈민화의 모든 것, 민화박물관〉** (www.minwha.co.kr)

강원도 영월군 하동면 와석리 841-1번지에 위치한 민화박물관에 가면 민화의 모든 것을 볼 수 있다. 인간을 돕는 무속 신들의 이야기 〈하늘그림〉에는 '바리공주도', '산신신호도', '제석설화병' 등이 있고, 삼천리반도 금수강산의 〈땅 이야기〉에는 '조선대총도', '조선천하지도', '어해산수병' 등이 있다. 또 〈사람 그림〉에는 '삼국연의도', '백계금괘도', '단오풍경도' 등이 있으며 오늘날의 재현민화인 〈21세기 민화〉도 있어서 볼거리가 풍성하다.

민화를 직접 체험할 수 있는 공간도 있어서 쉽고 재미있게 민화 한 편을 완성할 수 있다. 본 그림에 채색을 하여 나만의 민화를 완성할 수 있으며, 까치 호랑이 등 여러 종류의 민화를 판화로 찍어서 그림 한 편을 만들기도 하고, 미리 제작된 민화 타일 위에 채색을 하여 멋진 타일 작품을 완성할 수도 있다. 강원도 영월의 아름다운 자연 풍경과 함께 잘 어우러진 민화박물관을 찾으면 전문안내인으로부터 진본 민화에 대한 유익하고 재미있는 설명을 들을 수 있어서 우리 것의 소중함을 마음 가득 안고 돌아올 수 있다.

〈민화 판화〉

〈민화 타일〉

〈민화 그림〉

중학교
교과별
추천도서로
만든

# 환경

# 환경과 추천도서 목록 일람표

| 도서명 | 저자명 | 출판사 | 출판 연도 | 관련 교과 | 대단원 |
|--------|--------|--------|-----------|-----------|--------|
| 고릴라는 핸드폰을 미워해 | 박경화 | 북센스 | 2006 | 환경 | 전단원 |
| 나무를 심은 사람 | 장 지오노 | 두레 | 2005 | 환경 | 전단원 |

# 고릴라는 핸드폰을 미워해

박경화 ┃ 북센스 ┃ 2006년 ┃ 206쪽 ┃ 9,500원

| 분류 | 목적(정보 전달) ┃ 분야(환경) ┃ 시대(현대) ┃ 지역(세계) | |
|---|---|---|
| 관련 교과 | 환경 전학년 | 전단원 |
| | 기술가정 2학년 | V. 자원의 관리와 환경  1. 자원의 활용과 환경 |
| 새 교육과정 | 환경 중학교 | 환경 보전의 실천 – 생태 공간의 회복 |

생태적 위기의 원인은 무엇인가?

환경운동의 전문가는 누구인가?

실천은 가까이에서, 생각은 지구적으로!

### ⇨ 어떤 책일까

지구를 살리는 여러 생각 및 실천을 담은 책으로 지구인으로서 우리의 삶을 되돌아보게 한다. 우리가 무심코 행하는 일상의 일들이 환경에 어떤 영향을 끼치는지 자세하게 알려주고 있으며, 생태계와 더불어 살아가는데 필요한 효율적이면서 간단한 지침도 제시해주고 있어서 실천하는데 도움을 준다.

고릴라가 왜 핸드폰을 미워하는지 안다면 아마 핸드폰을 쉽게 잃어버리거나 멀쩡한 핸드폰을 다른 기종으로 바꾸는 일은 없을 것이며, 만원으로 세상을 구하는 신기한 방법을 안다면 누구나 이 일에 동참하게 될 것이다. 이밖에도 종이를 마구 사용하면 어떻게 되는지, 티셔츠를 입는 것은 어떤 결과를 가져오는지, 물은 왜 아껴야 하는지 등 우리가 미처 생각하지 못했던 것들을 잘 짚어주고 있다.

### ⇨ 관련 매체에는 무엇이 있을까

**관련 매체** ┃ 『투머로우』 (영화)

『지구』 (영화)

**관련 도서** ┃ 『우리를 둘러싼 바다』 (레이첼 카슨)

『침묵의 봄』 (레이첼 카슨)

**고릴라가 위험해!**

또한 카후지 – 비에가국립공원은 지구상에 남아 있는 고릴라의 마지막 서식지이다. 1996년 무렵 이곳에는 280여 마리의 고릴라가 살고 있었다. 그런데 국립공원에 엄청난 양의 콜탄이 묻혀 있다는 소식을 듣고 몰려든 수만 명의 사람들은 먹을 것을 구하기 위해 산 속에 있는 야생동물들을 마구잡이로 사냥했다. 350마리나 되던 코끼리는 200년에 단 2마리만이 살아남았다. 해발 2,000~2,500미터에 살고 있던 고릴라의 수도 점점 줄어들었다. 1996년에 28여 마리가 살고 있었는데 2001년에는 절반밖에 남지 않았다. 그나마 얼마 남지 않은 고릴라들은 사람을 피해 이리저리 도망다니는 처량한 신세가 되었다. 돈을 버는 데만 혈안이 된 중개상과 다국적 기업들은 콩고의 광부들이 어떤 대접을 받고 있고 국립공원이 얼마나 파괴되었고 고릴라들이 어떻게 죽어가고 있는지에 대해서는 아무런 관심도 기울이지 않고 있다. (24쪽)

**만 원의 행복?**

한반도에도 100여 개의 미군기지가 있다. 미군기지에서 독극물을 한강으로 흘러보내 오염시켰던 사고와 비슷한 일이 해마다 곳곳에서 발견되고 있다. 필리핀 수빅 클라크 지역에서 벌어진 끔찍한 사건은, 수많은 미군기지가 있는 우리에게 남의 일처럼 보이지 않는다.

수빅 클라크 지역의 사람들은 아직도 온갖 질병에 시달리고 있다. 대부분 너무 가난해서 병원진료를 받을 엄두를 못내는 사람들이다. 우리 계원들이 한 달에 만 원씩 모아서 보내는 돈으로는 그들을 모두 치료할 수가 없다. (104쪽)

**스위치를 켜면 무슨 일이 생길까?**

'시민참여국 32w X 2', 이 스위치는 시민참여국 부서의 전등이고 한번 켤 때마다 2개의 전구가 32w의 전기를 소비한다는 뜻이다. 방에 붙어 있는 스위치마다 모두 이렇게 이름표를 붙였다. 필요할 때만 전등을 켜고 스위치를 올리기 전에 다시 한번 확인해보자는 작은 약속이었다. (138쪽)

⇨ **다음의 방법으로 읽어 보자**
• 평소에 나는 환경에 대해 얼마나 생각하며 살았는지 살펴보자.
• 지구상의 모든 동식물들과 땅은 연결 고리로 되어 있다는 사실을 염두에 두고 읽자.
• 환경에 대한 소중함을 깨닫고, 실천 방법을 메모하면서 읽어 보자.
• 환경을 보호하는 일은 바로 나 자신을 위한 일이라는 점을 파악하면서 읽어 보자.
• '나 하나쯤이야' 하는 생각보다는 '나부터 먼저' 라는 생각을 갖고 읽어 보자.

⇨ **함께 토론해 보자**
■ **다음의 순서와 내용으로 이야기식 토의/토론을 해 보자**
　[ 배경 지식을 활용하여 책 맛보기 ]
• 환경을 보호하기 위해 평소에 실천하는 일이 있다면 소개해 보자.
• 지구가 병들면 어디로 가서 살 것인가?
• 생태적인 삶을 산다는 것은 무엇을 뜻하나?

**[ 내용을 점검하며 읽기 ]**

• 아프리카의 고릴라는 왜 핸드폰을 미워할까?

• 환경오염으로 인해 위기에 처한 동물들의 사례를 들고 이들을 구하기 위해서는 어떻게 해야 하는지 구체적인 방법을 제시해 보자.

• 누구나 티셔츠 몇 벌쯤은 가지고 있는데, 티셔츠를 많이 구입하지 말아야 하는 이유를 여러 가지 측면에서 살펴 보자.

• 미군이 필리핀에서 저지른 일은 무엇이며, 이러한 피해 사례를 막기 위해서는 어떻게 해야 하나?

• 살림살이 중에서 환경을 파괴하는 주범이 되는 것을 세 가지만 골라 보자.

**[ 인간의 삶이나 사회 문제와 연결하여 생각 넓히기 ]**

• 살아 있는 동식물과 땅은 모두 하나로 연결되어 있다고 할 수 있다. 근거를 들어 설명해 보자.

• 지구환경보전을 위한 국제적 노력으로 어떤 것들을 들 수 있나?

• 집안의 살림살이를 돌아보고 생태계를 파괴할 만한 무기(?)가 있다면 어떻게 개선해야 될지 제안해 보자.

■ **다음 논제로 찬반을 나누어 토론을 해 보자**

• 새로운 기능의 핸드폰이 나올 때마다 사고 싶은 충동을 느끼게 되는데, 여러분은 새로운 모델로 편리함을 추구할 것인가, 불편하지만 구형 모델을 그대로 쓸 것인가?

(논제ㅣ 새로운 모델로 편리함을 추구하겠다. ㅣ 불편하지만 구형을 그대로 사용하겠다.)

• 전 세계 사람들이 가장 즐겨 입는 의상을 꼽는다면 아마 티셔츠일 것이다. 티셔츠는 값이 싸고 편하다는 장점은 있지만 공정 과정을 살펴보면 환경을 오염시키는 주범이라고 해도 과언이 아닌데 여러분은 이러한 티셔츠에게 유죄를 판결할 것인가, 무죄로 판결을 내릴 것인가?

(논제ㅣ 티셔츠는 유죄이다. ㅣ 티셔츠는 무죄이다.)

• 환경을 생각하다 보면 문명의 이기를 누리기가 어렵게 되는데 여러분은 환경을 우선 고려해야 된다고 생각하는가, 문명의 이기를 누리는 것이 더 중요하다고 생각하나?

(논제ㅣ 환경을 우선 고려해야 한다. ㅣ 문명의 이기를 누리는 것이 더 중요하다.)

◇ **나의 생각을 글로 표현해 보자**

• 생태계를 위해 내가 생활 속에서 실천할 수 있는 일들을 중요 순서대로 다섯 가지만 적어 눈에 잘 띄는 곳에 붙여 놓아 보자.

• 환경오염의 심각성을 다양한 측면으로 살펴보고, 이에 대한 대책을 마련해 보자.

• 우리가 늘 손에 쥐고 다니는 핸드폰이 어떻게 생태계를 파괴시키는지 생각해 보고, 고발장을 작성해 보자.

# 참고

**교토 의정서**

교토 의정서는 기후 변화 협약에 따라 1997년 12월 11일에 일본 교토의 국립 교토 국제 회관에서 열렸던 제3회 지구 온난화 방지 교토 회의에서 채택되었다.

의정서는 온실효과를 나타내는 이산화탄소를 비롯한 모두 6종류의 감축대상 가스 (GHG greenhouse gas)의 법정구속력을 가진 배출감소목표를 지정하고 있다. 교토의정서 제 3조에는 2008년부터 2012년까지의 기간 중에 선진국 전체의 온실가스 배출량을 1990년 수준보다 적어도 5.2%이하로 감축할 것을 목표로 하고 있다.

현재 미국은 교토 의정서에 대한 비준을 거부하고 있으며 대통령 버락 오바마는 출마 연설에서 교토 의정서의 비준을 공약으로 내세우기도 했다. 미국이 거부하는 이유는 미국 산업체의 영향과 매출 등에 심각한 문제가 있기 때문이다.

대한민국은 2002년 11월에 대한민국 국회가 이 조약을 비준하였으나 개발도상국으로 분류가 되어 이행의 의무는 아직 없다. 그러나, 2008년부터는 점진적으로 이 의정서의 이행의무를 지게 된다. 나라별로 배출을 할 수 있는 양이 정해져 있으며 배출을 할 수 있는 양보다 더 적게 배출을 하게 되면 그것을 배출 할 수 있는 권리를 거래 할 수 있다.

# 나무를 심은 사람

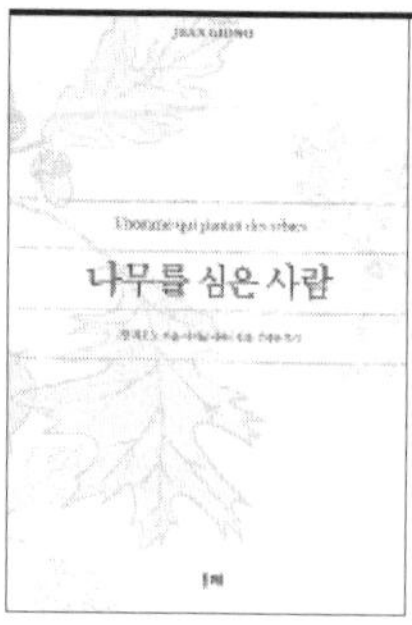


장 지오노 | 두레 | 2005년 | 149쪽 | 6,900원

| | | |
|---|---|---|
| **분류** | 목목적(정서 표현) \| 분야(인문) \| 시대(현대) \| 지역(프랑스) | |
| **관련 교과** | **환경 전학년** | 전단원 |
| | **도덕 1학년** | Ⅰ. 삶과 도덕 2. 개성 신장과 인격 도야 |
| **새 교육과정** | **환경 중학교** | 환경과 도덕 - 환경과 인간의 삶, 환경친화적 삶의 방식 |

인간의 부질없는 욕망으로 자연은 얼마나 황폐화 되는가?
어떤 한 사람의 힘으로 세상이 바뀔 수 있는가?
'나'를 완전히 버리고 살아가는 삶이 가능한가?

**어떤 책일까**

이 소설은 어느 소박하고 겸손한 사람이 지구의 표면을 바꾼 실제 이야기를 문학 작품으로 만든 것이다. 평생을 바쳐 나무를 심은 부피에의 이야기는 앞으로 우리의 문명이 나아가야 할 방향을 가르쳐 주고 있으며 자연의 소중함을 일깨워 주고 있다.

한 그루의 나무를 심는 일은 마치 바다에 물 한 방울을 더하는 일과 같았지만 마침내 메말랐던 샘에는 물이 넘쳐흐르고, 떠나갔던 사람들이 돌아와 골짜기는 그들의 건강한 웃음소리로 가득 차게 되었다. 한 인간이 만들어낸 기적과도 같은 이 이야기는 이타적인 삶의 아름다움과 함께 집념과 용기와 인내를 가르쳐준다. 또한 위기를 맞고 있는 우리의 지구를 살리는 과업이 우리 앞에 놓여 있다는 것을 깨닫고, 신음하는 자연을 구하기 위해 저마다 한 그루의 나무를 심어야 한다는 사실을 강조하고 있다.

**관련 매체에는 무엇이 있을까**

**관련 매체** | 『불편한 진실』(영화)
**관련 도서** | 『희망의 이유』 | 제인 구달

## ➪ 흥미로운 부분을 만나 보자

### 그는 누구인가?

그는 물병을 나에게 건네주었다. 그리고 잠시 후 고원의 우묵한 곳에 있는 양의 우리로 나를 데리고 갔다. 그는 간단한 도르래를 달아놓은 깊은 천연의 우물에서 아주 좋은 물을 길어올렸다. 그 사람은 거의 말이 없었다. 그것은 고독하게 살아가는 사람들의 특징이었다. 하지만 그는 자신이 있고 확신과 자부심을 갖고 있는 사람으로 느껴졌다. 이런 황무지에 그런 사람이 살고 있다니 뜻밖의 일이었다. (19~20쪽)

### 1만 그루의 떡갈나무를 꿈꾸며

그리고 점심을 먹은 뒤 그는 다시 도토리를 고르기 시작했다. 내가 끈질기게 물어보았던지 그는 내가 묻는 말에 대답해 주었다. 그는 3년 전부터 이 황무지에 홀로 나무를 심어왔다고 했다. 그리하여 그는 십만 개의 도토리를 심었다. 그리고 십만 개의 씨에서 2만 그루의 싹이 나왔다. 그는 들쥐나 산토끼들이 나무를 갉아먹거나 신의 뜻에 따라 알 수 없는 일들이 일어날 경우, 이 2만 그루 가운데 또 절반 가량이 죽어버릴 지도 모른다고 예상하고 있었다. 그렇게 되면 예전에는 아무것도 없었던 이 땅에 1만 그루의 떡갈나무가 살아남아 자라게 될 것이다. (32~33쪽)

### 희망을 되찾은 마을

이 고장 전체가 건강과 번영으로 다시 빛나기까지는 그로부터 8년밖에 걸리지 않았다. 1913년에 보았던 폐허의 땅 위에는 잘 단장된 아담하고 깨끗한 농가들이 들어서 있어 행복하고 안락하게 살아가고 있음을 보여주었다. 비와 눈이 숲 속에 스며들어 옛날의 말라버린 샘들이 다시 흐르기 시작했다. 사람들은 그 샘물로 물길을 만들었다. 단풍나무 숲 속에는 농장마다 샘을 갖고 있어서 맑은 물이 융단을 깔아놓은 듯한 싱싱한 박하 풀잎으로 흘러 넘치고 있었다. (65쪽)

## ➪ 다음의 방법으로 읽어 보자

- 황무지가 주는 이미지와 잘 가꿔진 푸른 숲이 주는 이미지를 비교해 보자.
- 한 사람의 힘이 얼마나 많은 것을 바꿀 수 있는지 생각하면서 읽어 보자.
- 사람들의 이기적인 행동과 지나친 욕심이 자연에 어떤 영향을 미치는지 알아 보자.
- 진정으로 고결한 인격을 지닌 사람은 어떤 사람인지 생각하면서 읽어 보자.
- 엘제아르 부피에가 평생 동안 한 일이 자연과 인간에게 어떤 도움을 주는지 생각하면서 읽어 보자.

## ➪ 함께 토론해 보자

### ■ 다음의 순서와 내용으로 이야기식 토의/토론을 해 보자

#### [ 배경 지식을 활용하여 책 맛보기 ]

- 마음에서 우러난 봉사를 한 경험이 있다면 발표해 보자.
- 주변 인물을 돌아보고, 그 인물이 행한 미담이 있으면 소개해 보자.
- 자연이 황폐화되는 이유는 무엇인가?

#### [ 내용을 점검하며 읽기 ]

- 엘제아르 부피에의 주거 공간의 특징을 알아보자.
- 떡갈나무 숲 속에 자리 잡고 숯을 만들면서 살아가는 나무꾼들과 부피에의 삶을 비교해 보자.
- 이 글의 화자인 '나'는 5년 동안의 전쟁이 끝난 후 다시 노인을 만난다. 노인은 어떤 생활을 하고 있었나?
- 노인이 세상의 자극에 흔들리지 않고 계속 나무를 심은 것이 선이라고 한다면 악은 무엇인가? 노인의 숲에 찾아온 위기와 극복과정을 중심으로 이야기해 보자.
- 침묵 속에서 자신을 드러내지 않고 나무를 심다가 조용히 생을 마감하는 주인공을 통해서 여러분은 무엇을 배웠나?

**[ 인간의 삶이나 사회 문제와 연결하여 생각 넓히기 ]**

• 이 이야기의 시대적 배경을 살펴보고 부피에가 선택한 삶은 과연 어떤 의미가 있는 것인지 시대적 배경과 관련지어서 살펴보자.
• 인간이 행복을 느끼기 위해서는 어떤 조건이 충족되어야 한다고 생각하나?
• 환경을 보존하고 지키기 위해서 어떤 노력을 하는지 실천 사례를 중심으로 발표해 보자.

**■ 다음 논제로 찬반을 나누어 토론을 해 보자**

• 부피에의 삶을 돌아보고 인간이 사회적 동물이라는 말에 동의하는지 토론해 보자.
  (논제 ' 인간은 사회적 동물이다.)
• 부피에와 같이 '나'를 버리고 자연 또는 다른 사람을 위해서 살아가는 삶이 가능하다고 생각하나?
  (논제 ' '나'를 버리고 사는 삶이 가능하다.)
• 엘제아르 부피에는 '공동의 선'을 위해 날마다 묵묵히 나무를 심었다. '공동의 선'을 위해 평생 동안 자신을 바친 부피에의 삶
  과 개인의 명성과 부를 위해 노력하는 삶을 비교해보고 어떤 입장에 동의하는지 토론해 보자.
  (논제 ' '공동의 선'을 위해 평생 동안 자신을 바친 부피에의 삶이 가치 있다.)

**⇨ 나의 생각을 글로 표현해 보자**

• 엘제아르 부피에에게 상을 준다면 어떤 상을 줄 것인지 상장을 만들어 내용을 채워 보자.
  (상 이름, 상 받는 사람, 상을 주는 이유, 상을 주는 날짜, 상을 주는 기관 또는 사람 등을 기록해야 한다.)
• 우리 주변의 숲이 황폐화되는 원인을 살펴보고 숲을 지키기 위해서는 어떻게 해야 하는지 논술해 보자.
• 자기를 버리고 완벽하게 이타적인 삶을 살아간 사람의 또 다른 예를 찾아 소개글을 써 보자.


참고
_____


**나무를 심어야 하는 이유**
• 가로수가 없는 도로에서 공기 1ℓ에 들어있는 먼지알갱이는 1만~1만2천 개나 되지만, 가로수가 있는 도로에서는 1천~3천 개밖에 안 된답니다.
• 성장한 나무 1그루는 1년에 평균 5.6kg 가량의 이산화탄소를 흡수합니다.
• 도시에 있는 나무숲은 순환하는 대기온도를 6도 정도 낮춰줌으로써 에어컨 가동이 필요한 에너지를 줄일 수 있습니다.
• 만일 지금 10만 명이 나무 한 그루씩을 심는다면 그 나무들은 2010년까지 연간 45만kg의 이산화탄소를 계속 흡수하게 됩니다.
• 우리나라는 매년 1만 명이 숨쉴 수 있도록 산소공급을 할 수 있는 2.2km² 넓이의 숲이 사라지고 있답니다.
• 도로변에 심은 나무숲은 자동차소음을 8% 가량 줄여주고 중금속이나 먼지까지 제거해 준답니다.

# 중학교 교과별 추천도서로 만든
# 독서토론 가이드북

중학교 교과별 추천도서로 만든

# 독서토론 가이드북

---

**1쇄 발행** · 2009년 7월 11일
**4쇄 발행** · 2017년 6월 15일

**지은이** · 임영규 ┊ 예경순 ┊ 정미영 ┊ 김형범 ┊ 손민호 ┊ 박정애
**펴낸이** · 정봉선

**펴낸곳** · **정인출판사**
**주소** · 서울시 성동구 도선동14 신한넥스텔 1506호 (우)133-714
**전화** · 02) 922-1334
**팩스** · 02) 925-1334

**Home page** · www.junginbook.com
**Blog** · blog.naver.com/junginbook
**E-mail** · junginbook@naver.com

ISBN 978-89-89432-98-2(03010)

**출판등록** · 1999년 11월 20일  제303-1999-000058호

# 독서토론
# 가이드북

www.readingkorea.org